正则格致

文化润校

中国精神沐校园

主编　林枫　王桂龙
副主编　夏川生　张永刚

江苏大学出版社
JIANGSU UNIVERSITY PRESS
镇江

图书在版编目(CIP)数据

文化润校 ：中国精神沐校园 / 林枫，王桂龙主编
. — 镇江 ：江苏大学出版社，2021.9(2025.9 重印)
ISBN 978-7-5684-1658-0

Ⅰ. ①文… Ⅱ. ①林… ②王… Ⅲ. ①大学生－民族精神－爱国主义教育－研究－中国 Ⅳ. ①G641.4

中国版本图书馆 CIP 数据核字(2021)第 166534 号

文化润校：中国精神沐校园
Wenhua Run Xiao：Zhongguo Jingshen Mu Xiaoyuan

主　　编/林　枫　王桂龙
责任编辑/张　平　赵晓菲
出版发行/江苏大学出版社
地　　址/江苏省镇江市京口区学府路 301 号(邮编：212013)
电　　话/0511-84446464(传真)
网　　址/http://press.ujs.edu.cn
排　　版/镇江市江东印刷有限责任公司
印　　刷/南京玉河印刷厂
开　　本/710 mm×1 000 mm　1/16
印　　张/12.75
字　　数/250 千字
版　　次/2021 年 9 月第 1 版
印　　次/2025 年 9 月第 6 次印刷
书　　号/ISBN 978-7-5684-1658-0
定　　价/42.00 元

让“文化润校”铸就百年名校的文化自信

（丛书序）

“求木之长者，必固其根本；欲流之远者，必浚其泉源”，要想让树木长得高大，一定要稳固它的根基；要想使河水流得长远，一定要疏通它的源头。文化不仅是一个国家、一个民族的灵魂，也以同样的价值存在于大学校园中，是大学赖以维系和传承的风骨和血脉。大学校园是做大学问的地方，千百年来，我们的圣哲先贤要求做大学问的人恪守“大学之道，在明明德，在亲民，在止于至善”的千古名训，在一代代的文化传承中，共同铸就中华民族灿烂辉煌的文明。

镇江高等专科学校是坐落于国家历史文化名城江苏镇江的一所综合性普通高校，是教育部人才培养工作水平评估优秀学校、江苏省新一轮高职院校人才培养工作评估优秀学校，办学渊源可以追溯到我国职业教育先行者、著名国画大师、教育家吕凤子先生于1912年创办的正则女校，距今已有百余年办学历史，在长期的发展过程中，不断凝练形成了“崇爱尚美”的校园文化。

作为中国现代职业教育的重要发轫者和先驱者，吕凤子先生极具传奇色彩和人文艺术魅力，先生不仅三办正则学校，还担任过国立艺专校长，培养了一批著名的艺术家，被誉为“培养大师的大师”。先生在办学育人过程中，始终倡导“爱无涯、美无极”的教育理念，认为“爱与美”要落实到教育管理各环节，强调“爱己爱异”“尊异成异”，致力于“爱育兼美育”的实施，促进学生“谐和”发展，夯实了“崇爱尚美”文化育人思想的理论基石。

历经百年传承，“崇爱尚美”的校园文化先后经历了三个时期，即探索积淀期（1912—1982 年），是“爱与美”教育思想的积淀、探索和萌芽阶段；融合形成期（1983—2007 年），是“崇爱尚美”文化体系的形成及与现代职教精神的融合发展阶段；提升实践期（2008—2020 年），是“崇爱尚美”文化育人思想实践及影响力提升的阶段。由最初的“爱与美”到“崇爱尚美”，深刻诠释了学校对吕凤子先生“唯生无尽兮爱无涯”的“爱育兼美育”的职业教育文化育人实践。

进入新时期以来，学校高度重视校园文化建设，将吕凤子先生“艺术制作止于美，人生制作止于善。人生制作即艺术制作”的职业教育育人指导思想和“崇爱尚美”的职业教育文化育人实践融入“文化润校”工程，贯穿于教学管理的各个环节，形成了全员、全过程、全方位育人的文化育人模式，全校上下兴起了“以文化人、以文育人”的新风尚。学校文化育人特色品牌荣获教育部高校文化建设优秀成果奖。

为了较为全面地展示“文化润校”工程在专业建设、文化育人、文化兴校等方面所取得的实绩，学校成立“文化润校”工程组委会，组织校内行政、教学、教辅等人员精心编写了这套“文化润校”丛书，包括《名篇经典诵校园》《中国精神沐校园》《正则文化浸校园》《专业文化塑校园》《特色文化靓校园》。在编写过程中，由于编者人员众多，水平不尽相同，难免存在不尽如人意的地方，并不能完全反映“文化润校”工程的建设成果，但我们还是要感谢每一位参编者，他们对校园文化的这份热爱已经让我们深深感怀。感谢每一位为丛书编写、出版付出过努力的人，更由衷怀念学校的创始人吕凤子先生。

“潮平两岸阔，风正一帆悬”，一千三百多年前，唐代诗人王湾路过镇江北固山，写下了著名的《次北固山下》，留下了妇孺皆知的千古佳句。此刻，我们正怀着这样的心境，希望能够以弄潮儿的姿态，在新时代高等教育高质量发展的大潮中，绘就百年名校文化自信的辉煌底色。

林枫　丁钢

2021 年 8 月

前　言

唐代诗人司空图著有《二十四诗品》，其中一品曰“精神”，其所云之“精神”即为文章之风骨。“精神”于人亦是如此，“夫人之所以为人者，非以此八尺之身也，乃以其有精神也”（汉·王符语）。上至于国，诚如习近平总书记所言，中国精神“是凝心聚力的兴国之魂、强国之魂”。

简言之，“中国精神”是以爱国主义为核心的民族精神和以改革创新为核心的时代精神。

五千年以来，以爱国主义为核心的民族精神，世代传承，不绝于书史，羁留匈奴十九年持节不屈的汉使苏武、壮志未酬临死三呼的抗金名将宗泽、精忠报国赤胆忠心的民族英雄岳飞、从容赴死丹心照汗青的南宋名臣文天祥、浩气千古慨然身殉的一代名将左权、纵横白山驰骋黑水抗联英雄杨靖宇……他们是中华民族的脊梁，也是“中国精神”最好的传承者和守护者。

一百多年以来，从上海石库门到南湖嘉兴游船，开天辟地的大事变掀开了“中国精神”的崭新篇章，井冈山精神、长征精神、抗战精神、延安精神、西柏坡精神、“两弹一星”精神、塞罕坝精神、改革开放精神、脱贫攻坚精神……一系列鲜活的精神，是中华民族千百年来形成的民族精神在中国共产党百年历史征程中的伟大弘扬，为“中国精神”增添了丰富的时代内涵。

当前，巍然屹立于世界的东方巨轮已经行驶在中华民族伟大复兴的追梦路上，新时代的青年必将担负起时代的大任，必须深刻领会伟大的“中国精神”，从中汲取爱国主义精神、改革创新精神，坚持爱党、爱国、爱社会主义，积极投身于实现中国梦的伟大实践。

学校贯彻落实习近平总书记关于“中国精神”的系列讲话精神，以党史学习教育为契机，以理想信念教育为核心，以社会主义核心价值观为引领，通过“中国精神”进课堂，加强以爱国主义为核心的民族精神教育和以改革创新为核心的时代精神教育。通过开设一门课程、编写一部教材、建立一个讲坛、举办一项活动、组织一次实践，切实推进“中国精神”铸魂育人走深走实。

编写教材，是“中国精神”进课堂的一项重要工作，学校党委对此高度重视，多次召开专题研讨会，最后在“述而不作”的编写原则上达成了共识，目的是将原汁原味的“中国精神”呈现在课堂上。在编写内容上，我们甄选了 20 个具有时代性、代表性的“中国精神”，可以在一定程度上满足思政课堂的需求，同时根据教学内容的需要，我们会适时进行教材内容的调整，保持教材与时俱进的鲜活性。参与编写教材的人员，以马克思主义学院思政课教师为主，是一支年轻而富有活力的团队。在编写过程中，我们受到了精神的洗礼，希望能够将这种感受传递给阅读本教材的青年学生，这也是我们编写这部教材的初衷。

最后，衷心希望“中国精神”能够在校园中开枝散叶、开花结果，成为校园文化重要的组成内容，绽放校园文化在新时代的光彩。

编　者

目录

第1讲　伟大建党精神

精神要义

习近平总书记在庆祝中国共产党成立100周年大会上的讲话中概括提出伟大建党精神：坚持真理、坚守理想，践行初心、担当使命，不怕牺牲、英勇斗争，对党忠诚、不负人民。32个字的伟大建党精神内涵丰富，意义重大。

精神渊源

（一）背景来源

建党精神有其产生的时代背景。近代以来，中华民族陷入内忧外患的悲惨境地。列强的侵略与腐朽的封建统治，让中国沦为半殖民地半封建社会。争取民族独立、人民解放，实现国家富强、人民幸福，成为中华民族必须完成的两大历史任务。在这艰难困苦的岁月里，无数仁人志士前赴后继，探寻救国救民的道路。然而，太平天国运动、戊戌变法、义和团运动、辛亥革命等一系列尝试，虽英勇壮烈，却均以失败告终。这些挫折让先进的中国人深刻认识到，必须要有全新的思想引领与坚强的领导核心。正是在这样的历史关头，伟大建党精神应运而生。实现中华民族伟大复兴的梦想，如同一盏明灯，激励着中国共产党人挺身而出，肩负起时代赋予的重任，为民族的未来不懈奋斗。

马克思主义作为科学理论体系，为中国共产党的诞生提供了根本思想指引。近代中国儒学式微、西方文明冲击，太平天国运动、戊戌变法、辛亥革命等尝试均告失败，旧中国陷入“国家蒙辱、人民蒙难、文明蒙尘”的困境。十月革命一声炮响，为中国送来了马克思主义。这一科学理论犹如黑暗中的曙光，照亮了中国先进分子的探索之路。李大钊、陈独秀等一批先进知识分子，敏锐地察觉到马克思主义的强大生命力，积极接受并大力传播这一思想。他们通过撰写文章、发表演讲、创办刊物等多种方式，让马克思主义在中国大地迅速传播开来。与此同时，中国工人阶级在五四运动中登上历史舞台，展现出巨大的力量。马克思主义与中国工人运动的结合成为必然趋势。先进知识分子深入工人群众，宣传马克思主义，组织工人斗争，使马克思主义从理论走向实践。这一过程推动了伟大建党精神的萌发，为中国共产党的成立奠定了坚实的思想和阶级基础。

中华五千年文明积淀为建党精神提供了深厚的文化根基。中华优秀传统文化源远流长、博大精深，其中蕴含的丰富思想理念和道德规范，为伟大建党精神提供了深厚的文化滋养。“崇仁爱、重民本、守诚信、讲辩证、尚和合、求大同”等思想理念，体现了中华民族的价值追求和精神特质。中国共产党早期领导人深受中华优秀传统文化的熏陶，他们在接受马克思主义的同时，也注重从传统文化中汲取智慧和力量。中国共产党在百年奋斗历程中，将中华优秀传统文化与马克思主义相结合，形成了独具特色的革命文化和社会主义先进文化，伟大建党精神正是这一文化传承与创新的结晶。

建党精神的形成有其产生的实践基础。中国共产党的创建是建党精神的重要实践。1920 年，陈独秀、李大钊等人在上海、北京等地先后成立了共产党早期组织，为党的正式成立做了重要准备。这些早期组织积极宣传马克思主义，开展工人运动，培养了一批坚定的共产主义者。1921 年 7 月 23 日，中共一大在上海秘密召开，宣告了中国共产党的正式诞生。共产党早期组织的成立和中共一大的召开，不仅仅是组织上的创建，更是精神上的凝聚。在这个过程中，中国共产党人展现出坚定的信念、无畏的勇气和团结协作的精神，这些品质共同构成了伟大建党精神的重要内涵。

建党精神，这一深刻而富有力量的精神财富，直接来自于早期共产党人的不懈努力和深入探索。在历史的长河中，陈独秀、李大钊等革命先驱积极传播马克思主义，从而在思想的土壤中开辟了一条崭新的道路。与此同时，毛泽东、周恩来等杰出的革命家，通过深入研读《共产党宣言》等马克思主义经典著作，并结合中国的具体革命实践，逐步确立了坚定的共产主义信仰。这些感人至深的事迹，无一不彰显了共产党人“坚持真理、不怕牺牲”的精神内核。正如习近平总书记所深刻指出的那样，正是这些先驱们以“坚持真理、坚守理想”的坚定行动，铸就了我们党的精神之源，为后来的革命和建设事业奠定了坚实的精神基石。

（二）内涵解读

1. 坚持真理、坚守理想

坚持真理、坚守理想，就是坚持马克思主义的科学真理，坚守共产主义远大理想和中国特色社会主义共同理想。这是对中国共产党人理想信念和价值追求的集中表达。坚持马克思主义科学真理，是中国共产党始终保持先进性和科学性的关键。马克思主义揭示了人类社会发展的客观规律，为中国共产党认识世界、改造世界提供了强大的思想武器。正是因为坚持马克思主义，中国共产党才能在复杂多变的历史进程中把握正确方向，制定出符合国情和人民利益的路线方针政策。坚守共产主义远大理想和中国特色社会主义共同理想，是共产党人的精神支柱和政治灵魂。共产主义远大理想代表着人类社会发展的最高目标，是对公平、正义、自由、平等的终极追求；中国特色社会主义共同理想则是实现共产主义远大理想的必经阶段，它凝聚了全国各族人民的共同愿望和奋斗目标。

无数革命先辈为了真理和理想不惜抛头颅、洒热血。方志敏在狱中写下《可爱的中国》，表达了对共产主义理想的坚定信念和对祖国未来的美好憧憬；夏明翰慷慨就义前，留下“砍头不要紧，只要主义真”的豪迈诗句，彰显了为真理献身的无畏精神。他们用生命诠释了坚持真理、坚守理想的深刻内涵，激励着一代又一代共产党人前赴后继、不懈奋斗。习近平总书记指出：“中国共产党为什么能，中国特色社会主义为什么好，归根到底是因为马克思主义行!”

2. 践行初心、担当使命

中国共产党从诞生之日起，就把为中国人民谋幸福、为中华民族谋复兴作为自己的初心使命。这一初心使命，贯穿了党的百年奋斗历程，是党不断发展壮大的根本动力。

在新民主主义革命时期，中国共产党带领人民经过艰苦卓绝的斗争，推翻了“三座大山”，建立了新中国，实现了民族独立和人民解放，为人民幸福和民族复兴创造了根本社会条件。社会主义革命和建设时期，党领导人民进行大规模社会主义建设，初步建立起独立的比较完整的工业体系和国民经济体系，为国家发展奠定了坚实基础。尽管在这一过程中经历了诸多困难和挫折，但党始终坚守初心使命，努力探索适合中国国情的社会主义建设道路。

改革开放以来，中国共产党以巨大的政治勇气和智慧，开启了改革开放的历史新时期。通过推行一系列改革举措，极大地解放和发展了社会生产力，人民生活水平显著提高。中国经济持续快速增长，综合国力大幅提升，在国际舞台上的影响力日益扩大。中国特色社会主义进入新时代，党团结带领人民如期打赢脱贫攻坚战，如期全面建成小康社会，历史性地解决了绝对贫困问题，正在向着实现中华民族伟大复兴的目标迈进。

在不同历史时期，中国共产党始终围绕初心使命开展工作，不断为人民群众创造更加美好的生活。

践行初心、担当使命，是中国共产党区别于其他政党的显著标志。这一精神特质，让党赢得了人民群众的衷心拥护和支持，使党能够汇聚起全国各族人民的力量，共同为实现中华民族伟大复兴的中国梦而努力奋斗。

3. 不怕牺牲、英勇斗争

不怕牺牲的生死观，体现了中国共产党人对理想信念执着追求、为人民的利益无私奉献。在党看来，个人的生命固然宝贵，但为了实现民族独立、人民解放和国家富强、人民幸福，为了广大人民的根本利益，即使牺牲生命也在所不惜。英勇斗争的精神实质，是一种敢于直面困难、挑战和敌人的大无畏精神。这种精神要求共产党人在面对艰难险阻时毫不退缩，在遭遇挫折失败时永不气馁，始终保持昂扬向上的斗志和顽强拼搏的毅力。

在革命战争年代，董存瑞舍身炸碉堡，为部队开辟前进道路；黄继光用胸膛堵住敌人枪眼，为战友冲锋创造条件。在社会主义建设时期，王进喜“宁肯少活二十年，拼命也要拿下大油田”，带领石油工人艰苦创业；焦裕禄为治理兰考风沙，不顾身患重病，始终坚守工作一线。在改革开放和社会主义现代化建设新时期，无数共产党人在各自岗位上勇于创新、敢于突破，为推动经济社会发展付出艰辛努力。这些都是中国共产党不怕牺牲、英勇斗争精神的生动体现。这种精神，让中国共产党在面对强大的敌人、艰难的环境时，始终保持着顽强的战斗力和不屈的意志。它激励着一代又一代中国共产党人，在实现中华民族伟大复兴的征程中，不畏艰难险阻，敢于迎难而上，为了党和人民的事业，不惜牺牲一切。正是凭借着这种伟大的精神，中国共产党才能在历史的长河中历经磨难而不倒，不断从胜利走向新的胜利。

4. 对党忠诚、不负人民

对党忠诚，是党员的首要政治品质。这意味着要坚定不移地贯彻党的路线方针政策，坚决维护党中央权威和集中统一领导，在思想上、政治上、行动上同党中央保持高度一致。对党忠诚，不仅仅是口头上的表态，更是体现在行动上的坚决贯彻。它要求党员无论在何时何地，都要坚定地捍卫党的信仰，始终保持对马克思主义的信仰、对中国特色社会主义和共产主义的信念。在党的事业中，党员要全身心投入，为实现党的目标任务不懈奋斗。无论面对顺境还是逆境，都要坚守党的原则，听从党的指挥，维护党的团结统一。

不负人民，彰显了中国共产党深厚的人民情怀。人民是历史的创造者，是决定党和国家前途命运的根本力量。中国共产党始终把人民放在心中最高位置，全心全意为人民服务，想人民之所想，急人民之所急，不断满足人民对美好生活的向往。杨善洲退休后，主动放弃进省城安享晚年的机会，扎根大亮山，义务植树造林，一干就是 22 年，把荒山秃岭变成了绿洲，最后将价值数亿元的林场无偿上缴给国家，用行动诠释了对党忠诚、不负人民的高尚情怀。

精神引领

“一百年前，中国共产党的先驱们创建了中国共产党，形成了坚持真理、坚守理想，践行初心、担当使命，不怕牺牲、英勇斗争，对党忠诚、不负人民的伟大建党精神，这是中国共产党的精神之源。一百年来，中国共产党弘扬伟大建党精神，在长期奋斗中构建起中国共产党人的精神谱系，锤炼出鲜明的政治品格。历史川流不息，精神代代相传。我们要继续弘扬光荣传统、赓续红色血脉，永远把伟大建党精神继承下去、发扬光大！”

——2021 年 7 月 1 日，习近平在庆祝中国共产党成立 100 周年大会上的讲话

在革命斗争中，党弘扬坚持真理、坚守理想，践行初心、担当使命，不怕牺牲、英勇斗争，对党忠诚、不负人民的伟大建党精神，实施和推进党的建设伟大工程，提出着重从思想上建党的原则，坚持民主集中制，坚持理论联系实际、密切联系群众、批评和自我批评三大优良作风，形成统一战线、武装斗争、党的建设三大法宝，努力建设全国范围的、广大群众性的、思想上政治上组织上完全巩固的马克思主义政党。

党中央号召，全党全军全国各族人民要更加紧密地团结在以习近平同志为核心的党中央周围，全面贯彻习近平新时代中国特色社会主义思想，大力弘扬伟大建党精神，勿忘昨天的苦难辉煌，无愧今天的使命担当，不负明天的伟大梦想，以史为鉴、开创未来，埋头苦干、勇毅前行，为实现第二个百年奋斗目标、实现中华民族伟大复兴的中国梦而不懈奋斗。

——2021 年 11 月 11 日，中国共产党第十九届中央委员会第六次全体会议通过《中共中央关于党的百年奋斗重大成就和历史经验的决议》

要认真总结这次党史学习教育的成功经验，建立常态化、长效化制度机制，不断巩固拓展党史学习教育成果。要聚焦学习贯彻党的十九届六中全会

精神，推动全党学深悟透党的创新理论，弘扬伟大建党精神，坚定走好中国道路、实现中华民族伟大复兴的信心和决心，团结带领全国各族人民满怀信心奋进新征程、建功新时代，以实际行动迎接党的二十大胜利召开。

——习近平对党史学习教育作出的重要指示，据新华社北京2021年12月24日电

广大文艺工作者要树立大历史观、大时代观，眼纳千江水、胸起百万兵，把握历史进程和时代大势，反映中华民族的千年巨变，揭示百年中国的人间正道，弘扬以爱国主义为核心的民族精神和以改革创新为核心的时代精神，弘扬伟大建党精神，唱响昂扬的时代主旋律。

——2021年12月14日，习近平在中国文联十一大、中国作协十大开幕式上发表重要讲话

自觉把握和运用党的百年奋斗历史经验，弘扬伟大建党精神，永葆自我革命精神，坚持全面从严治党战略方针，坚定不移将党风廉政建设和反腐败斗争进行到底，持续深化不敢腐、不能腐、不想腐一体推进，惩治震慑、制度约束、提高觉悟一体发力，努力取得更多制度性成果和更大治理成效，加强纪检监察机关规范化、法治化、正规化建设，更好发挥监督保障执行、促进完善发展作用，迎接党的二十大胜利召开。

——2022年1月20日，《中国共产党第十九届中央纪律检查委员会第六次全体会议公报》

世界上最大的幸福莫过于为人民幸福而奋斗。心中装着百姓，手中握有真理，脚踏人间正道，我们信心十足、力量十足。无论风云如何变幻，无论挑战如何严峻，我们都要弘扬伟大建党精神，铭记生于忧患、死于安乐的古训，常怀远虑、居安思危，紧密团结、艰苦奋斗，继续把中华民族伟大复兴的历史伟业推向前进！

——2022年1月30日，中共中央、国务院在北京人民大会堂举行2022年春节团拜会，习近平发表讲话

五是全面从严治党是党永葆生机活力、走好新的赶考之路的必由之路。办好中国的事情，关键在党、关键在全面从严治党。只要大力弘扬伟大建党精神，不忘初心使命，勇于自我革命，不断清除一切损害党的先进性和纯洁性的有害因素，不断清除一切侵蚀党的健康肌体的病原体，我们就一定能够确保党不变质、不变色、不变味。

——2022 年 3 月 5 日，习近平在参加十三届全国人大五次会议内蒙古代表团审议时的重要讲话

弘扬以伟大建党精神为源头的中国共产党人精神谱系，用好红色资源，深入开展社会主义核心价值观宣传教育，深化爱国主义、集体主义、社会主义教育，着力培养担当民族复兴大任的时代新人。推动理想信念教育常态化制度化，持续抓好党史、新中国史、改革开放史、社会主义发展史宣传教育，引导人民知史爱党、知史爱国，不断坚定中国特色社会主义共同理想。用社会主义核心价值观铸魂育人，完善思想政治工作体系，推进大中小学思想政治教育一体化建设。

——2022 年 10 月 16 日，习近平在中国共产党第二十次全国代表大会上的讲话

我们把党的政治建设作为党的根本性建设，始终摆在首位，旗帜鲜明坚持和加强党的领导，严肃党内政治生活，净化修复政治生态，推动全党增强“四个意识”、坚定“四个自信”、做到“两个维护”，紧密团结在党中央周围，实现党的团结统一。我们把思想建设作为党的基础性建设，用新时代中国特色社会主义思想凝心铸魂，弘扬伟大建党精神，持续开展党内集中教育，使党员、干部补足精神之钙，坚守共产党人精神家园。

——2023 年 1 月 9 日，习近平在中国共产党第二十届中央纪律检查委员会第二次全体会议上发表重要讲话

要教育引导广大党员、干部经受思想淬炼、精神洗礼，坚定对马克思主义的信仰、对中国特色社会主义的信念、对实现中华民族伟大复兴中国梦的信心，弘扬伟大建党精神，务必不忘初心、牢记使命，务必谦虚谨慎、艰苦奋斗，务必敢于斗争、善于斗争，筑牢信仰之基、补足精神之钙、把稳思想之舵。

——2023 年 4 月 3 日，学习贯彻习近平新时代中国特色社会主义思想主题教育工作会议在北京召开，习近平出席会议并发表重要讲话

精神光照

案例 1. 李大钊：传播真理，坚守理想

李大钊（1889—1927），男，1920 年 10 月发起创建北京的共产党早期

组织，北方革命领导人，中国共产主义运动的先驱，伟大的马克思主义者，杰出的无产阶级革命家，中国共产党的主要创始人之一。李大钊率先在中国介绍、宣传和研究马克思主义，是20世纪初中国革命的“播火者”，也是一位伟大的爱国者。为了在半殖民地半封建的中国传播马克思主义和无产阶级革命的火种，他一往无前，矢志不渝，最终献出了自己的生命。

1917年11月，李大钊经友人介绍来到北京大学。当时北大是新文化运动的核心阵地，聚集了陈独秀、胡适等新文化运动的领军人物，兼容了各种思潮学说，李大钊称它为“黑暗中之灯塔”。跻身高收入、高地位的学者行列，李大钊并不安于富足的生活，仍记国难当头，思大众疾苦。李大钊东渡日本求学期间曾接触到社会主义和马克思主义，从二月革命时就关注俄国局势，已隐约感到十月革命的重要性，迫切想尽快探明十月革命的真谛。他便将目光再次转向日本进步思想界，搜集一切能搜集到的有关资料，埋头研究、比较。三四个月后，他开始明白十月革命的意义，认识到：十月革命、社会主义、马克思主义学说，就是拯救中国人民走出黑暗的“天火”。他决心把这“天火”引到中国来。1918年1月，李大钊担任北大图书馆主任，从国内外买进大批新书，特别是关于马克思主义的外文书籍。除了讲学和参加社会活动，李大钊就在北大红楼读书，刻苦钻研马克思主义和十月革命的经验。其间，他接连发表《法俄革命之比较观》《庶民的胜利》《布尔什维主义的胜利》等文章和演讲，介绍、宣传、讴歌十月革命，充满激情地预言“试看将来的环球，必是赤旗的世界”。正是在了解、宣传、研究十月革命过程中，李大钊迅速实现了从爱国主义、民主主义向社会主义、共产主义的思想转变，成为中国最早擎起马克思主义和社会主义大旗的第一人。

作为老师，李大钊对青年十分关心。他认为，“青年者，国家之魂”，是民族复兴、国家富强的希望所在。他广泛结交青年朋友，积极为其排忧解难，并多方提携扶植，指引青年朝着正确方向前进。在他高举的红色旗帜下，会聚了邓中夏、高君宇、何孟雄、黄日葵、罗章龙、刘仁静等一批进步知识分子，他们都或多或少，或直接或间接地受过李大钊的帮助、教育和影响。1918年冬，从湖南来到北京的毛泽东在李大钊帮助下获得在北大图书馆工作的机会。此时，正是李大钊开始向中国民众宣传俄国十月革命的重要时期。毛泽东这次在北京待了4个月，受李大钊影响开始接触马克思列宁主义并确定了共产主义信仰。1936年，毛泽东会见美国记者埃德加·斯诺时曾说：“我在北大图书馆当助理员的时候，在李大钊手下，很快地发展，走到马克思主义的路上。李大钊是我的老师。”李大钊对马克思主义的坚定信仰、大力宣传和不懈实践，影响了一代青年，培育了一批革命火种。

1926年“三一八”惨案以来，北方政治形势日益恶化，李大钊一直受到北洋政府通缉。党组织和战友们都劝他离开，但他认为北京还有不少重要工作要做，要留下来继续战斗。

1927 年 4 月 6 日，奉系军阀控制下的北京政府派大批军警包围了苏联使馆，李大钊连同留京的国共两党工作人员共 60 余人一同被捕。在狱中，李大钊承认自己为马克思学说崇信者，故加入共产党，其他一概不知。他写下《狱中自述》，公开昭示自己“自束发受书，即矢志努力于民族解放之事业，实践其所信，励行其所知”的人生理想和革命历程，表示“为功为罪，所不暇计”，表现出一个共产党人无私无畏的革命气概。4 月 28 日，李大钊等 20 人被判绞刑。李大钊首登绞刑台，慷慨赴义。

——节选自陈丽红：《李大钊：最早的“播火者”》，求是网，2019 年 10 月 29 日

案例 2. 黄大发：对党忠诚，不负人民

1959 年初冬，24 岁的黄大发用蓝色水笔在入党志愿书上郑重写道：我要求入党是为人民全心全意服务到底，帮群众当好勤务员，不怕牺牲，不怕困难，不怕流血，有好大的力量办好大的事，有事与群众商量。我生命到哪一天，就干到哪一天……黄大发从小父母双亡，他滚草垛、睡牛棚，靠给地主放牛过活。新中国成立后，党组织的培养和远亲近邻的救济，让黄大发感受到温暖。他性格朴实刚毅、大公无私、敢想敢干，年纪轻轻就当上了草王坝大队大队长。草王坝不通水、不通电、不通路，特别是祖祖辈辈严重缺水，要步行几个小时到河里背水吃。地里打不出多少粮食，家家户户穷得起灰，一年四季连饭都吃不饱。水，对于草王坝，是救命的东西。螺丝河是理想水源，却相隔三重大山。黄大发对村民们承诺：“我一定要把螺丝河水引过来，让大家喝上干净水、吃上白米饭。”没有技术和设备，黄大发就带着村民们攀岩走壁，靠原始方式确定等高线，用钢钎、铁锤打通了 116 米长的隧道。经过 13 年的艰辛施工，水渠完工了，但由于工程缺乏科学的技术指导，终究还是没法把水引过来。十几年的努力付诸东流，村里人灰心丧气，甚至有人说：“草王坝能通水，我用手掌心煎蛋吃。”黄大发不服气，更不放弃。

1976 年，遵义县水利局年轻干部黄著文到草王坝调研，那晚，借宿在黄大发家里。

“我喝了两口茶水，看见杯底沉淀的泥浆，这水是从牛脚印里沉积的雨水，一点一点收集起来的。”黄著文回忆。黄大发对他说：“我一定要把渠修通。”1990 年腊月，天寒地冻。已是遵义县水利局副局长的黄著文下班回家，看见家门口站着一个冻得脸色铁青的人，磨破的解放鞋满是泥浆，露出发紫的脚趾头，单薄的衣裤上结着冰霜。是十几年没见过面的黄大发！“草

王坝大旱3个多月，地里颗粒无收，不能再让子孙受苦了，我要带领群众修渠引水。”黄大发边说，边从破烂不堪的挎包中掏出立项申请报告。为了来找他，黄大发整整走了两天山路，黄著文心疼地说：“老黄，你怎么变成这副模样了？争取项目也得先顾自己的命啊！”当时，遵义县一年的水利资金不过20万元。据县水利局初步测算，从螺丝河取水到草王坝要经过大小9处悬崖、10多处峻岭，水渠需要从离地几百米高的大土湾岩、擦耳岩和灰洞岩的悬崖峭壁上，打出半幅隧道，需要五六万个工时，草王坝才一两百个劳力，怎么完成这么大的工程量？黄大发很激动：“一年修不成，修两年；两年修不成，修三年。哪怕我用命去换，也要干成！”黄大发懂一些水利技术，身上又有股拼命劲儿，县水利局最终批准了草王坝水利工程项目，拨付6万元现金和38万斤玉米，要求自筹1万元工程款。同时，还派出专业技术人员进行指导。这一次，无论如何也要修成！黄大发下了决心，连夜回村开会。政府的支持，让群众深受鼓舞。第二天一早，家家户户去赶乡场，卖猪、卖羊、卖鸡、卖苞谷，这家20元，那家30元，连夜把钱送到黄大发家里。

在大旱一百多天的日子里，乡亲们硬是勒紧裤腰带，一天时间就如数凑足了集资款。时任草王坝村村主任张元华记得，煤油灯下，黄大发把一角两角伍角的角票，一张一张地理顺、叠在一起的时候，脸色特别凝重。一老一少两个男人，都不说话；泪水，在心里涌淌。这不是钱，是乡亲们的心，是草王坝人的全部希望！1992年春，引水工程开工，57岁的黄大发带领200多名乡亲，带着铁锹、铁锤、钢钎浩浩荡荡奔赴工地。大家早上出门时提一罐苞谷沙，饿了点柴草热一下，稀里呼噜吞下去；夜晚来临，打着火把往家赶。有的村民干脆睡在石头窝里，数着星星盼天明。

有次炸山出现了哑炮，黄大发准备前去查看，有人突然大喊“要炸了”，情急之下他用随身的背篼罩住自己，碎石块刹时满天飞。万幸的是，碎石只击破了他的背篼，手臂上擦破了皮。黄大发到处跑，鞋磨破了没钱买。有一次，他赤脚步行30多公里山路背炸药，脚板磨破血淋淋的，管仓库的工作人员想资助他20块钱买双鞋，却被拒绝了。

1993年，工程进行到异常险峻的擦耳岩，垂直300多米高，放炮非常危险。就在大家犯难的时候，黄大发第一个站出来，带着几名党员上到山顶，用绳子拴着大树，系上腰，顺着石壁慢慢往下探，寻找放炸药的合适位置。

渠修好后，黄大发又商量着修学校。没有老师怎么办？黄大发要求村里几个上过中学的年轻人回来当代课老师，其中就包括在外打工的小儿子黄彬权。当代课老师月工资九十二块五毛，在外打工一天，就能挣四十多元。刚在村里教了几天书，黄彬权悄悄跑了，黄大发追到城里，见面一句话：“你必须跟我回去，我们不能计较钱多钱少。”拗不过父亲，黄彬权只好安心教书，一干十几年。迄今，草王坝走出 30 多个大学生。播州区委常委、宣传部部长张雪梅说，“老书记没给组织提过任何关于个人和子女的要求，他提出的，都是和群众切身利益相关的请求。”“共产党员就得清清白白，腰杆硬才能顶得住歪风，经得住风雨才能见得了世面。”黄大发说，“子孙的事情，我不会管。人这一辈子，自己能创造才叫本事。”如今的草王坝，变化天翻地覆。在黄大发和村两委干部努力下，包括草王坝在内的团结村已建成通组公路 83 公里，完成全村 39 个村民组水利设施建设，村民吃上了干净的放心水。

——节选自李惊亚、李凡：《承诺——记“大山里的老愚公”黄大发》，新华网，2018 年 12 月 24 日

学习资源

1. 中国共产党员网
2. “学习强国” APP
3. 人民网
4. 求是网

阅读推荐

1. 《伟大建党精神：弘扬与发展》，吴德刚主编，2023 年，中共党史出版社。
2. 《伟大建党精神：孕育与形成》，吴德刚主编，2023 年，中共党史出版社。
3. 《谱系之源：伟大建党精神》，邵维正，2024 年，江西美术出版社。
4. 《不负人民：解码伟大建党精神》，周敬青，2024 年，中共中央党校出版社。

实践基地

1. 中国共产党历史展览馆
2. 中共一大纪念馆
3. 南湖革命纪念馆

思考讨论

如何理解“伟大建党精神是中国共产党人精神谱系的源头”？试结合具体精神（如井冈山精神）说明其继承与发展关系。

第2讲　井冈山精神

精神要义

江泽民同志在2001年视察井冈山时，精辟地、科学地把井冈山精神概括为“坚定信念、艰苦奋斗、实事求是、敢闯新路、依靠群众、勇于胜利”。2016年，习近平总书记在江西考察调研时强调，要结合新的时代条件，坚持坚定执着追理想、实事求是闯新路、艰苦奋斗攻难关、依靠群众求胜利，让井冈山精神放射出新的时代光芒。

精神渊源

（一）背景来源

井冈山是中国革命的摇篮。井冈山的革命斗争不仅点燃了中国革命的星星之火、开辟了中国革命的独特道路，而且孕育出伟大的井冈山精神。井冈山精神的产生，是中国近现代历史发展的必然结果。

土地革命时期，以毛泽东同志、朱德同志为代表的老一辈无产阶级革命家，在秋收起义和南昌起义遭到严重挫折的情况下，把马克思主义基本原理同中国革命具体实践相结合，审时度势，率领工农革命军进军井冈山，在白色政权的四面包围之中建立起全国第一个农村革命根据地。

在物质条件极度匮乏的情况下，党领导红军连续击退了反动势力的四次“进剿”和三次“会剿”，历经大小战斗近百次，积累了丰富的军事斗争经验，创设了一整套红军建军原则，提炼了红军游击战争的战略战术。毛泽东同志还提出了“工农武装割据”思想，回答了“中国的红色政权为什么能够存在”的问题，初步探索出一条农村包围城市、武装夺取政权的符合中国国情的革命道路。

在巩固和发展井冈山革命根据地的斗争中，通过不断克服盲动主义、冒险主义错误的干扰，尤其是在反对教条主义的过程中，井冈山精神得以形成并不断丰富和发展。井冈山精神从孕育、发展到成熟的过程，完整地记录了以毛泽东同志、朱德同志为代表的老一辈无产阶级革命家对国家前途、民族命运的艰辛探索和对社会理想、人生价值的深层思考，对中国革命的历史进程产生了广泛而深刻的影响。

——节选自江西省中国特色社会主义理论体系研究中心：《井冈山精神的历史形成、基本内涵与时代价值》，《人民日报》，2015 年 4 月 9 日

（二）内涵解读

井冈山精神诞生于土地革命时期的井冈山根据地，是以毛泽东同志为代表的中国共产党人把马克思列宁主义基本原理与中国革命的具体实践相结合，在井冈山创建革命根据地、开辟中国革命新道路、进行艰苦卓绝的革命斗争中培育和形成的伟大革命精神。井冈山精神是指以毛泽东、朱德为代表的中国共产党人在创建井冈山革命根据地、开辟井冈山革命道路过程中所培育和发扬的革命精神。

1. 实事求是闯新路是井冈山精神的核心

实事求是闯新路是井冈山精神的核心。中国这样一个政治、经济发展极不平衡的落后大国，革命的道路怎么走？没有现成的答案。毛泽东在悉心研究中国国情的基础上，摒弃了“城市中心论”，从中国革命的实际出发，创造性地提出了“上山”的思想、做“革命山大王”的思想、建立“军事大本营”的思想、实行“工农武装割据”的思想、红色政权“波浪式前进”的思想、“星星之火，可以燎原”的思想，并且对井冈山斗争的丰富实践经验进行了科学的理论概括，写出了《中国的红色政权为什么能够存在?》《井冈山的斗争》等光辉著作，创立了中国革命关于红色政权的理论，科学地论述了在四周白色政权包围中小块红色政权能够存在和发展的客观依据和历史必然性。

事实表明，“这是世界各国从来没有的事”，是任何本本上所没有的新思想、新结论。

2. 坚定执着追理想是井冈山精神的灵魂

建党体现了早期中国共产党人坚定的共产主义政治信仰和远大的抱负。中共一大代表们认真讨论了党的性质和纲领。会议确定：本党定名为“中国共产党”。党的基本任务是领导无产阶级进行革命斗争，推翻资产阶级国家机器，实行无产阶级专政，消灭私有制，最终目的是实现社会主义和共产主义。在通过的中国共产党第一个纲领中就明确指出，革命军队必须与无产阶级一起推翻资本家阶级的政权，必须援助工人阶级，直到社会阶级

区分消除为止；承认无产阶级专政，直到阶级斗争结束，即直到消灭社会的阶级区分；消灭资本家私有制，没收机器、土地、厂房和半成品等生产资料，归社会公有。这个纲领表明中国共产党自成立伊始，就鲜明地提出以实现社会主义、共产主义作为自己的奋斗目标，并强调要通过革命的手段来实现这个崇高的理想。

由于国民党反动派频繁的“进剿”“会剿”和严密的经济封锁，当年的井冈山革命根据地条件十分艰苦，最困难的时候连吃饭都成了问题，导致一部分人思想发生动摇，质疑红旗到底能打多久。处于危难之际的毛泽东、朱德、陈毅等老一辈无产阶级革命家，立场坚定，矢志不移。毛泽东说：“它是站在海岸遥望海中已经看得见桅杆尖头了的一只航船，它是立于高山之巅远看东方已见光芒四射喷薄欲出的一轮朝日，它是躁动于母腹中的快要成熟了的一个婴儿。”这种伟大无产阶级革命家的坚定信念和壮阔豪情，真可谓入木三分。井冈山斗争时期还有着一大批留学生、大学生、师范生，以及许多豪门子弟，他们之所以在井冈山坚持战斗，其中一个重要的原因就是他们心中始终怀揣着改变国家和民族命运的崇高理想。可见，坚定不移的理想信念是井冈山精神的灵魂。

3. 依靠群众求胜利是井冈山精神的根本

井冈山革命斗争时期，在艰难困苦的战争环境中，党和红军之所以能够取得一个又一个胜利，使根据地在白色恐怖之中生存发展，其根本原因就是始终代表了广大人民群众的根本利益，保持同人民群众的血肉联系，视人民利益高于一切，为人民利益而战，从而铸就了牢不可破的军民团结的钢铁长城。“三大纪律六项注意”的提出和颁布，集中体现了红军军民一致、秋毫无犯的新型军民关系。同时，在湘赣边界开展了轰轰烈烈的土地革命运动，制定了中国共产党第一部土地法——《井冈山土地法》。在湘赣边界建立苏维埃政权，真正做到立党为公、取信于民。井冈山人民“把革命当作他们的生命”，从内心喊出了“中国共产党万岁”的口号。这种一切依靠群众、全心全意为人民服务的作风，是井冈山精神的根本。

党的十九大报告指出：“中国共产党人的初心和使命，就是为中国人民谋幸福，为中华民族谋复兴。这个初心和使命是激励中国共产党人不断前进的根本动力。”2017 年 10 月 31 日，习近平总书记带领新一届中央政治局常委集体瞻仰上海中共一大旧址和南湖红船，重温建党历史。2016 年 2 月，习近平总书记在第三次上井冈山时指出：“井冈山是中国革命的摇篮。井冈山时期留给我们最为宝贵的财富，就是跨越时空的井冈山精神。今天，我们要结合新的时代条件，坚持坚定执着追理想、实事求是闯新路、艰苦奋斗攻难关、依靠群众求胜利，让井冈山精神放射出新的时代光芒。”可见，井冈山精神并未过时，它们是中国共产党人初心的生动体现，在新的历史条件下必将永葆生命力，并成为激励中国共产党人勇往直前的不竭动力。

——节选自孙伟：《让井冈山精神放射出新的时代光芒》，《光明日报》，2018 年 8 月 17 日

精神引领

井冈山不愧是革命的山，战斗的山。没有井冈山过去艰苦卓绝的奋斗，就不会有今天革命的胜利。胜利真是用生命换来的啊！

土地革命时期，我们在井冈山建立了农村革命根据地，点燃了“工农武装割据”的燎原之火。井冈山的斗争，指出了农村包围城市、武装夺取政权道路的新方向。当时有人提出井冈山的红旗究竟能打多久的疑问，我们以实践回答了这个问题，坚持了井冈山的斗争。井冈山的斗争开辟了中国革命胜利的道路。中国革命如果没有这些根据地作后盾，就不可能取得全国革命的胜利。

革命的成功，是多少革命先烈用鲜血和生命换来的呀！我们应该用井冈山革命的这些历史，多宣传井冈山的革命传统，让后来的年轻娃娃们了解中国革命的历史。

——1965 年 5 月，毛泽东谈井冈山精神

井冈山的革命星星之火所以能燃遍全国，走向胜利，就在于老一辈无产阶级革命家坚定的共产主义理想和始终不渝的信念。我们今天建设有中国特色的社会主义现代化强国，也必须具有这种理想和信念。

——1989 年 10 月，江泽民在井冈山视察时的讲话

伟大的井冈山精神集中反映了我们党的优良传统和作风。我们要结合时代的发展，结合党的历史方位和历史任务的变化，结合改革开放和发展社会主义市场经济的新实践，让井冈山精神大力发扬起来，使之在新的时代条件下放射出新的光芒。要坚持与时俱进、开拓创新，艰苦奋斗、脚踏实地，加强团结、形成合力，清正廉洁、甘于奉献，用优良的作风保证正确的理论路线和方针政策的贯彻执行。

——2003 年 8 月 28 日至 9 月 1 日，胡锦涛在江西考察时的讲话

井冈山精神和苏区精神是我们党的宝贵精神财富，要永远铭记、世代传承，教育引导广大党员、干部在思想上正本清源、固根守魂，始终保持共产党人政治本色。

——2015 年 3 月 6 日，习近平在全国“两会”期间参加江西代表团审议时的讲话

井冈山是中国革命的摇篮。井冈山时期留给我们最为宝贵的财富，就是跨越时空的井冈山精神。今天，我们要结合新的时代条件，坚持坚定执着追理想、实事求是闯新路、艰苦奋斗攻难关、依靠群众求胜利，让井冈山精神放射出新的时代光芒。

——2016 年 2 月 1 日至 3 日，习近平在江西看望慰问广大干部群众时的讲话

井冈山精神和苏区精神，承载着中国共产党人的初心和使命，铸就了中国共产党的伟大革命精神。这些伟大革命精神跨越时空、永不过时，是砥砺我们不忘初心、牢记使命的不竭精神动力。要深刻认识红色政权来之不易、新中国来之不易、中国特色社会主义来之不易，教育党员、干部特别是领导干部牢固树立立党为公、执政为民的理念，增进群众感情，践行群众路线，锤炼忠诚干净担当政治品格，当好人民勤务员，为完成新时代党的历史使命而努力奋斗。要把井冈山精神和苏区精神继承和发扬好，教育引导广大党员、干部增强“四个意识”、坚定“四个自信”、做到“两个维护”，自觉做共产主义远大理想和中国特色社会主义共同理想的坚定信仰者和忠实实践者。

——2019 年 5 月，习近平在江西考察时的讲话

“我们要建设的社会主义现代化强国，不仅要在物质上强，更要在精神上强。精神上强，才是更持久、更深沉、更有力量的。”新的征程上，把井冈山精神继承和发扬好，用中国共产党人的精神谱系滋养自己、激励自己，自觉做共产主义远大理想和中国特色社会主义共同理想的坚定信仰者和忠实实践者，不懈奋斗，永远奋斗，我们就一定能创造无愧于党、无愧于人民、无愧于时代的业绩。

——《人民日报》，2021 年 7 月 22 日

精神光照

案例 1. 探访“三大纪律八项注意”的起源地井冈山

1927 年，毛泽东在井冈山宣布了“三项纪律”，次年又在遂川宣布了“六项注意”，后来发展为我们熟知的“三大纪律八项注意”。以纪律为保障，我们党带领全国人民浴血奋战、一往无前，取得辉煌胜利。

1927 年 10 月，毛泽东率领秋收起义后的部队向井冈山挺进。当时，这支队伍成分复杂，既有工人、农民，也有学生、俘虏，还有一部分是游民无产者。他们身上存在着一些非无产阶级思想意识和不良作风，加之“左”倾机会主义路线的干扰，少数士兵无组织、无纪律的现象不时发生。在向井冈山转移时，部队经过几天的长途跋涉，又遭遇反动地主武装的突袭，战士们又累又饿，后来有战士发现了一块红薯地，大家便一拥而上，挖起红薯就吞吃起来。毛泽东知道后很生气，严肃批评了大家。最终，红军给红薯地的主人留下了一张道歉的纸条和一些钱，作为赔偿。

拿几个红薯看似小事，但体现的是一支队伍的纪律性。革命队伍不是旧军队，怎么能随意侵犯群众利益呢？一路上，毛泽东从这件事情联想到，部队若要在井冈山“安家”，与当地群众和地方队伍打成一片，就必须严明纪律。

10 月 24 日，秋高气爽。毛泽东站在一块大石头上，对准备向井冈山中心进发的数百名工农革命军战士讲话，要求大家与山上的群众和队伍搞好关系，随后正式宣布了三项纪律：第一，行动听指挥；第二，筹款要归公；第三，不拿老百姓一个红薯。3 句话，看似朴实无华，但解决的却是当时革命队伍中的大问题。这使工农革命军区别于传统的旧军队，树立了军民一致、秋毫无犯的新型军民关系。后来，针对队伍出现的新问题，毛泽东在遂川县李家坪又颁布了“六项注意”，后规范为上门板、捆铺草、说话和气、买卖公平、借东西要还、损坏东西要赔。在井冈山革命博物馆里，就陈列着一块写有“六项注意”的包袱布。“三项纪律”“六项注意”只是我们党在民主革命时期加强纪律建设的标志之一。

——节选自《探访“三大纪律八项注意”的起源地井冈山——纪律严明是我们党的传统优势》，《中国纪检监察》，2016 年 6 月 29 日

案例 2：一座塔铭记历史昭示未来

井冈山革命根据地和中央苏区最多的纪念物就是大大小小、各式各样

的纪念碑、纪念塔、纪念亭，每一座碑、塔、亭都承载着历史、传递着精神。

印象深刻的是瑞金叶坪的红军烈士纪念塔。这座纪念塔始建于 1934 年 2 月，是为了纪念在革命战争中光荣牺牲的红军指战员。塔的造型独特，主体结构是一颗竖立的炮弹，底座呈五角形。塔高 13 米，塔身布满一粒粒小石块，象征着无数革命烈士的英灵。基座四周分别镶嵌着毛泽东、朱德、周恩来、博古、项英、洛甫、王稼祥、凯丰、邓发等领导人的题词。塔的正前方地面上铺写着“踏着先烈血迹前进”八个大字。塔的设计者就是具有传奇色彩的“龙潭三杰”之一的钱壮飞，而担任工程指挥的就是著名的红色宪法起草人梁柏台。

在建成后的揭幕典礼上，中央军委主席朱德站在塔座上，回顾了红军从井冈山以来的英勇斗争经过，悼念斗争中牺牲的红军将士和被国民党屠杀的数十万革命群众，号召大家继承先烈遗志，踏着先烈血迹前进。彻底粉碎敌人的第五次“围剿”。

第五次反“围剿”失败后，1934 年 10 月，红军不得不实施战略转移，中央苏区随即沦陷，红军烈士纪念塔也被敌人拆毁。当地群众在悲痛和愤怒之余，冒着生命危险，把废墟中唯一完整的“烈”字偷偷抬回家藏了起来，有的趁着夜色去捡一块石头回家作为纪念，他们把那小小的石头看作自己牺牲了的子弟。1955 年，红军烈士纪念塔在原址上按照原貌修复，被人民群众珍藏的“烈”字重新镶嵌在上面，成为唯一的原始标记。

这座塔不仅记载了红军将士的英勇顽强，也记载了苏区人民的无私奉献和流血牺牲。兴国县总人口 23. 18 万，有 5. 5 万人参加红军，牺牲的烈士达 2. 32 万人，全县每 4 人中有 1 人参加红军，每 10 人中有 1 人为革命牺牲。瑞金全县人口 24 万，参加红军的就有 4. 9 万，牺牲的烈士达 1. 72 万人。

——节选自《一座塔铭记历史昭示未来》，人民出版社读书会，2017 年 8 月 11 日

案例 3. 师长献盐

张子清，是中国工农革命军第四军第十一师师长。在平常生活中他乐观向上、和蔼可亲、平易近人，在战场上他英勇善战、足智多谋，深受战士们的敬佩和喜爱。

1928 年 4 月，张子清随毛泽东去迎接朱德的部队，在指挥一团在酃县城北阻击敌人时，一颗子弹打中他的左脚踝骨。子弹钻得很深，当时医院没有手术设备，也没麻药，连碘酒都少得可怜。在张子清的要求下，第三天，在没有麻药的情况下，医生给他开了刀，但还是没能取出子弹。后来，

张子清从茅坪转移到小井红军医院。在没有任何麻醉药品的情况下，他先后动了3次大手术，子弹始终没有取出来。可是由于3次开刀后流血过多，又没消炎药，伤口感染越来越严重，肌肤由外而内地深入溃烂，为了避免更大范围的感染，医生们只好不断地将腐肉除去，每次去腐肉的过程都会让张师长痛得满头大汗。来看望他的战士们看在眼里，急在心里，多么希望张师长能早日康复。在一次战斗中，红军缴获到敌人的一批食盐，将其中一部分分发给严重缺盐的当地群众后，战士们首先想到的是病痛煎熬中的张师长，于是就用油纸包了一小包留给他。张子清清楚地知道在当时敌人严密的经济封锁下，这一小包食盐多么珍贵！他用手轻轻地抚摸了一下自己严重腐烂的腿，暗暗将这包食盐塞到了枕头下面。不久后，敌人对井冈山革命根据地又发起一轮猛攻，小井红军医院里的伤员骤然增加，而用于消炎的食盐严重缺乏，很多伤员因伤口得不到有效控制而恶化，医院的医生和护士们急得如同热锅上的蚂蚁。张子清从昏迷中苏醒过来，听说了这个消息，立刻从枕头下取出了那一小包食盐，将医生叫到自己的病床边，说："请你把这包食盐全部化成水，给伤员擦洗伤口。"医生听了连连摆手说："不成，医院上下，就数你的伤情最严重，你是最需要这些食盐的。"但张子清执意要将这些食盐全部捐献出来。医生护士们都拗不过他，只好流着眼泪将这些食盐全部化成了水，为所有的伤员擦洗了一遍伤口。

1929年1月下旬，敌人大举"会剿"井冈山，张子清在当地军民的保护下，活了下来。1929年5月，红五军返回湘赣边界，张子清被转移到永新，最终因未能及时有效治疗，于1930年5月逝世，终年28岁。他的遗体安葬在永新城郊风景秀丽的东华岭上，那一天，上千军民群众前往送行。

——节选自《井冈山革命故事》编撰组：《井冈山革命故事》，江苏人民出版社，2017年

学习资源

1.《国宝档案——展翅之初》系列节目（CCTV-4 中文国际频道）

2.《老兵你好》春节特别节目（CCTV-7 国防军事频道）

3.《百家讲坛》（CCTV-10 科教频道）：《中国精神（第二部）·3 井冈山精神》

阅读推荐

1.《星星之火，可以燎原》，选自《毛泽东选集》（第一卷），毛泽东，1951年，人民出版社。

2.《井冈山革命根据地史（精）》，余伯流、陈钢，2014年，江西人民出版社。

3. 中国共产党革命精神系列读本《井冈山精神》，张泰城，2017年，中共党史出版社。

4.《感悟井冈山》，匡胜，2018年，中央编译出版社。

5.《井冈山革命故事》，《井冈山革命故事》编撰组，2017年，江西人民出版社。

实践基地

1. 井冈山革命博物馆

2. 井冈山精神网上展馆

思考讨论

1. 粟裕大将说："井冈山会师具有伟大的历史意义。它不仅对当时坚持井冈山区的斗争，而且对以后建立和扩大农村革命根据地，坚持走农村包围城市的道路，推动全国革命事业的发展，产生了极其深远的影响。"请谈谈你对这段话的理解。

2. 2016年2月，习近平总书记在江西考察时强调："井冈山是中国革命的摇篮。井冈山时期留给我们最为宝贵的财富，就是跨越时空的井冈山精神。今天，我们要结合新的时代条件，坚持坚定执着追理想、实事求是闯新路、艰苦奋斗攻难关、依靠群众求胜利，让井冈山精神放射出新的时代光芒。"请谈谈你对这句话的理解。

第3讲　长征精神

精神要义

长征精神，就是把全国人民和中华民族的根本利益看得高于一切，坚定革命的理想和信念，坚信正义事业必然胜利的精神；就是为了救国救民，不怕任何艰难险阻，不惜付出一切牺牲的精神；就是坚持独立自主、实事求是，一切从实际出发的精神；就是顾全大局、严守纪律、紧密团结的精神；就是紧紧依靠人民群众，同人民群众生死相依、患难与共、艰苦奋斗的精神。

精神渊源

（一）背景来源

1. 长征的由来

提起红军长征，可谓家喻户晓，妇孺皆知，但“长征”“万里长征”“二万五千里长征”这些概念是何时提出的，却鲜为人知。1934 年 10 月，中央红军（即红一方面军）开始实行战略转移后，中共中央、中革军委、红军总政治部在所发的指示和命令中，并没有把这次行动称为“长征”，而是称为“突围”“反攻”“西进”等。同年 11 月，中共驻共产国际代表团团长王明，在莫斯科向苏联外国工人出版社中国部全体工作人员做报告时，把红 7 军团北上和红 6 军团西征称为“长征”，这是目前所知最早的“长征”概念。

1935 年 2 月 23 日，红军总政治部在《告黔北工农劳苦群众书》中，第一次把中央红军的战略转移称为“长征”。5 月，朱德在《中国工农红军布告》中盛赞“红军万里长征，所向势如破竹”，从而第一次提出“万里长征”的概念。随着中央红军长征里程的不断增加，“长征”的定语由“万里”逐步增大。

1935 年 8 月 5 日，中共中央政治局在沙窝会议通过的决议中指出："一方面军一万八千里的长征是中国历史上的空前的伟大事业"。9 月 12 日，中共中央在俄界会议作出的《关于张国焘同志的错误的决定》中指出，红军进行了"二万余里的长征"。10 月 19 日，中共中央率陕甘支队（由红一方面军主力和军委纵队改编而成）到达陕北吴起镇，胜利结束了长征。当天，毛泽东即指出：红一方面军长征"根据红一军团团部汇总，最多的走了二万五千里"。11 月 13 日，中共中央在《中国共产党中央委员会为日本帝国主义并吞华北及蒋介石出卖华北出卖中国宣言》中明确提出：红一方面军"经过二万五千余里的长征。跨过了十一省的中国领土，以一年多艰苦奋斗不屈不挠的精神，最后胜利的到达了中国的西北地区，同陕甘两省原有的红军取得了会合"。

这就是目前找到的关于"二万五千里长征"概念的最早文献记录。随着红军长征的英雄业绩广为流传，这一伟大壮举的影响不断扩大，"长征""万里长征""二万五千里长征"就逐渐成为 1934 年至 1936 年间战略转移的专门用语。

2. 长征精神的形成

长征精神的形成绝非偶然。它是以源远流长的中华民族精神作基础，以马克思主义为指导，在红军广大官兵艰苦卓绝的革命斗争中磨砺而成的。

长征精神是红军在长征这一伟大革命实践过程中不断磨砺和锤造出来的一种精神品质，它直接负载于中国工农红军长征这一惊天地、泣鬼神的英雄壮举。斯诺在《西行漫记》一书中记录了连他自己都无法相信的数字：在中央红军历时 1 年的长征中，进行了 300 多次战斗，几乎每天一次遭遇战；平均每天行军 35 公里以上，翻越了 18 座山脉，渡过了 24 条河流；突破了 10 个地方军阀的封锁包围，击败了数倍于己的国民党中央军的围追堵截；征服了雪山、草地等极端恶劣的自然环境。正是在这种千锤百炼的革命实践中，广大红军指战员的理想境界、意志品质、战斗作风、团结精神、纪律观念等得到了极大的提升，进而凝聚成为伟大的长征精神。

（二）内涵解读

——长征是一次理想信念的伟大远征。崇高的理想，坚定的信念，永远是中国共产党人的政治灵魂。中国共产党从成立之日起，就把共产主义确立为远大理想，始终团结带领中国人民朝着这个伟大理想前行。党和红军几经挫折而不断奋起，历尽苦难而淬火成钢，归根到底在于心中的远大理想和革命信念始终坚定执着，始终闪耀着火热的光芒。

——长征是一次检验真理的伟大远征。真理只有在实践中才能得到检验，真理只有在实践中才能得到确立。长征途中，红军面临着凶恶残暴的追兵阻敌，面临着严酷恶劣的自然环境，还面临着同党内错误思想的激烈斗争。经过长征，党和红军不是弱了，而是更强了，因为我们党找到了中国革命的正确道路，找到了指引这条道路的正确理论。

——长征是一次唤醒民众的伟大远征。红军打胜仗，人民是靠山。长征是历史纪录上的第一次，长征是宣言书，长征是宣传队，长征是播种机。面对正义和邪恶两种力量的交锋、光明和黑暗两种前途的抉择，我们党始终植根于人民，联系群众、宣传群众、武装群众、团结群众、依靠群众，以自己的模范行动，赢得人民群众的真心拥护和支持，广大人民群众是长征胜利的力量源泉。

——长征是一次开创新局的伟大远征。长征的胜利，是方向和道路的胜利。长征的过程，不仅是战胜敌人、赢得胜利、实现战略目标的过程，而且是联系实际、创新理论、探索革命道路的过程。长征出发前，由于党内“左”倾教条主义的错误领导，中央革命根据地第五次反“围剿”失败，其他根据地也遭受挫折，中国革命面临着方向和道路的抉择。面对乱云飞渡、惊涛骇浪，我们党表现出无所畏惧的伟大实践精神，表现出浴火重生的伟大创造精神，在血与火中趟出了一条走向新生、走向胜利的革命道路。

——2016 年 10 月 21 日，习近平在纪念红军胜利 80 周年大会上的讲话

精神引领

长征是历史纪录上的第一次，长征是宣言书，长征是宣传队，长征是播种机。

长征是以我们胜利、敌人失败的结果而告结束。谁使长征胜利的呢?是共产党。没有共产党，这样的长征是不可能设想的。

长征一完结，新局面就开始。

——毛泽东《论反对日本帝国主义的策略》

30 年代前期有王明为代表的“左”倾机会主义，那个错误导致我们多数革命根据地受挫折，使三十万革命军队减少到三万。我们为什么要长征?长征是被迫进行的。从 1935 年开始，我们党在毛泽东同志的正确领导下，经过抗日战争、解放战争，赢得了胜利，1949 年建立了中华人民共和国。

——邓小平《改革开放使中国真正活跃起来》

长征，是历史上无与伦比的革命壮举，是中国共产党及其领导的工农红军创造的人间奇迹，是中华民族一部惊天动地的英雄史诗。长征将永远铭刻在中国革命的丰碑上。

我们要把长征精神一代一代地传下去，激励和鼓舞全国人民奋发图强，开拓前进，在建设有中国特色社会主义的新长征道路上不断夺取新的胜利。

——1996 年 10 月，江泽民在纪念红军长征胜利 60 周年大会上的讲话

在红军长征这一具有重大意义的战略转移中，我们党坚持把自己的命运与中华民族的命运联系在一起，把军事上的战略转移与政治上的战略转变联系在一起，把长征前进的大方向与建立抗日的前进阵地联系在一起，以长征的胜利推动中国革命转危为安。红军长征是中国革命从挫折走向胜利的重大转折，为我们党团结带领人民打败日本军国主义侵略，争取建设独立、自由、民主、统一、富强的新国家迎来了新的曙光，开辟了光明前景。

——2006 年 10 月，胡锦涛在纪念红军长征胜利 70 周年大会上的讲话

弘扬伟大长征精神，走好今天的长征路，是新的时代条件下我们面临的一个重大课题。伟大长征精神，是党和人民付出巨大代价、进行伟大斗争获得的宝贵精神财富，我们世世代代都要牢记伟大长征精神、学习伟大长征精神、弘扬伟大长征精神，使之成为我们党、我们国家、我们人民、我们军队、我们民族不断走向未来的强大精神动力。

——2016 年 10 月 21 日，习近平在纪念红军长征胜利 80 周年大会上的讲话

湘江战役，是中国革命最壮烈的一段之一，也是中国革命生死存亡的一个重要的历史事件。舍生忘死的红军将士靠什么？靠的是理想信念，成功的奥秘就在这里，革命理想高于天，这样才能够不断地取得奇迹般的胜利。我们下个一百年、中华民族伟大复兴，就应该抱有必胜的信念。困难再大，想想红军长征，想想我们血战湘江。相信大家在这都会受到一种灵魂的洗礼、精神的升华。

——2021 年 04 月 25 日，习近平在广西考察调研时发表重要讲话

精神光照

案例 1. 最接近历史真实的长征是怎样的?

长征的故事是怎样流传的?

众所周知，美国作家斯诺写于 1937 年的《红星照耀中国》（亦称《西行漫记》）是向全世界介绍红军长征的第一本著作。但很少有人知道，斯诺依据的资料是来源于红军长征亲历者们在 1936 年集体撰写的《红军长征记》这本书。

1936 年 7 月，陕北突然来了一位客人，这就是大名鼎鼎的美国作家埃德加·斯诺。毛泽东希望斯诺能把红军的真实情况写出来，告诉世界。于是，毛泽东就让杨尚昆代表红军政治部、宣传部，给红军将士们写了一封征稿信，号召大家把红军长征的经历写出来，这样可以给斯诺的采访和写作提供素材。红军将士们积极响应，你一篇我一篇地开始写回忆文章，尤其是红军内部的一些知识分子，纷纷拿起笔来。到 1936 年 10 月，一共收到稿件 200 多篇。

毛泽东让当时的宣传部把挑选和编辑整理后的 100 篇稿件用复写纸复写了几份，其中一份交给了斯诺。斯诺带着这些原始材料回到上海，他深深地被长征的伟大壮举所感动，写下了著名的《红星照耀中国》。所以说，是红军战士们为斯诺提供了大量的素材，促成了《红星照耀中国》一书，也使红军长征的故事传遍了世界，使红军长征的精神广为人知。

到了 1942 年，八路军总政治部将这些文章作为党内参考资料少量印刷发行，取名为《红军长征记》。

新版《红军长征记》的诞生

强渡大渡河、飞夺泸定桥、过雪山草地……这些悲壮的长征故事，都是《红军长征记》里最先反映出来的。

我印象最深的是飞夺泸定桥的故事，其中有些情节和大家熟知的电影《飞夺泸定桥》不太一样。在《红军长征记》里，我发现飞夺泸定桥的关键是“飞”。红军长征的先遣团红一军团二师四团在接到抢夺泸定桥的命令时，是限他们 24 小时之内赶到泸定桥头的。而当时他们还在海螺沟以南，距离泸定桥有 240 里地。于是，红军战士们开始狂奔起来，所有的辎重、行李全都扔了，只背着枪和弹药往前跑。当时没有公路，都是崎岖的羊肠小路。结果抬头一看河对岸，也有一支火把在行进，原来是一支国民党的川军去增援泸定桥。为了赶在国民党增援部队之前拿下泸定桥，红军决定也拿着火把往前跑。终于，川军在下大雨的时候受不了了，在一个村子住了下来。但是红军没停脚，一直往前狂奔，终于在第二天早晨赶到了泸定桥。

当时，泸定桥的守军也接到了命令，开始在桥上拆板子。但是，把泸定桥上的桥板全部拆除要花多长时间？15 天。为什么？因为泸定桥非常窄，只够两个人干活，效率非常低。所以当时川军拆到半夜，可能只拆了 20 米左右。谁知道红军第二天早上就赶到了，吓得川军不敢拆了。红军休整了一段时间后开始夺桥，所有火力朝着泸定镇的南岸和桥头堡猛烈扫射，这下把川军吓得魂飞魄散，他们点了火就往后山逃跑。红军一边铺板子一边爬桥，走到中间时，火已经着起来了，大家冲上去脱下衣服来扑火，终于把泸定桥给夺了下来。

其中最让我惊叹的，是红军战士一天一夜跑了 240 里地，而且还是越野跑。对比一下国民党的部队，我也给大家介绍一本书叫《围追堵截红军长征亲历记》，这是国民党将领写的回忆录。这些国民党将领说，当年追剿红军，真是一个受罪的任务。在四渡赤水的时候，川军、黔军奉命联合围剿红军，蒋介石在重庆坐镇，天天给这些川军、黔军下命令，红军现在已经到了某某地点，限他们两天内赶到，消灭红军。但这些军长、师长到了当地一看，那些大山真是又高又陡，而且什么公路也没有，都是羊肠小道，根本不可能在两天之内追上红军。因为国民党军和红军的速度根本没法比，所以，国民党军尽管多路一起围剿，但他们就是围不住红军，堵不死红军。

对红军来说，一天走 100 里地，那是家常便饭。这就是作风的差别，而作风的差别背后，其实是信念的差别。红军为谁打仗？是为了老百姓，是为了干革命，这是和国民党部队有天壤之别的。

——节选自刘统：《最接近历史真实的长征是怎样的》，《解放日报》，2019 年 12 月 27 日

案例 2. 红二、红六军团长征中的“神来之笔”

1935 年 2 月初，蒋介石在以重兵围攻中央红军的同时，又调集湘鄂国民党军大批兵力对湘鄂川黔革命根据地发起“围剿”，妄图把红二、红六军团消灭于大庸、永顺、桑植之间的狭小地区。

澧水位于湖南省西北部，是湖南省四大河流之一，跨越湘鄂两省边境，以洪水迅涨迅落而闻名遐迩。张家湾处于澧水的上游，两岸山深林密，河谷深切，水流湍急。国民党军在南岸筑有密集的碉堡群，把沿河的船只都拖到了南岸，妄图阻止红军渡河前进。

为了迅速抢占澧水天险，为主力突围打开通路，王烈和陈宗尧研究决定：组织部队向澧水南岸发起强攻，强行渡河。但是，第一次抢渡并没有成功，所有的竹排、木筏都被敌人的炮火打散了，战士的鲜血染红了湍急

的澧水河。王烈、陈宗尧强忍悲痛，命令部队迅速赶制竹排和木筏，准备在天黑时分，再次发起强渡。他们接受第一次渡河的经验教训，决定集中所有的重武器压制对岸敌人的火力，掩护突击队渡河；同时，挑选水性好的战士组成突击组进到澧水的上游，在安坝渡口潜水偷渡，袭占南岸的杨林铺渡口。

天黑后，战斗再次打响。团长王烈让政委陈宗尧在岸上指挥，自己亲率一营战士，乘着木排竹筏，跟在突击队后面奋勇强渡。红四十九团战士经过两个小时的浴血奋战，终于成功渡过了澧水，攻克了国民党李觉部设在南岸滩头的碉堡群，突破了敌人苦心经营的封锁线，为主力部队杀出了一条血路。战斗中，王烈不幸牺牲。

此时，在慈利的国民党军将领樊嵩甫急电长沙的何健、刘建绪，要他们出兵，却发现两人携款150万去南京运动当选“中央委员”了。气得他直接给蒋介石发电报说，“中央委员”的提名“钧座当已成竹在胸，不如明白告知，让他们免花冤枉钱和时间”。

突破敌人的澧江封锁线后，红四十九团于半夜时分牢牢地控制了澧江封锁线的突破口，搭好了浮桥，陈宗尧刚准备让战士们休息一下，突然王震来到了红四十九团。他对大家说：“同志们，睡不得，睡不得，这不是睡觉的时候哩，再坚持一下，明天晚上一块睡吧！”他掏出地图，以手指沅江渡口洞庭溪，对团政委陈宗尧交代任务说：“再走它180里，把这个地方也夺下来！”

陈宗尧和红四十九团指战员不顾两天急行军加半夜激战的疲劳，立即出发，于21日晚8时到达洞庭溪。侦察排一枪未放就收拾了渡口的敌人。正在寻找船只，只见国民党刘建绪部一个营驾着三条大船前来布防。红四十九团见状，装扮成国民党兵，诱使敌人靠岸，将敌人全部俘虏。敌营长被俘后惊奇地说：“怪事，怪事，今天早上听说你们还在潭口，怎么这会儿就到了这里？”红四十九团审问俘虏，得到了敌人的口令，于是乘船渡河，在一枪未放的情况下迅速占领太平铺，敌人的沅江封锁线就这样被突破了。

红二、红六军团长征中的此次行动，被后人誉为“神来之笔”。

——节选自尹承文：《红二、红六军团长征中的“神来之笔”》，《人民政协报》，2020年1月2日

案例3.“独腿将军”钟赤兵

娄山关自古被称为黔北第一险隘，历来为兵家必争之地。1935年2月，中央红军回师黔北，二战娄山关，再夺遵义城，取得遵义战役的胜利。而在这场战斗中，不得不提到一个传奇人物，他就是“独腿将军“钟赤兵。

钟赤兵原名钟志禄，1914 年 6 月出生于湖南省平江县。15 岁加入中国共产主义青年团，16 岁转入中国共产党，同年参加了彭德怀率领的红五军。

1935 年 2 月 26 日，红军二战娄山关，钟赤兵作为红三军团 12 团政委，身先士卒，亲临前线指挥部队多次与敌人展开生死搏斗。

激战中，一排子弹打来，击中了钟赤兵的右腿，他身子猛地一晃，摔倒在地。警卫员赶忙上前来扶他，要背他下阵地。钟赤兵坚决不肯，简单包扎伤口后继续指挥战斗，直至战斗结束。

红军占领遵义城后，医生立即为钟赤兵治伤，但发现他中弹的腿骨已经扭碎。医生告知钟赤兵，只能进行截肢手术。但在当时，红军医院的手术条件极为简陋，缺乏专业的医疗器械，也没有麻药，手术工具只有一把老百姓砍柴用的刀和一条断成半截子的木匠锯。

手术中，钟赤兵咬紧牙关，紧抓木板，凭借着坚强的毅力一声不哼，几次痛得昏死过去，又几次苏醒过来。手术一直持续了三个半小时，当钟赤兵再一次从昏迷中苏醒过来时，他的右腿只剩下了小半截。这一年，他才 21 岁。

然而，手术后，钟赤兵并没有摆脱痛苦。贵州是天无三日晴，又加上医疗条件很差，手术时没有条件消毒，没过几天，钟赤兵的伤口就感染了，腿肿得分不清小腿和大腿，他高烧持续不退，又陷入昏迷之中。

见此情景，医生不得不为他进行第二次截肢手术，把右腿膝盖以下剩余的部分又截去。不料，消毒条件不好，伤口仍继续感染。几天后，医生又狠了狠心，进行第三次手术，把钟赤兵的整个右腿从股骨腰部截去了。

半个月内，三次截肢，钟赤兵竟然奇迹般地活过来了，而“钟赤兵三次截肢”的英勇事迹也在红军中广泛传开。

毛泽东知道后，同周恩来、刘少奇等专程来到医院看望钟赤兵，并用他特有的幽默告诉钟赤兵：“我们应该在娄山关立个石碑，写上‘钟赤兵在此失腿一只’。”

半个月内历经三次截肢，钟赤兵保住了生命，但腿伤却难以治愈。长征历程十分艰苦，党中央决定将钟赤兵留在当地休养、治伤。钟赤兵得知这个情况后，对前来看望他的彭德怀说：“军团长，就是爬，我也要跟上部队。无论如何，我不离开红军。”

一条腿的钟赤兵，克服了常人难以想象的艰难，单腿爬过环境极其险恶的雪山，单腿穿越被称为“死亡陷阱”的茫茫草地，拄着拐杖，以顽强的毅力走完了万里长征，最终到达陕北。

钟赤兵对信仰的坚守，甘于奉献、不怕牺牲的革命精神值得铭记，我们要传承先烈遗志，弘扬长征精神，不忘初心，牢记使命，走好我们这一代人自己的长征路，攻克我们这一代人自己的“娄山关”，为党的建设、党的事业发展和中华民族伟大复兴而不懈奋斗！

——节选自《“独腿将军”钟赤兵》，中共遵义市纪律检查委员会官网，2022 年 2 月 9 日

学习资源

1. 纪录片《永远的长征》
2. 电视剧《绝命后卫师》
3. 电视剧《长征大会师》
4. 电影《四渡赤水》
5. 《百家讲坛》（CCTV-10 科教频道）：《中国精神 · 3 长征精神》
6. 《这就是中国》第 54 集：万里长征到星辰大海

阅读推荐

1. 《红星照耀中国》，又名《西行漫记》，埃德加 · 斯诺著，董乐山译，2016 年，人民文学出版社。

2. 《红军长征记》，原名为《二万五千里》，丁玲，2006 年，解放军文艺出版社。

3. “弘扬革命精神系列丛书”《长征精神》，黄宏，2006 年，人民出版社。

4. 《长征精神与中国梦》，张勇、杨实生、周明，2017 年，湖南大学出版社。

实践基地

1. 遵义会议纪念馆
2. 吴起中央红军长征胜利纪念馆
3. 马尔康红军长征纪念馆
4. 湘江战役纪念馆

思考讨论

虚无论者对长征精神的归纳就是：“这里需要什么精神？很简单，一是求生欲望——不跑你就死，想活命你就往前走。”也就是说，虚无论者认为长征精神就是“想活命”精神，是因为有生命危险，从而逼出来的精神。对此，你怎么看？

第4讲　延安精神

精神要义

2002年4月3日，《人民日报》第1版刊登了江泽民同志同月在陕西考察工作时对延安精神做出的“四句话”的概括，即坚定正确的政治方向，解放思想、实事求是的思想路线，全心全意为人民服务的根本宗旨，自力更生、艰苦奋斗的创业精神，揭示了延安精神最本质、最主要的内容。

精神渊源

（一）背景来源

“延安精神”概念第一次出现是在1968年5月3日《人民日报》《解放军报》发表的《延安精神永放光芒》中。此后，“延安精神”这个概念作为一种精神信仰，代代相传，直至今天。

“延安精神”有一个逐渐形成和发展的过程，若以延安时期13年为考察对象，这一过程大体划分为三个阶段。

1. 延安精神的孕育期

1935年10月到1938年9月是延安精神的孕育期，主要标志是我们党倡导的抗大精神和白求恩精神及提出“马克思主义中国化”的重大任务。

“抗大”是中国人民抗日军政大学的简称，是党在延安时期创办的培养高级军政干部的最高军事学府。党中央和毛泽东把办好抗大作为具有战略意义的大事来抓。1939年5月26日，毛泽东在为抗大成立三周年的纪念文章中提出：“抗大的教育方针是：坚定正确的政治方向，艰苦奋斗的工作作风，灵活机动的战略战术。”毛泽东多次到抗大讲话，反复强调确立坚定正确的政治方向的重要性，并且指出要坚持“抗日救国”的方向，就要有“三个牺牲”的决心，“第一个决心是要牺牲升官，第二个决心是要牺牲发财，第三更要下一个牺牲自己生命的最后的决心！”抗日战争中，抗大培养了10多万名德才兼备的干部，他们在民族战争中起了重要的骨干作用和先锋作用，也形成了艰苦奋斗、英勇牺牲的抗大精神。

1938年9月，决定中国命运的六届六中全会在延安桥儿沟天主教堂举行。会上，毛泽东第一次明确提出“马克思主义中国化”的历史任务。毛泽东特别强调：“使马克思主义在中国具体化，使之在其每一个表现中带着必须有的中国的特性，即是说，按照中国的特点去应用它，成为全党亟待了解并亟须解决的问题。”这是毛泽东对中国革命最重要的贡献之一，不仅指导了抗日战争的胜利，而且对后来指导中国革命和建设都有深远的意义。“马克思主义中国化”的历史任务的提出对推进党的理论创新、对延安精神的形成具有决定性意义。

2. 延安精神的形成期

1938年9月到1945年6月是延安精神的形成期，主要标志是大生产运动和延安整风运动的开展。毛泽东称这是中国革命链条中起决定性作用的两个环节，抓住这两个环节，就抓住了中国革命的全局。

1939年抗日战争进入相持阶段以后，日本帝国主义对中国共产党领导的抗日根据地进行疯狂的扫荡，国民党也对抗日根据地实行军事包围和经济封锁，再加上连年遭受自然灾害，根据地出现了严重的经济困难。1939年2月，中共中央发出了“自己动手，自力更生，艰苦奋斗，克服困难”的伟大号召，兴起了轰轰烈烈的大生产运动。王震率领三五九旅开进南泥湾，开辟出“陕北的好江南”。三五九旅在南泥湾垦荒过程中所焕发出来的自力更生、艰苦奋斗的革命精神，即闻名于世的“南泥湾精神”，是延安精神的重要组成部分。

为了增强党性，保持党的先进性，1942年年初到1945年，以延安为中心，在全党范围内普遍开展整风运动。延安整风，开创了保持党的先进性的重要形式，实现了全党的新的团结和统一，并形成了实事求是、理论联系实际的延安整风精神。

3. 延安精神的成熟期

1945年6月到1948年3月是延安精神的成熟期，主要标志是党的七大胜利召开，确立了毛泽东思想在全党的指导地位。毛泽东在七大上总结的党的优良作风，即理论与实际相结合的作风、和人民群众密切联系在一起的作风、批评和自我批评的作风，是共产党人革命精神的核心，是马克思主义政党区别于其他任何政党的显著特征，从一定意义上讲，也是对延安精神的理论概括，标志着延安精神的成熟。此后，延安精神始终随着时代和实践的发展不断得到新的丰富和发展。

（二）内涵解读

第一，延安精神的政治灵魂是坚定而且正确的政治方向

坚定正确的政治方向，是延安精神的政治灵魂。延安时期，即1935年到1948年，一共跨越了三个历史时期——土地革命战争时期、抗日战争时期、解放战争时期。在土地革命战争时期，延安精神政治灵魂就表现在坚信党的领导，对党充满着信心和希望，即使党内出现错误，自己的生命都无法保证时也不动摇。抗日战争时期，延安精神的政治灵魂就表现在坚信在党的领导下能够打败日本帝国主义侵略，建立民主独立的政权。解放战争时期，延安精神就表现在把革命进行到底，在党的领导下建立新中国，真正实现人民当家作主。总之，延安时期全国人民坚定不移的奋斗目标，就是要坚持不懈地进行革命战争，并且取得胜利，建立一个独立自主民主的新中国，自己做国家的主人。

第二，延安精神的精髓是实事求是

1941年5月，毛泽东明确指出："实事"就是客观存在着的一切事物，"是"就是客观事物的内部联系，即规律性，"求"就是我们去研究。这是毛泽东同志运用马克思主义哲学原理来解释中国实际活动中的具体理论问题。

1942年12月，毛泽东在陕甘宁边区高级干部会议上指出：延安县同志们的精神完全是布尔什维克主义的精神。延安时期，我们党始终坚持将马克思主义的普遍原理同中国的具体实践相结合，运用马克思主义来指导中国革命的具体斗争事业。在整风期间，全党上下贯彻落实实事求是的思想路线，通过整风运动，实事求是思想路线在我党内得到了普及，成为我党的优良传统。

第三，延安精神的核心是全心全意为人民服务

全心全意为人民服务是中国共产党的宗旨，同时也是延安精神的核心。毛泽东在《纪念白求恩》一文中指出："我们大家要学习他毫无自私自利之心的精神。从这点出发，就是一个高尚的人，一个纯粹的人，一个有道德的人，一个脱离了低级趣味的人，一个有益于人民的人。"高度赞扬了白求恩同志克服艰难，长途跋涉来到中国，为中国的革命事业奉献自己，全心全意服务中国革命的精神，也要求广大党员同志要向白求恩同志学习，不断努力做好自己的本职工作，全心全意为人民服务。

第四，延安精神的特征是自力更生、艰苦奋斗的创业精神

延安时期，陕甘宁边区曾遇到过国民党反动派的经济封锁，以及日本

帝国主义的重点“扫荡”，边区军民的生活，曾经一度陷入极其艰苦的境地，经常会缺衣少食。中央文献出版社在2004年出版的《毛泽东传（1893—1949）》中有记录，面对这样恶劣的环境，毛泽东同志号召广大居民“自己动手、丰衣足食”，开展大生产运动。

1941年三五九旅进驻南泥湾，在王震旅长的带领下，广大官兵克服困难，开荒种地，以往遍地荒山的南泥湾变成了陕北的小江南。大生产运动，极大地解决了边区居民的日常生活困难问题，保证了革命的胜利。新中国成立不久，毛泽东在给延安人民的复电中高度赞扬了延安人民艰苦奋斗的作风，同时要求他们继续保持并继续发扬这样的作风，为建设新中国做出新的贡献。

延安精神是贯穿中国共产党领导中国人民进行革命、建设和改革近百年历史的精神谱系的重要组成部分，是中国共产党人在未来奋斗中取之不竭、用之不尽的强大精神动力。

精神引领

延安和陕甘宁边区，从1939年到1948年，曾经是中共中央的所在地，曾经是中国人民解放斗争的总后方，延安和陕甘宁边区的人民对于全国人民是有伟大贡献的。我庆祝延安和陕甘宁边区的人民继续团结一致迅速恢复战争的创伤发展经济建设和文化建设。我并且希望全国一切革命工作人员永远保持过去十余年间在延安和陕甘宁边区的工作人员中所具有的艰苦奋斗的作风。

——1949年10月26日，毛泽东给陕甘宁边区人民的复电

在长期革命战争中，我们在正确的政治方向指导下，从分析实际情况出发，发扬革命和拼命精神，严守纪律和自我牺牲精神，大公无私和先人后己精神，压倒一切敌人、压倒一切困难的精神，坚持革命乐观主义、排除万难去争取胜利的精神，取得了伟大的胜利。搞社会主义建设，实现四个现代化，同样要在党中央的正确领导下，大大发扬这些精神。如果一个共产党员没有这些精神，就决不能算一个合格的共产党员。不但如此，我们还要大声疾呼和以身作则地把这些精神推广到全体人民、全体青少年中间去，使之成为中华人民共和国的精神文明的主要支柱，为世界上一切要求革命、要求进步的人们所向往，也为世界上许多精神空虚、思想苦闷的人们所羡慕……我们一定要宣传、恢复和发扬延安精神、解放初期的精神，以及60年代初期克服困难的精神。我们要自己坚定信念，然后才能教育和

团结教育群众提高信心。

——1980年12月25日，邓小平在《贯彻调整方针，保证安定团结》中的讲话

延安精神体现了我们党的马克思主义政党的性质，体现了我们党与时俱进的思想风范，体现了我们党与人民同呼吸、共命运的优良作风，体现了中国共产党人一往无前的奋斗精神。无论过去、现在和将来，延安精神都不能丢。全党同志一定要结合新的实际，大力弘扬延安精神，使延安精神成为我们党在新世纪团结和带领人民不断开创有中国特色社会主义事业新局面的强大精神动力，使延安精神永放光芒。

——2002年3月，江泽民在陕西考察工作时的讲话

延安精神是党的宝贵财富，要世世代代继承下去，发扬下去。在新的形势下，一要发扬百折不挠的革命坚定性。坚定不移地推进改革开放和现代化建设，增强必胜的信念。二要坚持实事求是的思想路线，求实务实，狠抓各项工作的落实。三要坚持自力更生、艰苦奋斗、勤俭建国、艰苦创业的精神，克服困难，进一步增强自尊心、自信心，团结一致，把各项工作关键是把经济建设搞上去。四要全心全意为人民服务，密切党同人民群众的联系，保持优良传统，坚决刹住虚报浮夸，弄虚作假，拉花架子等不良作风，要扎扎实实做几件取信于民的事情。

——1995年1月19日，胡锦涛在陕西考察工作时的讲话

延安在中国革命史上具有十分重要的地位。在延安这片热土上孕育和形成的延安精神，是我们党的性质和宗旨的集中体现，是我们党的优良传统和作风的集中体现，是中国共产党人崇高品德和伟大情怀的集中体现。过去、现在、将来，延安精神都是我们战胜困难、取得胜利的重要法宝。延安广大党员、干部一定要不断从延安精神中汲取营养，在工作实践中锤炼意志，让延安精神放射出新的时代光芒。安塞提出要弘扬延安精神、推动科学发展、建设美好安塞，体现了新的历史条件下继承和发扬延安精神的新要求。在学习实践活动中，要大力继承和发扬延安精神，使延安精神成为推动学习实践活动的强大精神动力。

——2008年10月31日，胡锦涛在安塞调研学习实践科学发展观活动时的讲话

要坚持不懈用延安精神教育广大党员、干部，用以滋养初心、淬炼灵

魂，从中汲取信仰的力量、查找党性的差距、校准前进的方向。

延安精神培育了一代代中国共产党人，是我们党的宝贵精神财富。

——2020 年 4 月，习近平在陕西考察调研时的讲话

延安是中国革命的圣地，老一辈革命家和老一代共产党人在延安时期培育形成的延安精神是我们党的宝贵精神财富。希望同志们在新的历史条件下，坚持正确政治方向，服务党和国家工作大局，深入研究、大力宣传、认真践行延安精神，努力为全面建成小康社会、乘势而上开启全面建设社会主义现代化国家新征程提供强大精神动力。

——2020 年 9 月 4 日，习近平致中国延安精神研究会第六次会员大会的贺信

在延安时期形成和发扬的光荣传统和优良作风，培育形成的以坚定正确的政治方向、解放思想实事求是的思想路线、全心全意为人民服务的根本宗旨、自力更生艰苦奋斗的创业精神为主要内容的延安精神，是党的宝贵精神财富，要代代传承下去。

——习近平 2022 年 10 月 27 日在瞻仰延安革命纪念地时的讲话

精神光照

案例 1. 纪念白求恩逝世 80 周年

2019 年 11 月 12 日，是白求恩逝世 80 周年纪念日。学习白求恩，纪念白求恩，传扬白求恩精神，永不过时。远离战火硝烟的人们，是否早已忘却战争的惨烈，白求恩的事迹是否还在我们的教科书中，白求恩的名字是否还在一代代人的记忆里。历史告诉我们：忘记过去，就意味着背叛。我们要记住那些曾经援助过中国人民进行 14 年艰苦卓绝抗战的所有国际友人。感恩，是人生永恒的学养。

诺尔曼·白求恩（1890—1939），加拿大共产党员，著名的医生。1936 年德意法西斯侵犯西班牙时，他曾经亲赴前线为反法西斯的西班牙人民服务。

1937 年中国的抗日战争爆发，他率领加拿大美国医疗队，于 1938 年初来中国，3 月 31 日来到延安。毛泽东亲切接见了白求恩一行。不久，白求恩赴晋察冀边区，在那里工作了一年多。他的牺牲精神、工作热忱、责任心，均称模范。白求恩到中国来，不仅带来了大批药品、显微镜、X 光机和

一套手术器械，最可宝贵的是，他带来了高超的医疗技术，惊人的组织能力和对中国革命的正义战争事业无限的热忱。他到达晋察冀边区后方医院后，第一周内就检查了520个伤病员，第二周就开始施行手术。四个星期的连续工作，使147个伤病员很快恢复健康回到前线。哪里有伤员，白求恩就出现在哪里。在晋察冀的一次战斗中，他曾经连续69个小时为115名伤员动了手术。他的手术台，曾经安在离前线五里地的村中小庙里，敌人的炮弹落在手术室后面，震得小庙上的瓦片哗哗地响。白求恩却在小庙里紧张地手术着。同志们劝他转移，他却不肯。他说：“离火线远了，伤员到达的时间会延长，死亡率就会增高。战士在火线上都不怕危险，我们怕什么危险？”两天两夜，他一直在手术台上工作着，直到战斗结束。为了保住伤员的性命，白求恩把自己的鲜血输给了中国战士。他在冀西山地参加军区卫生机关的组织领导工作，创办卫生学校，培养了大批医务干部。他编写了多种战地医疗教材，还将自己的X光机、显微镜、一套手术器械和一批药品捐赠给军区卫生学校。

1939年10月下旬，在涞源县摩天岭战斗抢救伤员时，白求恩的左手中指被手术刀割破感染。他在病重之时，给聂荣臻司令员写了一封信——

亲爱的聂司令员：今天我感觉非常不好……也许我会和你永别了！请你给布克写一封信，地址是加拿大多伦多城威灵顿街第十号门牌。用同样的内容写给国际援华委员会和加拿大民主和平联盟会。告诉他们我在这里十分快乐，我唯一的希望就是能多有贡献……两个行军床，你和聂夫人留下吧，两双英国皮鞋也给你穿。骑马的马靴和马裤给冀中区的吕司令员……给我的勤务员邵一平和炊事员老张每人一床毯子，并送给邵一平一双日本皮鞋……千万不要再往保定平津一带去购买药品，因为那边的价钱比沪港贵两倍……

看到白求恩的危重病情，大家都很着急，白求恩却平静地说：“我得了败血症，没有办法了……请转告毛主席，我相信中国人民一定会获得解放，遗憾的是我不能亲眼看到新中国诞生了……”

1939年11月12日凌晨，白求恩在河北省唐县黄石口村逝世，终年49岁。17日，晋察冀边区党、政、军领导机关和驻地群众为他举行了隆重的葬礼。12月1日，延安各界也举行追悼大会，毛泽东题了挽词，并于12月21日写了《纪念白求恩》一文，号召中国共产党党员学习他的国际主义精神和共产主义精神。白求恩的名字因此在全国而家喻户晓。这篇文章不仅颂扬了白求恩，而且教育全党要学习白求恩。毛泽东既评述白求恩，又批评了党内不良倾向。白求恩不仅是中国人民心目中的英雄，也是加拿大人怀念的“历史性人物”。1976年3月，加拿大政府把这位“具有历史意义的加拿大人”的降生木屋买了下来，建成了“国家历史名胜”——白求恩纪念馆。前来参观的人络绎不绝。

白求恩有两段话，我们今天读起来仍感振聋发聩：“让我们把盈利、私人经济利益从医疗事业中清除出去，使我们的职业因清除了贪得无厌的个人主义而变得纯洁起来。让我们把建筑在同胞们苦难之上的致富之道，看作是一种耻辱。”“我拒绝生活在一个充满屠杀和腐败的世界里，我拒绝以默认或忽视的态度，面对那些贪得无厌之徒，这世界只要还有流血的伤口，我的内心，就一刻不得安宁。”

80 年过去了，让我们再来重温一下毛泽东这篇《纪念白求恩》一文，回望一下我们的初心与使命——

“……每一个中国共产党党员都要学习白求恩同志毫不利己专门利人的精神，表现在他对工作的极端的负责任，对同志对人民的极端的热忱。每个共产党员都要学习他。不少的人对工作不负责任，拈轻怕重，把重担子推给人家，自己挑轻的。一事当前，先替自己打算，然后再替别人打算。出了一点力就觉得了不起，喜欢自吹，生怕人家不知道。对同志对人民不是满腔热忱，而是冷冷清清，漠不关心，麻木不仁。这种人其实不是共产党员，至少不能算一个纯粹的共产党员……”

毛泽东在文章最后说：“一个人能力有大小，但只要有这点精神，就是一个高尚的人，一个纯粹的人，一个有道德的人，一个脱离了低级趣味的人，一个有益于人民的人。”

在毛泽东倡导的这“五种人”里，我们又属于哪一个呢？

——节选自班永吉：《纪念白求恩逝世 80 周年》，中共中央党史和文献研究院，2019 年 11 月 12 日

案例 2. 坚守信念绿染大亮山——记保山市人大代表、保山原地委书记杨善洲（上）（节选）

人们真正体会到杨善洲造林之举的功德无量是在这场百年一遇的旱灾中。2010 年春天，已持续半年的干旱让云南很多地方群众的饮水变得异常困难，施甸县大亮山附近群众家里的水管却依然有清甜的泉水流出，他们的水源地正是大亮山林场。近些年，随着大亮山植被状况明显改善，山林的水源涵养功效得以很好发挥，附近村委会架起水管，将泉水从林场引到村里，通到各家各户，村民再也不用为吃水犯愁。受旷日持久的干旱影响，水管里的流水较之以往细小了很多，但足以让附近的村民心满意足，也让他们对杨善洲的功劳更加念念不忘：“多亏了老书记啊，要不是他，不知道现在会是什么样子。”

1988年3月，61岁的杨善洲从保山地委书记的岗位上退休，婉拒了时任省委书记普朝柱劝其搬至昆明安度晚年的邀请，执意选择回到家乡施甸县种树。20多年过去了，曾经山秃水枯的大亮山完全变了模样：森林郁郁葱葱，溪流四季不断；林下山珍遍地，枝头莺鸣燕歌……

一位地委书记，为何退休后选择到异常艰苦的地方去种树？植树造林20余年，他都遇到了哪些困难和挑战？究竟是什么力量支撑着他让夕阳人生散发出炫目的光彩？“担任地委领导期间，有乡亲不止一次找上门，让我为家乡办点事情。我是保山地区的书记，哪能光想着自己的家乡，但毕竟心里过意不去呀，是家乡养育了我。于是我就向他们承诺，等退休后，一定帮家乡办点实事。”关于种树，年逾八旬的杨善洲这样解释。

为了实现“帮家乡办点实事”的承诺，杨善洲把目光锁定在施甸县城东南44公里处的大亮山。杨善洲的家乡就在大亮山脚下的姚关镇陡坡村，儿时，母亲常带他到山上挖野菜、草药等到集市上卖。原来这里林木参天，当年大炼钢铁时大量砍伐树木，后来当地贫困农民又大规模毁林开荒，原本翠绿的大亮山变得山秃水枯，生态遭到严重破坏，周边十几个村寨陷入了“一人种一亩，三亩吃不饱”的困难境地。“再这么下去，子孙后代的日子可怎么过？”杨善洲忧心忡忡。退休前，杨善洲到大亮山实地考察，家乡的人听说他要回来种树就劝他：“你到别处去种吧，这地方连野樱桃树和杞木树都不长。”然而，他还是来了，他以普通大山之子的身份带着一颗赤子之心回来了。退休当天，杨善洲背起铺盖，赶到了离大亮山最近的黄泥沟。翌日，大亮山国社联营林场正式挂牌成立，那天，他们人挑马驮把粮食、行李搬到离公路14公里远的打水杆坪子，临时搭建了一个简易棚安营扎寨。深夜，狂风四起，棚子被掀翻，倾盆大雨又不期而至，几个人只好钻到马鞍下，躲过一个风雨交加的夜晚。就这样，杨善洲带着县里抽调的几个同志开始了艰苦创业。

很多年之后，人们都还记得杨善洲初上大亮山时的情景。那时他住在用树杈搭起的窝棚里，脚上穿着草鞋，俨然是一个放牧的老人。后来，得益于省里的资金支持，林场终于盖了一排简易的油毛毡房，杨善洲和工人们在里面一住就是近10年。10年后，当他们用砖瓦平房取代油毛毡房时，破败不堪的油毛毡房已被四周的绿荫所掩盖。1999年11月，手提砍刀给树修枝时，杨善洲不幸踩着青苔滑倒，左腿粉碎性骨折，但半年后他又执意爬上了大亮山。从此，他再也离不开拐杖了。

2009年4月，杨善洲把自己用20年时间辛苦创办的大亮山林场的经营管理权，正式无偿移交给施甸县林业局。有人算过一笔账：大亮山林场共占地7.2万亩，其中5.8万亩华山松中有3万亩已郁闭成林，按1亩地种

200棵树，一棵树按最低价30元计算，大亮山林场的活立木蓄积量价值已经超过3亿元。

这就是一位老地委书记帮家乡办的实事。

——节选自程三娟：《坚守信念绿染大亮山——记保山市人大代表、保山原地委书记杨善洲（上）》，中华人民共和国商务部网站，2011年7月26日

学习资源

1. 电视专题片《史诗延安》
2. 文献纪录片《延安延安》
3. 文献纪录片《延安十三年》
4. 影片《记忆延安城》
5. 豫剧《梦回延安》
6. 纪录片《延安精神代代传》
7. 中国大学MOOC——《延安精神概论》
8. 《百家讲坛》（CCTV-10科教频道）：《中国精神（第二部）·5延安精神》

阅读推荐

1. 《永恒的延安精神》，郭德宏，2005年，天津古籍出版社。
2. 《延安精神学习读本》，中国延安干部学院，2019年，党建读物出版社。
3. 《永远的延安精神》，罗平汉，2024年，陕西人民出版社。

实践基地

1. 延安革命纪念馆
2. 延安杨家岭革命旧址
3. 延安枣园

思考讨论

1941年3月到1942年春，359旅6个团分4批浩浩荡荡开进南泥湾。初到南泥湾，部队遇到不少困难。没有房子住，战士们搭草棚、挖窑洞，解决了住的问题；没有粮食吃，旅团首长带头，冒着严寒风雪到百里以外去背粮食；没有菜吃，战士们到山里挖野菜，找榆树皮，下河摸鱼；没有

生产工具，他们自己起炉打铁制造；没有耕牛，就用人力拉。短短的三年，由王震旅长率领的359旅发扬“自力更生，艰苦奋斗”的革命精神，把荆棘遍野、荒无人烟的南泥湾变成“处处是庄稼，遍地是牛羊”的陕北好江南。

请结合事例，谈谈延安精神在革命年代发挥的作用，以及对当代产生了哪些影响。

第5讲　抗战精神

精神要义

2014 年 9 月 3 日，习近平总书记在纪念中国人民抗日战争暨世界反法西斯战争胜利 69 周年座谈会上的讲话中指出了抗战精神的深刻内涵："中国人民向世界展示了天下兴亡、匹夫有责的爱国情怀，视死如归、宁死不屈的民族气节，不畏强暴、血战到底的英雄气概，百折不挠、坚忍不拔的必胜信念。"

精神渊源

中国抗日战争，是中国人民反抗日本帝国主义侵略的正义战争，是世界反法西斯战争的重要组成部分，也是中国近代以来抗击外敌入侵第一次取得完全胜利的民族解放战争。在这场战争中，中华民族同仇敌忾，浴血奋战，创造了弱国打败强国的光辉业绩。

（一）背景来源

伟大战争铸就伟大精神。伟大的抗战精神，是中国人民弥足珍贵的精神财富，是激励中国人民克服一切艰难险阻、为实现中华民族伟大复兴而奋斗的强大精神动力。

经过辛亥革命和五四新文化运动的洗礼，随着马克思主义在中国的广泛传播，中华民族开始觉醒，特别是中国共产党登上政治舞台，开辟了中国历史的新纪元。正因为这种深刻变化，当日本帝国主义发动全面侵华战争的时候，才吃惊地发现，他们所面对的，已不是甲午战争时的中国，不是八国联军入侵时的中国，也不是他们逼迫袁世凯签订"二十一条"时的中国了。正如毛泽东在《论持久战》中指出的那样："中日战争不是任何别的战争，乃是半殖民地半封建的中国和帝国主义日本之间在 20 世纪 30 年代进行的一个决死的战争。"觉醒起来的中华民族，有勇气有力量同强大的日本帝国主义进行一场"决死的战争"。当时的一篇文章有这样的描述："在中国广大的地域上，正展开着抵抗暴日侵略的伟大民族解放战争。数百万的将士和武装民众置身炮火，视死如归；千万的难民流离道路，无所怨咒；数万万的后方人民，忍受一切痛苦，共赴国难。”中华民族的觉醒达到了空前的程度，这正是抗战精神得以产生的深刻背景和深厚源泉。

——节选自人民日报特约评论员：《论伟大的抗战精神》，《人民日报》，2005 年 8 月 25 日

（二）内涵解读

1. 天下兴亡、匹夫有责的爱国情怀

爱国情怀是人们对祖国的一种深厚情感，是愿意为祖国牺牲奉献的价值取向。在民族生死存亡之际，中国人民的爱国热情被充分激发，决心用血肉筑起抵御侵略的坚固长城。“九一八”事变爆发后，东北同胞誓言：“宁教白山黑水尽化为赤血之区，不愿华胄倭奴同立于黄海之岸。”1935 年华北事变发生，悲愤的北平学生自发行动起来，发誓要“掀起民族自救的巨浪”，一场声势浩大的“一二・九”运动由此爆发，并迅速影响全国。全民族抗战爆发后，中华儿女“地无分南北，人无分老幼”，有钱出钱，有力出力，万众一心，形成了波涛汹涌的反侵略洪流。华北平原上的一个庄户人家写下了这样一副对联：“万众一心保障国家独立，百折不挠争取民族解放”，横批是：“抗战到底”。从中可以看出，抗日战争时期，整个中华民族，人人胸中都涌动着强烈的爱国热情。

2. 视死如归、宁死不屈的民族气节

民族气节是为了维护国家和民族尊严而绝不向敌人屈服的精神品质和高尚追求。抗日战争时期，面对疯狂残暴的日寇，中华儿女保持了决不与敌人同流合污、决不助纣为虐的民族气节。“三军可夺帅也，匹夫不可夺志也。”日军入侵后，京剧大师梅兰芳蓄起胡子，宣布从此不再演戏。许多著名工商业者宁可牺牲财产甚至生命也不与日寇合作，拒绝出任伪职。东北抗联领导人杨靖宇在战斗中牺牲后，敌人剖开他的腹部，发现胃中只有草、棉絮和树皮，连残暴的日寇也不得不叹服。八路军指挥员马本斋的母亲是一位普普通通的农家妇女。日寇为了迫使马本斋投降，抓她当人质。她始终严词拒绝写劝降信，在绝食七天后壮烈殉国，表现出中华民族的凛然气节。玉可碎而不可改其白，竹可焚而不可毁其节。越是在强大困难和敌人面前，越能显示出坚守气节的难能可贵。抗战中，在入侵者面前，全体中国人民保持气节的决心比以往更加坚定。

3. 不畏强暴、血战到底的英雄气概

英雄气概就是不管敌人如何强大，自己将要付出多少牺牲，都要与敌人战斗到底的气概和壮举。抗战中，面对异常残暴的日本军国主义者，抗日军民的英雄气概直冲霄汉，令敌胆寒。当时的报纸这样描述：“今天南北战场上，是争着死，抢着死。”川军出川时，高举“死”字旗，表明已下定了战死沙场的决心。北京密云一位名叫邓玉芬的妇女，把丈夫和5个孩子送上前线，他们全部英勇战死。淞沪抗战中，率第五军增援的张治中在阵前发布《告全军将士书》，要求将士们：“人人抱必死之心，以救国家，以救民族。假如日军犹有一兵一卒留我国内，我们的责任即未完成；反之，我们如尚有一兵一卒，必与日军拼命到底！”在守卫曹家桥的战斗中，坚守阵地的60余名战士全身浸火油、负炸弹，突然猛扑日军阵地，使日军数百人毙命，而这些勇士全部壮烈牺牲。八路军战士马宝玉等5人为掩护主力安全转移，将日军吸引到狼牙山，子弹、手榴弹用光后，就用石头砸，最后英勇跳崖。在襄东战役中，张自忠将军亲赴前线指挥，身遭数处重创，仍高呼杀敌，最后壮烈牺牲。抗日战争在中华民族史册上留下了无数勇士的名字：杨靖宇、赵尚志、左权、彭雪枫、佟麟阁、赵登禹、张自忠……正是无数英雄烈士用鲜血和生命捍卫了民族的尊严。毛泽东同志指出：“我们中华民族有同自己的敌人血战到底的气概。”一语道出了中华民族不畏强暴、视死如归的大无畏品格。

4. 百折不挠、坚忍不拔的必胜信念

必胜信念就是对自己坚信的事业始终保持信心，不因困难大而改变，不因挫折多而放弃，一直坚定地向着目标前进。对于奋斗中的人们，必胜信念能发挥支撑和推动作用。1938年5月，当日本侵略军还在大举进攻的时候，毛泽东同志就在《论持久战》中明确指出：“中国会亡吗？答复：不会亡，最后胜利是中国的。”这是抗战军民的共同心声。中国人民始终坚信，不管眼下如何弱小、遭受了多少损失和挫折，最后胜利一定是我们的。这种抗战必胜信念来自两个方面。其一，中国人民始终坚信正义必胜，“得道多助，失道寡助”是中国人的坚定信条。只要是正义一方，虽然一时还处在困难和被动中，但最终一定是胜利者。其二，漫长历史上一次次战胜困难的经历让中华儿女坚信眼前的困难是暂时的。中国是一个历史悠久的文明古国，历史上多次遭受苦难和外敌入侵，但最终都走出了浩劫。经历过大风大浪的民族，在风浪再一次来临时，自然可以意志坚定。

——节选自刘仕平、徐志栋：《伟大抗战精神永远激励中国人民砥砺奋进》，《光明日报》，2020年9月2日

精神引领

伟大的中国人民抗日战争，是中国人民近代以来争取独立自由史册上可歌可泣的一页，是中华民族历史发展进程中饱经沧桑的一章。

伟大的中国人民抗日战争，使中华民族的觉醒和团结达到了前所未有的高度。

新的历史条件下，全党全国各族人民要大力弘扬伟大抗战精神，不断增强团结一心的精神纽带、自强不息的精神动力，继续朝着中华民族伟大复兴的中国梦奋勇前进，不断以坚持和发展中国特色社会主义的新成就告慰我们的前辈和先烈！

——2014 年 7 月 7 日，习近平在纪念全民族抗战爆发 77 周年仪式上的讲话

在中国人民抗日战争的壮阔进程中，形成了伟大的抗战精神，中国人民向世界展示了天下兴亡、匹夫有责的爱国情怀，视死如归、宁死不屈的民族气节，不畏强暴、血战到底的英雄气概，百折不挠、坚忍不拔的必胜信念。

——2014 年 9 月 3 日，习近平在纪念中国人民抗日战争暨世界反法西斯战争胜利 69 周年座谈会上的讲话

要通过多种形式的宣传阐释和主题教育活动，使全国各族人民牢记由鲜血和生命铸就的中国人民抗日战争的伟大历史，牢记中国人民为维护民族独立和自由、捍卫祖国主权和尊严建立的伟大功勋，牢记中国人民为世界反法西斯战争胜利作出的伟大贡献，弘扬伟大抗战精神。

——2015 年 7 月 30 日，习近平在十八届中共中央政治局第 25 次集体学习时的讲话

在波澜壮阔的中国人民抗日战争中，千千万万的抗战英雄抛头颅、洒热血，为战争胜利作出了重大贡献，为铸就伟大的抗战精神作出了重大贡献。伟大的抗战精神，永远是激励中国人民克服一切艰难险阻、为实现中华民族伟大复兴而奋斗的强大精神动力。

——2015 年 9 月 2 日，习近平在颁发“中国人民抗日战争胜利 70 周年”纪念章仪式上的讲话

前进道路上，全国各族人民要在中国共产党领导下，坚持以马克思列宁主义、毛泽东思想、邓小平理论、“三个代表”重要思想、科学发展观为指导，沿着中国特色社会主义道路，按照“四个全面”战略布局，弘扬伟大的爱国主义精神，弘扬伟大的抗战精神，万众一心、风雨无阻，向着我们既定的目标继续奋勇前进！

——2015 年 9 月 3 日，习近平在纪念中国人民抗日战争暨世界反法西斯战争胜利 70 周年座谈会上的讲话

中国人民抗日战争胜利是以爱国主义为核心的民族精神的伟大胜利。爱国主义是我们民族精神的核心，是中国人民和中华民族同心同德、自强不息的精神纽带。面对国家和民族生死存亡，全体中华儿女同仇敌忾、众志成城，奏响了气吞山河的爱国主义壮歌。爱国主义是激励中国人民维护民族独立和民族尊严、在历史洪流中奋勇向前的强大精神动力，是驱动中华民族这艘航船乘风破浪、奋勇前行的强劲引擎，是引领中国人民和中华民族迸发排山倒海的历史伟力、战胜前进道路上一切艰难险阻的壮丽旗帜！

——2020 年 9 月 3 日，习近平在纪念中国人民抗日战争暨世界反法西斯战争胜利 75 周年座谈会上的讲话

我们也清醒认识到，在前进道路上，我们仍然会面临各种各样的风险挑战，会遇到各种各样的荆棘坎坷。我们要弘扬伟大抗战精神，以压倒一切困难而不为困难所压倒的决心和勇气，敢于斗争，善于创造，锲而不舍为实现中华民族伟大复兴而奋斗，直至取得最后的胜利。

——2020 年 9 月 3 日，在纪念中国人民抗日战争暨世界反法西斯战争胜利 75 周年座谈会上的讲话

精神光照

案例 1. 抗战大事记

“九一八”事变，日本帝国主义侵华的开端。1931 年 9 月 18 日，日本关东军蓄意炸毁沈阳郊外柳条湖附近铁路，并栽赃给中国军队，炮轰中国军队驻地。“九一八”事变标志着中国人民反法西斯战争的开始。

“一二·九”抗日救亡运动，促进统一战线确立。1935 年 12 月 9 日，北平学生举行抗日救国游行，反对日本帝国主义侵略。运动掀起全国抗日救国运动新高潮，推动了抗日民族统一战线的建立。

西安事变，抗日民族统一战线初步形成。1936 年 12 月 12 日，张学良和杨虎城在西安发动“兵谏”，扣留了国民政府军事委员会委员长蒋介石，逼蒋停止内战，一致抗日。

“七七”事变，中华民族全面抗战的起点。1937 年 7 月 7 日夜，日军在北平西南的卢沟桥附近向中国军队发起进攻，中国守军奋起抵抗。抗日战争全面爆发。

第二次国共合作，抗日民族统一战线正式形成。1937 年 9 月，国民党中央通讯社发表《中国共产党为公布国共合作宣言》，蒋介石发表谈话承认中共合法地位。第二次国共合作正式形成。

平型关大捷，打破日军不可战胜的神话。1937 年 9 月 25 日，八路军 115 师在山西平型关附近伏击日本军队，歼敌 1 000 余人，取得抗日战争爆发后中国军队的首场胜利。

南京大屠杀，30 万以上中国平民和战俘被日军杀害。1937 年 12 月 13 日，日军攻占南京后进行疯狂屠杀、抢掠、强奸、破坏。30 万以上军民惨遭杀害，南京城 1/3 被毁。

台儿庄大捷，抗日战争以来取得的最大胜利。1938 年 3 月至 4 月，中国军队在鲁南台儿庄地区击溃日军两个精锐师团主力，歼敌 1 万余人，取得抗战以来又一次重大胜利。

击毙日军中将。1939 年 11 月初，八路军在反“扫荡”战斗中于河北黄土岭击毙日军中将阿部规秀。阿部规秀是抗战以来被八路军击毙的日军最高级别将领。

百团大战，抗战中八路军参战兵力最多、规模最大、时间最长、战果最丰富的一次战役。1940 年 8 月至 12 月，八路军对华北日军发动大规模进攻，先后参战兵力共 105 个团，毙伤日军 2 万余人。

长沙会战，日军受到中国军队的沉重打击。1941 年 12 月至 1942 年 1 月，日军进攻长沙，中国军队奋起反击，给予日军重大杀伤，取得会战胜利。

中国远征军出师缅甸对日作战。1942 年 2 月 25 日，约 10 万中国军队进入缅甸，救援和协同英军进行对日作战，给予日军以沉重打击。

豫湘桂战役。1944 年 4 月至 12 月，日军对河南、湖南和广西等地发动大规模进攻，意图打通大陆交通线，国民党军队惨败，大片土地沦于敌手。

《波茨坦公告》发表，对日最后通牒式公告。1945 年 7 月 26 日，中美英三国发表《中美英三国促令日本投降之波茨坦公告》，要求日本立即无条件投降。

毛泽东发表《对日寇的最后一战》的声明。1945 年 8 月 9 日，毛泽东同志发表《对日寇的最后一战》声明，号召中国人民抗日力量对日军发动大规模反攻。

日本宣布无条件投降。1945 年 8 月 15 日，日本天皇裕仁以发布《终战诏书》的形式，宣布接受《波茨坦公告》。中国人民抗日战争取得最终胜利。

台湾光复。1945 年 10 月 25 日，中国战区台湾省日军投降仪式在台北举行，被日本强占 50 年的台湾回到祖国怀抱。

——节选自《中国人民抗日战争大事记》，共产党员网，2020 年 8 月 31 日

案例 2. 习近平讲述抗战时期的人和事

在艰苦卓绝的抗日战争中，全体中华儿女为国家生存而战，为民族复兴而战、为人类正义而战，社会动员之广泛，民族觉醒之深刻，战斗意志之顽强，必胜信念之坚定，都达到了空前的高度。杨靖宇、赵尚志、左权、彭雪枫、佟麟阁、赵登禹、张自忠、戴安澜等殉国将领，八路军“狼牙山五壮士”、新四军“刘老庄连”、东北抗联八位女战士、国民党军“八百壮士”等众多英雄群体，就是千千万万抗日将士的杰出代表。中国人民以铮铮铁骨战强敌、以血肉之躯筑长城、以前仆后继赴国难，谱写了惊天地、泣鬼神的雄壮史诗。

杨靖宇：严寒中仅靠树皮棉絮和雪水充饥

杨靖宇是著名抗日民族英雄、东北抗日联军创建人和领导人之一。1939 年在东南满地区秋冬季反“讨伐”作战中，杨靖宇率领警卫旅转战濛江一带，最后只身与敌周旋五昼夜，直至弹尽。1940 年 2 月，杨靖宇在吉林濛江三道崴子壮烈牺牲。残忍的日军将其割头剖腹，发现他的胃里尽是枯草、树皮和棉絮，竟无一粒粮食。

赵尚志：爬冰卧雪远征松嫩平原

赵尚志是著名抗日将领、东北抗日联军创建人和领导人之一。在白山黑水间，面对日伪军的疯狂“讨伐”“清剿”，赵尚志率领抗联部队远征松嫩平原，爬冰卧雪，风餐露宿，在极其艰苦的环境中作战百余次，打破了日伪军一次次的“讨伐”和“清剿”。1942 年 2 月，赵尚志在与敌人作战时身负重伤被俘，宁死不屈，壮烈牺牲。

左权：太行浩气传千古

左权是中国工农红军和八路军高级指挥员、著名军事家。全国抗战爆发后，左权协助朱德、彭德怀指挥八路军开赴华北抗日前线，取得了百团大战、黄崖洞保卫战等战役的胜利。1942 年 5 月，日军对太行抗日根据地

实行“铁壁合围”大“扫荡”，左权在山西辽县麻田附近指挥部队掩护中共中央北方局和八路军总部等机关突围转移时，在十字岭战斗中壮烈牺牲。

彭雪枫：担任“特使”力促国共合作

彭雪枫是中国工农红军和新四军杰出指挥员、军事家。1936 年 9 月，毛泽东亲点彭雪枫担任“特使”，力促国共合作。1936 年 11 月，他第二次接受毛泽东重托，与阎锡山进行谈判，表达联合抗日的真诚愿望。1944 年 8 月，彭雪枫指挥所部进行西进战役，在战斗中不幸被流弹击中，壮烈殉国。

佟麟阁：誓与卢沟桥共存亡

佟麟阁是在抗战时期壮烈牺牲的一位高级将领。1937 年 7 月 7 日夜，日军发动卢沟桥事变。时任北平南苑驻地指挥官佟麟阁视死如归，坚守南苑。7 月 28 日，日军发动猛攻。佟麟阁在指挥右翼部队向敌突击时，腿部被机关枪击中，但他不顾伤痛仍坚守一线。日军遭重挫后派战机狂轰滥炸，佟麟阁头部不幸被击中，以身殉国。

张自忠：与敌搏杀身中 7 弹

全民族抗日战争爆发后，张自忠先后任第五十九军军长、第三十三集团军总司令兼第五战区右翼兵团总指挥。1940 年 5 月，张自忠率部在南瓜店附近顽强抗击日军，截断了日军后方补给线。日军以重兵对张自忠进行合围，张自忠力战不退，与敌搏杀，最后身中 7 弹。弥留之际，他留下最后一句话：“我力战而死，自问对国家、对民族、对长官可告无愧，良心平安！”

东北抗联八位女战士：八女投江

1938 年 10 月，东北抗联第二路军西征部队一部在乌斯浑河与日军遭遇，已行至河边准备渡河的八名妇女团成员为掩护大部队突围，毅然放弃渡河，与日伪军展开激战。在背水作战至弹尽的情况下，她们誓死不屈，挽臂步入乌斯浑河，高唱着《国际歌》集体沉江。牺牲时，她们中年龄最大的冷云 23 岁，最小的王惠民只有 13 岁。

——节选自《感天动地　气壮山河　习近平讲述抗战时期的人和事》，中国共产党新闻网，2021 年 6 月 21 日

学习资源

1. 纪录片《烽火一九三七》
2. 纪录电影《北平以北》
3. 《百家讲坛》（CCTV-10 科教频道）：《抗日名将杨靖宇》
4. 纪录片《重读抗战家书》

阅读推荐

1.《中国抗日战争大辞典》，刘建业，1997 年，北京燕山出版社。

2.《华北抗日根据地纪事》，魏宏运，1986 年，天津人民出版社。

3.《不忘抗战历史弘扬抗战精神》，沈强，2015 年 6 月 17 日，《人民日报》。

4.《承载历史记忆弘扬民族精神》，朱成山，2015 年 7 月 9 日，《光明日报》。

5.《中国共产党对世界反法西斯战争的历史贡献》，中共中央党史研究室理论研究中心，2015 年 7 月 7 日，《人民日报》。

6.《中国人民抗日战争胜利的关键》，曲青山，2015 年 7 月 2 日，《中国社会科学报》。

7.《在抗战纪念活动中需把握好的几个重大问题》，曲青山，2015 年 6 月 30 日，《求是》。

思考讨论

1. 怎样理解以爱国主义为核心的伟大民族精神是中国人民抗日战争胜利的决定因素?

2. 为什么说中国共产党的中流砥柱作用是中国人民抗日战争胜利的关键?

3. 怎样理解全民族抗战是中国人民抗日战争胜利的重要法宝?

4. 如何准确把握伟大抗战精神的丰富时代内涵?

第六讲　西柏坡精神

精神要义

西柏坡精神就是：为了人民、依靠人民的公仆精神；敢于斗争、敢于胜利的进取精神；政治协商、团结合作的民主精神；立规严纪、集中统一的看齐精神；谦虚谨慎、艰苦奋斗的赶考精神。

精神渊源

（一）背景来源

西柏坡中共中央旧址，坐落于太行山中的河北省平山县，是解放战争时期中央工委、中共中央和解放军总部的所在地。1947 年 5 月，刘少奇、朱德率中央工委进驻西柏坡，1947 年 7 月 12 日中央工委在西柏坡正式成立。1948 年，人民解放军开始了对国民党军队的战略进攻。在全国胜利即将来临之际，中共中央、人民解放军总部离开陕北，1948 年 5 月 26 日，毛泽东、周恩来、任弼时率中央前委和解放军总部到西柏坡与中央工委汇合。中共中央五大书记毛泽东、刘少奇、朱德、周恩来、任弼时齐集于此。在这里，毛泽东和他的战友们召开了中国共产党全国土地会议，通过了《中国土地法大纲》，实现了耕者有其田；指挥了辽沈、淮海、平津三大战役，决定了中国的命运；召开了中国共产党七届二中全会，描绘了新中国宏伟的蓝图。1949 年 3 月 23 日，中共中央和解放军总部离开西柏坡，中国共产党走出深山，走向全国胜利，完成中华人民共和国的创建。新中国从这里走来。

西柏坡作为“进入北平解放全中国的最后一个农村指挥所”，是一个永载中国革命史册的名字。从中央工委在西柏坡正式成立到 1949 年 3 月 23 日党中央离开西柏坡，一共 621 天。这 621 天，是中国革命的伟大历史转折时期。在这里，毛泽东同志向全党发出“两个务必”的号召，以“两个务必”为核心的西柏坡精神，是党和国家的宝贵精神财富。习近平同志强调，全党同志要不断学习领会“两个务必”的深邃思想，始终做到谦虚谨慎、艰苦奋斗、实事求是、一心为民，继续把人民对我们党的“考试”、把我们党正在经受和将要经受各种考验的“考试”考好，使我们的党永远不变质、我们的红色江山永远不变色。

（二）内涵解读

1. 为了人民、依靠人民的公仆精神

为了人民、依靠人民，是我们党克敌制胜的法宝。西柏坡时期，如何打败国民党的军事进攻，取得革命最后胜利，是当时的“历史之问”。面对敌强我弱的力量对比，毛泽东同志明确指出“革命要依靠人民群众”。解决土地问题，满足广大农民的利益需求，成为依靠人民、为了人民在当时最重要的体现。这一时期，我们党召开全国土地会议，公布《中国土地法大纲》，将农民群众最为关心的土地问题提到战略高度，在解放区进行轰轰烈烈的土地改革运动，满足了农民获得土地这个最根本的利益需求。开展“土地还家”，广大农民全力参军参战、支援前线，使国民党陷入了人民战争的汪洋大海。“最后一碗米当军粮，最后一块布做军装，最后一件棉袄盖在担架上，最后一个儿子送到战场上”是当时的真实写照。

2. 敢于斗争、敢于胜利的进取精神

西柏坡精神代表着不畏强敌、敢于斗争、敢于胜利的进取精神。西柏坡时期，在敌强我弱的情况下，敢不敢不失时机举行战略反攻和战略决战，敢不敢将革命进行到底，是党面临的重大战略抉择。在这个关键时期，党中央对革命形势进行了科学分析，坚定地认为中国共产党代表着中国最广大人民群众的根本利益，代表着中华民族的根本利益，进行的是正义的、进步的战争，而国民党所代表的是大地主大资产阶级的利益，进行的是反人民、非正义的战争。因此，尽管国民党拥有军事力量对比上的明显优势和先进的美式武器装备，表面上看起来气势汹汹，但国民党军队派系林立、各自为战、人心涣散、无心恋战。与国民党军队完全不同，“小米加步枪”的人民军队众志成城、士气高昂、敢于斗争、艰苦作战，骨子里有“敢教日月换新天”的英雄气概和深厚的为民情怀。怀着坚定的信念，在力量还处于劣势的情况下，刘邓大军以一往无前的大无畏英雄气概千里跃进大别山，以艰苦卓绝的浴血奋战拉开战略进攻序幕。在决战时机成熟时，敢于打前所未有的大仗，敢于攻取对手占领的重要城市，敢于决战敌人强大兵团，指挥了规模空前的辽沈、淮海、平津三大战役，创造了震惊中外的战

争范例。

在消灭国民党主要军事力量后，以美国为首的帝国主义国家极力使中国革命止步，国民党为争取喘息时间，提出和谈，图谋“划江而治”。面对历史抉择，我们党号召全国人民“将革命进行到底”，申明无论和谈是否成功，都将“打过长江去，解放全中国”，敢于在全国范围内彻底推翻国民党反动统治，表明中国共产党人决不允许革命半途而废的坚定信念和将革命进行到底的使命担当。毛泽东同志在七届二中全会报告中明确指出，我们不但善于破坏一个旧世界，我们还将善于建设一个新世界；规定了党在全国胜利以后，在政治、经济、外交方面应当采取的基本政策，指出了中国由农业国转变为工业国、由新民主主义社会转变为社会主义社会的发展方向。

3. 政治协商、团结合作的民主精神

西柏坡时期，我们在国民党统治区开辟第二条战线，制定争取团结小资产阶级和民族资产阶级的方针政策，革命统一战线不断扩大。1948 年，中共中央发布“五一口号”，号召联合全国知识分子、自由资产阶级、各民主党派、社会贤达和其他爱国分子，巩固与扩大反对帝国主义、反对封建主义、反对官僚资本主义的统一战线，为着打倒蒋介石、建立新中国而共同奋斗；提出各民主党派、各人民团体、各社会贤达迅速召开政治协商会议，讨论并实现召集人民代表大会，成立民主联合政府。各民主党派纷纷响应，北上解放区，参加新政协，自愿自觉接受中国共产党领导，实现了社会各界空前大团结。毛泽东同志在七届二中全会提出：“无产阶级领导的以工农联盟为基础的人民民主专政，要求我们党去认真地团结全体工人阶级、全体农民阶级和广大的革命知识分子，这些是这个专政的领导力量和基础力量。”人民民主专政的国体，规定了人民代表大会的政体、党领导的多党合作的新型政党制度及民族区域自治制度，确立了新中国人民民主的基本政治制度。中国共产党领导的多党合作和政治协商制度作为我国一项基本政治制度，是中国共产党、中国人民和各民主党派、无党派人士的伟大政治创造，是从中国土壤中生长出来的新型政党制度。

4. 立规严纪、集中统一的看齐精神

西柏坡是立规矩的地方。党的规矩、制度的建立和执行，有力推动了党的作风和纪律建设。早在延安时期，毛泽东同志就提出全党向中央看齐的思想。西柏坡时期，各解放区连成一片，人民解放军开始大兵团正规作战。我们党为了适应革命形势变化，提出强化看齐意识，严格自律要求，加强党的制度建设和纪律建设，实现党的集中统一领导。毛泽东同志亲自起草《关于建立报告制度》，多次督促请示报告制度落实，强调这是“为了及时反映情况，使中央有可能在事先或事后帮助各地不犯或少犯错误，争取革命战争更加伟大的胜利起见。”在西柏坡召开的九月会议，通过了《中共中央关于各中央局、分局、军区、军委分会及前委会向中央请示报告制度的决议》，厘清了各级权力，有效地规范了党内运行机制，维护了中央领导集体的权威，加强了党的集中统一领导。中央颁布《健全党委制》《党委会的工作方法》等一系列制度，提出“加强纪律性，革命无不胜”的口号，重新颁布《三大纪律八项注意》。根据毛泽东同志的提议，七届二中全会作出了“不做寿、不送礼、少敬酒、少拍掌、不以人名作地名、不要把中国同志同马恩列斯平列”的六条规定。

5. 谦虚谨慎、艰苦奋斗的赶考精神

在中国革命即将胜利、历史转折到来的历史背景下，毛泽东同志基于对中国历史传统和现实国情的深刻理解和准确把握，对中国共产党实践经验的历史总结和深刻领悟，对未来革命和建设长期性、艰巨性、复杂性的深刻思考，高瞻远瞩、把握未来，向全党同志描绘新中国宏伟蓝图，发出了“两个务必”的告诫，提出了“进京赶考”的历史命题。

在七届二中全会上，毛泽东同志全面规划新中国制度框架与政策设计；警示全党同志不要被胜利冲昏头脑，忧思因为胜利可能增长的“四种情绪”，防止“资产阶级的捧场则可能征服我们队伍中的意志薄弱者……他们在糖弹面前要打败仗”，强调“夺取全国胜利，这只是万里长征走完了第一步”。中国的革命是伟大的，但革命以后的路程更长，工作更伟大、更艰苦。毛泽东同志告诫全党同志，“务必使同志们继续地保持谦虚、谨慎、不骄、不躁的作风，务必使同志们继续地保持艰苦奋斗的作风”，即“两个务必”。

离开西柏坡前往北京之际，毛泽东同志明确提出“进京赶考”“我们决不当李自成”的历史命题，决心跳出历史周期律，实现长久执政，引领中国人民走向社会主义。“两个务必”与“进京赶考”的提出，在国际共运史上第一次初步解决了无产阶级政党执政后如何保持党的先进性和纯洁性、实现长久执政和历史使命的重大课题，丰富发展了无产阶级政党领导和建设理论。坚持“两个务必”，有助于党员干部增强“赶考”意识，自重自省自警自励，克服革命到头思想和骄傲情绪、以功臣自居的情绪、停顿起来不求进步的情绪，做到掌权不忘责任重、位高不失公仆心，老老实实做人、踏踏实实干事、清清白白为官，自觉克服形式主义、官僚主义作风，始终保持蓬勃朝气、昂扬锐气、浩然正气，保持对事业的执着追求和对工作的饱满热情。

——节选自王彦坤、储峰：《西柏坡精神永载史册》，《光明日报》，2020 年 8 月 19 日

精神引领

“因为胜利，党内的骄傲情绪，以功臣自居的情绪，停顿起来不求进步的情绪，贪图享乐不愿再过艰苦生活的情绪，可能生长。”“可能有这样一些共产党人，他们是不曾被拿枪的敌人征服过的，他们在这些敌人面前不愧英雄的称号；但是经不起人们用糖衣裹着的炮弹的攻击，他们在糖弹面前要打败仗。”“务必使同志们继续地保持谦虚、谨慎、不骄、不躁的作风，务必使同志们继续地保持艰苦奋斗的作风。”

——1949 年 3 月，毛泽东在七届二中全会上的讲话

一个国家、一个民族、一个军队，如果不提倡艰苦奋斗、艰苦创业，只想在前人创造的物质文化成果上坐享其成，满脑子是金钱万能，成天贪图享乐，那么，这样的国家、这样的民族、这样的军队，是毫无希望的，是没有不衰落和不垮台的。

——1994 年 12 月 18 日，江泽民在中央军委扩大会议上的讲话

毛泽东同志的这段论述非常重要，特别是其中的两个重要思想具有长远的指导意义。一是，在伟大的成就面前，党内一部分同志可能会骄傲起来，贪图享乐的思想可能滋长，不愿意再做艰苦的工作，如果不坚决防范和克服这种情绪，党的事业就不能继续向前发展，甚至会失败。二是，不论我们党取得什么样的成就，都必须长期艰苦奋斗，始终坚持马克思主义政党的本色和宗旨，不断维护和实现最广大人民的根本利益，这样我们党才能始终保持同人民群众的血肉联系，始终得到广大人民群众的拥护和支持，始终立于不败之地。

——2002 年 12 月 6 日，胡锦涛在西柏坡学习考察时的讲话

毛泽东同志当年在西柏坡提出“两个务必”，包含着对我国几千年历史治乱规律的深刻借鉴，包含着对我们党艰苦卓绝奋斗历程的深刻总结，包含着对胜利了的政党永葆先进性和纯洁性、对即将诞生的人民政权实现长治久安的深刻忧思，包含着对我们党坚持全心全意为人民服务根本宗旨的

深刻认识，思想意义和历史意义十分深远。全党同志要不断学习领会“两个务必”的深邃思想，始终做到谦虚谨慎、艰苦奋斗、实事求是、一心为民，继续把人民对我们党的“考试”、把我们党正在经受和将要经受各种考验的“考试”考好，使我们的党永远不变质、我们的红色江山永远不变色。

——2013 年 7 月 11 日至 12 日，习近平在河北省调研指导党的群众路线教育实践活动时的讲话

历史证明：在进京“赶考”后 70 多年时间里，我们党在大考中取得了优异成绩。今天，我们实现了第一个百年奋斗目标，中华民族伟大复兴进入了不可逆转的历史进程。

但党面临的“赶考”远未结束。乡村振兴、高质量发展、共同富裕……今天，我们党团结带领人民继续走在“赶考”路上。

“赶考”不止步，奋斗不停歇。

曾经，从这里出发，一个崭新的中国向着世界昂首走来；如今，从这里再出发，中国共产党人继续前进，赓续西柏坡精神，踌躇满志谱写新篇章。

——新华社北京 2021 年 10 月 21 日电

习近平总书记指出，“伟大梦想不是等得来、喊得来的，而是拼出来、干出来的”。西柏坡的干部和群众正是凭着这一股子追梦的拼劲儿、干劲儿，砥砺奋进，攻坚克难，已经打赢了脱贫攻坚、旅发大会、生态环保、中山古城国家考古遗址公园建设等一场场苦仗硬仗，一项项大考成绩来之不易，鼓舞人心，昔日的革命老区正焕发出蓬勃的生机与活力。

——《学习时报》2019 年 4 月 26 日第 6 版

精神光照

案例 1. 涿县“执政第一课”

文献记载，毛泽东和中共中央的“赶考”车队，是于 1949 年 3 月 24 日下午 2 时 30 分驶出古城保定继续往北的，经徐水、定兴、新城（今高碑店）等县，于傍晚到达涿县（今涿州市）。

毛泽东一行行至涿县时，已经掌灯，城门紧闭。守卫的哨兵将车队拦下，坚持称“没有我们领导的命令，不管你是谁，就是毛主席来了也不行，我们要执行命令！”在哨兵进城找领导汇报期间，毛泽东耐心等

待，并对卫士长说："他们做得对，不要紧，可以等一等。"大家正着急的时候，中央机关打前站的同志和涿县领导，急急忙忙从城里跑来，边跑边喊："进！进！快让汽车进去！"哨兵这才敬礼放行。"这段佳话，最早出自当时的亲历者涿县第一民主副县长徐幼宗之口，后来查阅好多党史资料，也都有相关记录。"现年 70 岁的涿州市原党史研究室副主任赵海声回忆说，当时涿州刚刚解放 108 天，安保工作是头等大事，士兵的举动完全合乎情理。"当年毛泽东进涿县时，发现这个素有'天下第一州'之称的千年古郡冷冷清清，并听到了'市场没回城，买卖难兴隆'的说法，便向当时县委书记王成俊询问情况。王成俊回答，为了城防，原国民党驻军把所有的商户都赶到城外去了，不让人们进城里来。新中国成立后接管工作头绪较多，一时没顾上把市场迁回来。毛泽东当即说，工作千头万绪，先要从群众最需要的抓起，应该学会掌握城市工作的规律，马上把市场迁回来。"涿州市档案局原局长刘桂郁告诉记者，从 1951 年起，涿县就开始举办周边地区物资交流会，而且在全保定地区最早成立了党委统战部，以调动民间工商界、知识界的积极性来发展地方经济。

就这样，"市场回城"成了年轻的涿县县委学到的"执政第一课"。比起今天浩如烟海的市场经济知识，这一课似乎太简单了。但别忘了，这是一个刚从战火硝烟里成长起来的新生政权从头学起的第一课。

——节选自《五大书记进京"赶考"记：毛泽东车队被拦下》，中新网，2009 年 9 月 2 日

案例 2. 脱贫，是对革命先辈最好告慰

三月的西柏坡，春意盎然。又是一年"赶考日"，红色圣地迎来参观高峰。纪念馆广场上，鲜花铺就的几个大字引来人们争相拍照——"新中国从这里走来"。

西柏坡纪念馆副馆长段彦峰告诉记者，1948 年 5 月至 1949 年 3 月，中共中央曾在西柏坡办公，指挥了辽沈、淮海、平津三大战役，召开了著名的七届二中全会，描绘了新中国的宏伟蓝图，向全党发出了"两个务必"的号召。西柏坡成为党中央解放全中国的"最后一个农村指挥所"。

"最后一碗米送去做军粮，最后一尺布送去做军装，最后一件老棉袄盖在担架上，最后一个亲骨肉送去上战场……"在纪念馆展厅，一辆手推独轮车前，讲解员向参观者唱起这首民谣。

革命战争时期，仅有 25 万人的平山就有 5 万多人参军参战，近万人为国捐躯，涌现出了平山团、"子弟兵的母亲"戎冠秀等一大批英雄群体和人

物。和平建设年代，为修建岗南和黄壁庄两座大型水库，老区人民又奉献出 13 万亩良田，10 万多人搬上高岗旱岭重建家园。

截至 2015 年底，全县建档立卡贫困人口尚有 4 万余人，贫困村 260 个。

“老区一天不脱贫，我这个县委书记的心里头就一天难踏实。”平山县委书记李旭阳说，摆脱贫困，与全国同步实现全面小康，正是平山广大党员干部“不能被退回来”的“赶考”。

李旭阳清晰记得，2013 年 7 月 11 日，习近平总书记来到革命圣地西柏坡，同县乡村干部和群众座谈时的场景。“总书记要求各级领导干部，特别是平山党员干部，带头坚持‘两个务必’，把谦虚谨慎、艰苦奋斗、实事求是、一心为民的要求落实到履行职责的各个环节，以实际行动取信于民。”

李旭阳说，平山广大党员干部牢记总书记谆谆教诲，时刻以“两个务必”警醒警示，时刻以“赶考”的状态和信念担当实干。把加快老区脱贫作为“首要政治任务”和“头号民生工程”，和全国其他脱贫攻坚战场一样，把最好的干部派到扶贫一线，举全县之力向贫困发起“总攻”，不打赢，不收兵。

打通断头路，搞蔬菜大棚，建村民文化中心……第一书记吴俊磊，驻树石村扶贫两年，瘦了 30 斤。捧起那份村民们亲笔签名的“荣誉村民”证书，吴俊磊说：“这是我一生最珍贵的荣誉。”

成千上万个“吴俊磊”的辛勤付出换来了收获。2018 年 9 月 29 日，河北省政府发出通知，正式批准平山县退出贫困县序列。

老区平山，摘掉了 32 年的贫困县帽子。

“这是对革命先辈最好的告慰!”今年 74 岁的西柏坡村老党员闫青海显得格外激动。

1948 年秋，才 3 岁多的闫青海得了重病奄奄一息，绝望的父母把他包裹起来放在石碾子上打算放弃。后来，被住在西柏坡的董必武夫妇发现并及时送到医院抢救，他才活了下来。

依托红色资源，闫青海开了西柏坡第一家“农家乐”，成为村里首个“万元户”。如今的西柏坡全村 80 多户人家，从事旅游的有 50 多户，村集体年收入 60 余万元，村民人均年收入过万元。

闫青海亲眼见证，党的十八大以来是扶贫投入力度最大，也是老区面貌改变最明显，老区群众得到实惠最多的几年。

“过去，党带领老区人民翻了身，如今又带着老区人民脱了贫，共产党不单是俺的救命恩人，更是咱老区的亲人。”闫青海动情地说，他虽已 70 多岁，但干劲仍然很足。

平山脱贫是全国开展反贫困伟大决战中的一个缩影，“赶考路”沿途的太行山区贫困县，咬定脱贫攻坚不放松，以赶考精神推进山乡巨变，目前，灵寿、行唐、曲阳、唐县均达到脱贫摘帽初审标准并通过省级验收。

“摘帽，并不意味着大功告成。”李旭阳说，巩固脱贫成果，推进乡村振兴，实现与全国同步小康，还有很多“硬骨头”要啃。“作为‘两个务必’的诞生地和‘进京赶考’出发地，平山更要带头传承‘两个务必’，弘扬赶考精神。”

——新华社 2019 年 03 月 25 日

学习资源

1.《国家记忆》（CCTV-4 中文国际频道）:《新中国 1949》系列，第二集“中共中央进北平”

2.《军事纪实》（CCTV-7 国防军事频道）:《中国命运大决战》，“辽沈战役（上、下）”

3. 纪录片《淮海战役启示录》

4.《军事纪实》（CCTV-7 国防军事频道）:“平津战役（上、下）”

5.《百家讲坛》（CCTV-10 科教频道）:《中国精神（第二部）·8 西柏坡精神》

阅读推荐

1.《定规立制的七届二中全会——纪念党的七届二中全会召开 70 周年》，李庆刚，2019 年 3 月 8 日，《学习时报》。

2.《进京赶考》，王乐等，2019 年，北京人民出版社。

3.《西柏坡精神》，李建强，2017 年，中共党史出版社。

4.《西柏坡来电——新中国从这里走来》，万凯、赵新月等，2014 年，辽宁人民出版社。

实践基地

1. 西柏坡纪念馆

2. 西柏坡精神网上展馆

思考讨论

1. 如何理解西柏坡精神的主要内涵？

2. 请谈谈中国共产党七届二中全会（西柏坡会议）的历史意义。

3. “赶考”，是习近平新时代中国特色社会主义思想的一个重要观点。

2013年7月，习近平同志到西柏坡调研，在同县乡村干部和群众座谈时说"当年党中央离开西柏坡时，毛泽东同志说是'进京赶考'。60多年过去了，我们取得了巨大进步，中国人民站起来了，富起来了，但我们面临的挑战和问题依然严峻复杂，应该说，党面临的'赶考'远未结束。"请谈谈中国共产党在新时代面临哪些新的"赶考"。

第7讲 南泥湾精神

精神要义

1943年2月5日，《解放日报》报道了纪录片《生产与战斗结合起来》制成上映的消息，影片在延安各地放映，盛况空前。纪录片将南泥湾精神概括为“自力更生、艰苦奋斗、奋发图强”。1995年，当年参与领导南泥湾大生产的三五九旅副政委王恩茂同志将南泥湾精神概括为“全心全意为人民服务，自力更生，艰苦奋斗”。简明扼要说来就是“自力更生，艰苦奋斗”。我们学习南泥湾精神，最主要的就是要继承和发扬这种精神。

精神渊源

（一）背景来源

“花篮的花儿香，听我来唱一唱，唱一呀唱，来到了南泥湾，南泥湾好地方，好地呀方，好地方来好风光，好地方来好风光，到处是庄稼，遍地是牛羊……”这首欢快优美的《南泥湾》，一听到它的旋律，人们就会想起南泥湾，想起大生产运动。

南泥湾精神形成于延安时期极端困难的情况下，中国共产党带领军民开垦南泥湾、推动边区大生产自救运动的伟大实践。

抗战进入战略相持阶段后，日军的“扫荡”、国民党顽固派的封锁和严重的自然灾害，使抗日根据地的物资供应面临极大困难，广大军民陷入没粮吃、没衣穿、没被盖的困境。在严峻的历史关头，党中央、毛泽东同志提出“发展经济、保障供给”的总方针和“自己动手、丰衣足食”的号召，动员广大军民开展大生产运动。

1941年3月，遵照党中央指示，八路军三五九旅进驻延安东南50余公里处的南泥湾，一边练兵备战，一边垦荒屯田。短短三年时间，三五九旅不仅创造了大量物质财富，把荆棘遍野、荒无人烟的南泥湾变成了“处处是庄稼，遍地是牛羊”的陕北“好江南”，更为后人留下了宝贵的精神财富——南泥湾精神。

——节选自《自己动手 丰衣足食——南泥湾精神述评》，《光明日报》，2021 年 10 月 29 日

（二）内涵解读

1. 南泥湾精神的历史内涵

战胜恶劣环境，用双手创造一切。三五九旅进驻南泥湾，首先遇到的就是恶劣的自然环境和艰苦的生活条件。南泥湾到处荆棘丛生，是一片人烟稀少的“烂泥湾”，资源匮乏，吃、住、穿以及劳动工具紧缺。全旅战士们迎难而上，没有住的地方，战士们就在树林里露营；没有粮食，战士们就徒步数百里山路背粮运盐；没有菜吃，大家就一起上山挖野菜；没有生产工具，就盘起炉子打镢头。部队战士们就是靠这样自力更生的豪情、艰苦奋斗的韧劲，用双手创造了一切。

从上到下一起干，团结一致搞开发。1943 年 5 月，毛泽东同志指出，只要共产党人团结一致，同心同德，任何强大的敌人，任何困难的环境，都会向我们投降的。三五九旅在旅长王震的带领下，从旅长到马夫，都全力以赴投入生产劳动。王震带头劳动，不管工作多忙，都从延安赶到南泥湾参加劳动。王震积极完成他的规定指标，以乐观饱满的劳动热情激励着大家。有几次他的双手磨破了，红肿到手臂。由于缺少药品，他忍着刺心的疼痛，坚持生产劳动。七一八团的英雄团长陈宗尧带着团司令部的人员住在荒地，和战士们开荒在一起、学习在一起、生活在一起，一直到开荒任务完成才返回营房。三五九旅供给部政治委员罗章经常扛上一把为自己特制的七八斤重的大镢头，忙碌在全旅各个山头、山坳的一百多个生产点上，走到哪儿就在哪儿和干部、战士一起开荒。全旅上下一致，用合力战胜了艰苦环境，在荆棘丛中开出了希望之花。

自给自足谋生产，创造发展新思路。1941 年，全旅开荒 1. 12 万亩，收细粮 1 200 余石，达到粮食自给一个月，经费自给 78. 5%。1942 年，全旅开荒种地 2. 68 万亩，收细粮 3 050 石，达到粮食自给三个月，经费自给达到 92. 2%。这些成果都是全旅战士们在没有任何外援的情况下，凭借自己的双手独立创造出来的。在实现自给自足的情况下，三五九旅战士们并没有停下艰苦奋斗的脚步，除了发展农业，他们还创新发展思路，在枝叶繁茂的空地上饲养牛、羊、马等牲畜，实行自由放养，很快就实现了年初每人一只羊，两人一头猪，十人一头牛的目标。他们还在周围种植瓜果蔬菜，兴办合作社等，以实现多种经营并举。从野菜果腹到农业生产种植面积翻了

百倍，从造废铁造工具到先后办起纺织厂、机械厂、铁厂……短短数年，三五九旅建立了农业、工业、运输业与商业等一系列比较完备的企业，打下了一个能够达到完全自给的经济基础。

三五九旅战士面对荒凉寥落、缺衣少食的南泥湾，自力更生、艰苦奋斗，用双手谱写了战天斗地的英雄史诗，是我们党的宝贵精神财富，为我们克服艰难险阻、从胜利走向胜利注入了强大动力。

——节选自夏慧、谢泽雨：《南泥湾精神：战天斗地的英雄史诗》，《中国教育报》，2023 年 8 月 10 日

2. 南泥湾精神的新时代内涵

南泥湾精神产生于中国革命极端困难时期，在中国共产党的精神谱系中占有重要地位，是我们党战胜各种艰难困苦的强大精神武器和力量源泉。当今世界正经历百年未有之大变局，面对复杂严峻的国际形势、艰巨繁重的国内改革发展稳定任务，我们在危机中育新机、于变局中开新局，夺取全面建设社会主义现代化国家新胜利，弘扬南泥湾精神正当其时。

向第二个百年奋斗目标迈进，需要弘扬自力更生、艰苦奋斗的南泥湾精神。习近平总书记在庆祝中国共产党成立 100 周年大会上指出：“为了实现中华民族伟大复兴，中国共产党团结带领中国人民，自力更生、发愤图强，创造了社会主义革命和建设的伟大成就。”中国共产党的历史就是一部自力更生、艰苦奋斗史。纵观党和国家的发展历程，没有自力更生、艰苦奋斗的精神，就不可能取得举世瞩目的发展成就。延安时期，面对国民党的经济封锁，是饿死呢？解散呢？还是自己动手呢？在极其艰苦的条件下，根据地军民与困难作坚决斗争，一边战斗、一边生产，依靠艰苦奋斗克服一切艰难险阻，一举粉碎了国民党试图困死饿死边区军民的图谋。百年来，我们党在斗争中诞生、在斗争中发展、在斗争中壮大，实现了第一个百年奋斗目标，又踏上了实现第二个百年奋斗目标新的赶考之路。当前，新冠肺炎疫情加剧了经济逆全球化趋势，必须在思想上和行动上全方位做好打持久战的准备，继续弘扬自力更生、艰苦奋斗的南泥湾精神，以更加昂扬的姿态迈向全面建设社会主义现代化国家新征程。

加快构建双循环新发展格局，需要弘扬自力更生、艰苦奋斗的南泥湾精神。南泥湾大生产运动的胜利，是自力更生、艰苦奋斗创业精神的胜利。三五九旅在短短三年多时间垦荒 26 万余亩、产粮 3.7 万石，不仅实现全部自给，还向边区政府上交公粮 1 万石，用自己的双手实现了丰衣足食。当前，我们发展中仍有不少困难和挑战，全球产业链供应链循环受阻，大宗商品市场动荡，贸易保护主义盛行，加快构建以国内大循环为主体、国内

国际双循环相互促进的新发展格局，需要我们始终保持延安时期共产党人那么一股子劲、一股子气，把艰苦奋斗的创业精神作为前行的精神力量，发挥我国在世界上率先控制住疫情、在全球主要经济体中率先恢复经济正增长的优势，着力打通生产、分配、流通、消费各个环节，联通内外两个循环，不断增强产业链供应链的稳定性和竞争力，培育双循环新发展格局的内生动力，形成我国在国际竞争和发展中的新优势。

赢得未来创新发展的主动权，需要弘扬自力更生、艰苦奋斗的南泥湾精神。在南泥湾大生产运动中，从打破陕北地区不种水地的传统，到建设农产品加工作坊、手工业工厂、军人合作商店等，三五九旅面对严峻困难，发扬艰苦奋斗、勇于创造、敢为人先的拼搏精神，坚持用自己动手的方法来解决面临的一切困难。正如习近平总书记强调："自力更生是中华民族自立于世界民族之林的奋斗基点，自主创新是我们攀登世界科技高峰的必由之路。"没有自力更生，就不会有真正的自主创新。实践表明，资金可以引进、产品能够买进，唯独核心技术是买不来的。当前，一些西方国家对我国实施高科技封锁，如同延安时期国民党对边区根据地进行粮食、布匹等经济封锁一样，都是限制我们发展壮大，把我国锁定在全球产业链、价值链的中低端。要摆脱关键核心技术受制于人的局面，就必须摒弃等靠要思想，大力弘扬自力更生、艰苦奋斗的南泥湾精神，加强基础领域研究，提升原始创新能力，启动更多的"南泥湾计划"，全力破解核心技术"卡脖子"难题，加快推进科技自立自强，把我国发展进步的命运牢牢掌握在自己手中。

完成当前繁重的改革发展任务，需要弘扬自力更生、艰苦奋斗的南泥湾精神。面对发展生产、保障供给的艰巨任务，南泥湾大生产运动中，军民融合、干群一家、同甘共苦，创造了亘古未有的人间奇迹。在社会主义革命、建设和改革进程中，锻铸形成的北大荒精神、红旗渠精神、铁人精神、"两弹一星"精神、载人航天精神、脱贫攻坚精神等，与南泥湾精神一脉相承，激励全国人民战胜一个又一个困难，取得了举世瞩目的辉煌成就。进入新发展阶段，我们面临艰巨繁重的改革发展任务，发展中不平衡、不协调、不可持续问题依然突出，经济增长下行压力和产能相对过剩的矛盾有所加剧，资源相对不足、环境承载能力较弱，生产和生活体系向绿色低碳转型压力较大。实践证明，越是形势严峻复杂越要保持定力、一往无前，越是任务艰巨繁重越要奋勇当先、实干担当。当前，我国正处于改革的攻坚期、发展的关键期，要战胜前进道路上的各种困难，就要大力弘扬自力更生、艰苦奋斗的南泥湾精神，把亿万人民的智慧和力量汇聚起来，迎难而上、开拓进取，着力解决经济社会发展中的突出矛盾和问题，切实把改革发展稳定各项工作做实做好，为实现中华民族伟大复兴中国梦提供坚强保障。

实现人民对美好生活的向往，需要弘扬自力更生、艰苦奋斗的南泥湾精神。南泥湾大生产运动中，在没有房住、没有粮吃、没有生产工具等极端困难条件下，三五九旅的战士们开展劳动竞赛，人人奋勇争先、干劲冲天，实现了生产自给，摆脱了没有衣穿、没有油吃、冬天没有被盖的困境，极大地改善了边区军民生活品质。习近平总书记强调："以史为鉴、开创未来，必须团结带领中国人民不断为美好生活而奋斗。江山就是人民、人民就是江山，打江山、守江山，守的是人民的心。"检验我们一切工作的成效，最终都要看人民是否得到实惠，人民生活是否得到改善。当前，我国民生领域还有短板，城乡区域发展和收入分配仍有差距，优质教育医疗资源供给不足、分布不均，一些事关人民福祉的要事急事难事亟待解决。要实现人民对美好生活的向往，必须大力弘扬自力更生、艰苦奋斗的南泥湾精神，树牢以人民为中心的发展思想，聚焦就业、教育、养老、医疗卫生等民生领域，着力解决群众急难愁盼问题，让人民群众过上更高品质的生活。

——节选自杜金根：《让南泥湾精神绽放出新的时代光芒》，《党建研究》，2021 年第 9 期

精神引领

延安是革命圣地。延安时期是我们党领导的中国革命事业从低潮走向高潮、实现历史性转折的时期。老一辈革命家和老一代共产党人在延安时期留下的优良传统和作风，培育形成的以坚定正确的政治方向、解放思想实事求是的思想路线、全心全意为人民服务的根本宗旨、自力更生艰苦奋斗的创业精神为主要内容的延安精神，是我们党的宝贵精神财富。

——2015 年 2 月 15 日，习近平在陕西考察工作结束时的重要讲话

党中央和红军安家延安后，由于敌人的军事包围和经济封锁，条件十分艰苦。延安军民积极响应毛泽东同志发出的"自己动手、丰衣足食"号召，开展了热火朝天的大生产运动，有力支持了抗日前线。全党同志要大力弘扬自力更生、艰苦奋斗精神，无论我们将来物质生活多么丰富，自力更生、艰苦奋斗的精神一定不能丢，脚踏实地、苦干实干，集中精力办好自己的事情，把国家和民族发展放在自己力量的基点上。

——2022 年 10 月 27 日，习近平带领中共中央政治局常委瞻仰延安革

命纪念地时的讲话

精神光照

案例1. 贺敬之与《南泥湾》的诞生

《南泥湾》：花篮的花儿香，听我来唱一唱，唱一呀唱，来到了南泥湾，南泥湾好地方，好地呀方……

1943年新春佳节，延安鲁迅艺术学院秧歌队需要编排一组节目，慰问陕甘宁边区“生产模范”第三五九旅的全体官兵。鲁艺新秧歌运动工作委员会负责人安博找到诗人贺敬之，请他创作一首关于南泥湾的歌曲。

贺敬之：情节的设计呢，就说这些女孩子挑着花篮，就开始出发，这一路上要唱这个为什么要去，去的路上的经过，当然也是有动作配合舞蹈。这一路上走来，为什么来。这么唱完以后，这就到了南泥湾了，到了南泥湾以后，就是换了一个过门儿，这就要开始唱这个到了南泥湾鲜花的这个歌，这个歌儿就是后来直接改名叫《南泥湾》的这一首歌。

19岁的贺敬之被三五九旅广大官兵开展大生产运动的热情所感动，一气呵成，接到任务的当天便写出了《南泥湾》的歌词。写完歌词，贺敬之找到当时鲁艺的同学马可来帮忙谱曲，马可用陕北民歌的调式为它谱了曲。

贺敬之：三五九旅是模范，咱们走上前，鲜花送模范，就感觉自己这颗心和自己的思想感情，跟这些山、水、土地，跟这些群众、老百姓，都混在了一块，就觉得高兴得不知道怎么回事儿了。

贺敬之1924年出生于山东枣庄，15岁就积极参加抗日救亡活动。1940年，他硬是靠步行一路走到了心中的革命圣地延安，随后在鲁迅艺术学院学习。贺敬之说，延安就像母亲一样，给了他无穷的力量。

贺敬之：延安对我来讲，就是我的第二生命，我到延安的时候，才不满16岁，就是我的自然生命，也是小米饭把我养大的，我也是喝延河水长大的，延安决定了我的一生，我的人生道路、艺术道路，所以我把延安称作是母亲。

《南泥湾》很快在广大边区和大后方传唱开来，深深地鼓舞了正在抗战中的全国军民。1964年，《南泥湾》入选大型音乐舞蹈史诗《东方红》。从此，《南泥湾》更加广为流传，中国人民自力更生、艰苦奋斗的精神也被带到了祖国的四面八方。

——节选自《百年瞬间丨贺敬之与《南泥湾》的诞生》，共产党员网，2021年11月24日

案例 2. 郝树才："气死牛"的甲等劳动英雄

郝树才（1904 年—1986 年），清涧县石咀驿镇郝家南沟人。他和许许多多老一辈陕北人一样，早年逃荒要饭落户于延长县交口镇谭石原村。1935 年 8 月，他听说红军在延川一带活动，毅然甩掉揽工放羊鞭，长途跋涉，赶到永坪镇参加红军，后被编入红二十五军二五〇团机枪连。他先后参加过榆林桥、劳山和直罗镇等著名战斗、战役，3 次负伤，4 次立特等功，两次被评为特等战斗英雄。平型关战役中，他大腿负伤，战斗结束后被安排在老乡家养伤，伤势略有好转被送回延安疗养，伤愈后被编入警备三旅八团二连当战士。

1941 年春，郝树才随部队执行屯垦，参加大生产运动。在大生产运动中，边区部队曾涌现出不少开荒能手。史料记载的有三五九旅教导营一排长刘顺清一天开荒 4 亩，补充团战士尹光普一天开荒 4.2 亩等。当然，最为人津津乐道的是郝树才"气死牛"的故事。

郝树才把开荒当做消灭敌人。初期，一般人一天仅开 1 分荒地，而他创造日开荒 5 分的纪录。当郝树才开荒纪录刷新到 1.5 亩时，团首长号召全团向他看齐。

1943 年春，部队开荒能手在甘泉清泉沟举行比赛。郝树才创造了一天开荒 4.23 亩的全军最高纪录，轰动全边区。一连 3 天，郝树才天天保持开荒 4 亩以上纪录，延安到处传颂着郝树才这个开荒能手的事迹。一位叫马长福的农民，不相信郝树才一天能开荒 4.23 亩，就提出用牛和他比赛开荒。

不服输的郝树才不到 3 个小时，就征服了 1.5 亩荒坡，而马长福的牛却卧下了。郝树才以为是牛休息了，也坐下吸了一锅旱烟。正准备继续干时，马长福的牛吆不起来，郝树才说："别着急，我等着，让牛缓一口气。"过了一会儿，牛还是吆不起来，郝树才跑过去帮忙。过了几分钟，牛又一次"扑通"一声倒地，口吐白沫，当场死去。有人禁不住开玩笑说："那耕牛赛不过郝树才，活活给气死了。"原来马长福为了赢得比赛，让牛吃得太饱，加上用力鞭打，牛连撑带挣，结果倒地而死。

1944 年 2 月 17 日，《解放日报》以《气死牛的英雄郝树才》为题，报道了他的英雄事迹。年底，他出席了陕甘宁边区劳模代表大会，被授予陕甘宁边区"甲等劳动英雄"称号。消息登报后，郝树才对称他"气死牛"不高兴，认为对他极不尊重。

这一消息传到延安城，毛泽东得知郝树才为"气死牛"这一称号闹情绪时，便让郝树才到延安城来一趟。郝树才一口气走了 90 多里地，来到枣园。毛泽东握着他的手，风趣地问："听说你病了，这里有医生，检查一下，吃些药。"郝树才实话实说："我根本没病，叫我'气死牛'，我就是不高兴。”毛泽东拍着他的肩膀笑着说：“能气死牛不简单，好名字，好名字！没病就好，回去带头好好开荒，多打粮食。”毛泽东的一席话让郝树才心里立刻舒坦了，高高兴兴返回南泥湾，继续他的生产劳动。

从此，“气死牛”郝树才的名字传遍了陕甘宁边区，也被今天的人们津津乐道。

——节选自《郝树才：“气死牛”的甲等劳动英雄》，中国军网，2023年9月25日

学习资源

1. 电视剧《南泥湾》
2. 电影《南泥湾》

阅读推荐

1.《南泥湾精神》，陈福荣，2021年，人民日报出版社。
2.《南泥湾的故事》，袁曦，2021年，未来出版社。
3.《南泥湾》，姬晓东，2017年，华夏出版社。

思考讨论

面对世界百年未有之大变局，面对国内外发展环境发生的深刻复杂变化，我们应当如何继续从南泥湾精神中汲取力量，走更高水平的自力更生之路？

第8讲　抗美援朝精神

精神要义

祖国和人民利益高于一切、为了祖国和民族的尊严而奋不顾身的爱国主义精神，英勇顽强、舍生忘死的革命英雄主义精神，不畏艰难困苦、始终保持高昂士气的革命乐观主义精神，为完成祖国和人民赋予的使命、慷慨奉献自己一切的革命忠诚精神，以及为了人类和平与正义事业而奋斗的国际主义精神。

精神渊源

（一）背景来源

1950年6月25日，朝鲜战争爆发。美国杜鲁门政府悍然派兵进行武装干涉，发动对朝鲜的全面战争，同时派遣海军第七舰队入侵台湾海峡。侵朝美军不顾中国政府的多次警告，越过三八线，直逼中朝边境的鸭绿江和图们江，出动飞机轰炸我东北边境的城市和乡村，把战火烧到了中国的国土上，直接威胁到新生的中华人民共和国的安全，威胁到远东和世界的和平。危急关头，应朝鲜党和政府的请求，党中央和毛泽东同志作出了抗美援朝、保家卫国的历史性决策。1950年10月19日，中国人民志愿军在司令员兼政治委员彭德怀率领下，跨过鸭绿江，开赴朝鲜战场，10月25日首战告捷，揭开抗美援朝战争序幕。1953年7月27日签署《朝鲜停战协定》。至此，历时2年零9个月的抗美援朝战争宣告结束。10月25日为抗美援朝纪念日。志愿军战士中涌现出杨根思、黄继光、邱少云等30多万英雄功臣，在他们身上集中展示了伟大的抗美援朝精神。

2000年10月25日，江泽民同志在首都各界纪念中国人民志愿军抗美援朝出国作战50周年大会上的讲话中首次概括指出“抗美援朝精神”。

2010年10月25日，习近平同志在纪念中国人民志愿军抗美援朝出国作战60周年座谈会上指出：“伟大的抗美援朝战争，弘扬和光大了中国共产党和人民军队的革命精神。抗美援朝战争不仅奏响了一曲曲可歌可泣的凯歌，而且锻造出伟大的抗美援朝精神，这就是：祖国和人民利益高于一切、为了祖国和民族的尊严而奋不顾身的爱国主义精神，英勇顽强、舍生忘死的革命英雄主义精神，不畏艰难困苦、始终保持高昂士气的革命乐观主义精神，为完成祖国和人民赋予的使命、慷慨奉献自己一切的革命忠诚精神，以及为了人类和平与正义事业而奋斗的国际主义精神。”70 年来，伟大的抗美援朝精神穿越时空，始终放射着璀璨的光辉，给中国人的内心世界送来光明。我们要悉心体悟抗美援朝精神的科学内涵和深厚意蕴，拥抱从那历史深处穿透而来的精神之光。

（二）内涵解读

2020 年 10 月 23 日，习近平总书记在纪念中国人民志愿军抗美援朝出国作战 70 周年大会上发表重要讲话。习近平总书记深刻指出：“抗美援朝战争锻造形成的伟大抗美援朝精神，是弥足珍贵的精神财富，必将激励中国人民和中华民族克服一切艰难险阻、战胜一切强大敌人。”我们要深刻领悟伟大抗美援朝精神的丰富内涵。

伟大抗美援朝精神，就是“祖国和人民利益高于一切、为了祖国和民族的尊严而奋不顾身的爱国主义精神”。爱国主义是一个民族的精神之源。在抗美援朝战争中，爱国主义成为凝聚全党、全军、全国各族人民的伟大旗帜和力量源泉。党中央以非凡气魄和胆略作出抗美援朝、保家卫国的历史性决策。抗美援朝是更深层次的爱国主义。这种爱国主义情怀通过广泛开展“该不该打”“能不能打”的大讨论和深入细致的思想政治工作，被不断激发出来，形成对美帝国主义无比仇恨、对祖国人民和朝鲜人民无比热爱的深厚情感，凝聚成不惧艰险、不畏强敌、杀敌立功、夺取胜利的强大精神力量。这是抗美援朝战争取得伟大胜利的根本原因。抗美援朝战争的胜利，使中国人民彻底粉碎了侵略者陈兵国门、进而将新中国扼杀在摇篮之中的图谋，帝国主义再也不敢作出武力进犯新中国的尝试，新中国真正站稳了脚跟。抗美援朝战争的胜利，使中国人民彻底扫除了近代以来任人宰割、仰人鼻息的百年耻辱，彻底扔掉了“东亚病夫”的帽子，从此中国人民真正扬眉吐气了。抗美援朝战争的胜利，震动了全世界，奠定了新中国在亚洲和国际事务中的重要地位，彰显了新中国的大国地位。

伟大抗美援朝精神，就是“英勇顽强、舍生忘死的革命英雄主义精神”。革命英雄主义是军人应有的血性。习近平总书记深刻指出：战争不仅是物质的较量，更是精神的比拼。没有顽强的意志，没有敢于牺牲的品质，再好的武器装备也不能保证胜利。在抗美援朝战争中，革命英雄主义一个共同的特征，就是用尽一切办法，克服一切困难，消灭一切敌人。志愿军将士靠着向死而生的英勇决绝，挑战生理和心理极限，形成压倒一切敌人而不被敌人所屈服的英雄气概。面对强大而凶狠的作战对手，身处恶劣而残酷的战场环境，志愿军指战员冒着枪林弹雨勇敢冲锋，顶着狂轰滥炸坚守阵地，用胸膛堵枪眼，以身躯作人梯，抱起炸药包、手握爆破筒冲入敌群，忍饥受冻绝不退缩，烈火烧身岿然不动，敢于"空中拼刺刀"，奏响了一曲曲爱国主义的壮丽凯歌。在这场战争中，涌现出杨根思、黄继光、邱少云等 30 多万名英雄功臣和近 6 000 个功臣集体。在这些英雄身上，充满了血性和果敢；在这些英雄的心里，写满了忠诚和担当。为了国家和民族，为了党和人民，他们随时准备牺牲一切，用一身英雄胆，铸就了中华民族魂。

伟大抗美援朝精神，就是"不畏艰难困苦、始终保持高昂士气的革命乐观主义精神"。建立在对一切事物采取正面看法的积极态度基础上形成的革命乐观主义，是形成强大战斗力的思想根源。在朝鲜战场上，志愿军面对的客观物质条件极其不利。美国动用了其陆军的 1/3、空军的 1/5 和海军的大部分兵力投入战争，几乎除了原子弹以外的一切新式武器都用上了，而中国人民志愿军，在战争开始时，没有一架飞机参与前线作战，仅有数量很少的大炮。在这样的情况下怎样提振部队的精气神，增强胜利的信心呢？志愿军广大指战员明白，正义的战争最终必然会胜利的；我军虽然在武器装备上处于劣势，但战争胜负的决定因素不是武器，而是人。建党以来，我军从小到大、由弱到强的历史就是这样走过来的。在革命乐观主义精神鼓舞下，志愿军广大指战员克服了难以想象的困难，他们冒着零下 30 多摄氏度的严寒，在白雪皑皑的崇山峻岭中纵横驰骋、前仆后继。无数勇士身负重伤后从血泊中爬起来冲向敌人，甚至用自己的身体挡住敌人的枪口，即使战斗到只剩一人一枪，仍然坚守阵地，顽强地同敌人血战到底。在反击敌人的"空中绞杀"中，他们冒着密集的轰炸和严密的封锁，建成了打不断、炸不烂的钢铁运输线。

伟大抗美援朝精神，就是"为完成祖国和人民赋予的使命、慷慨奉献自己一切的革命忠诚精神"。忠诚历来都是我们党衡量真假马克思主义者、真假革命者、真假共产党员的试金石。抗美援朝战争中，对党忠诚凝化为不怕牺牲、慷慨赴死的革命意志，牺牲个人、保存整体的大局观念，勇挑重担、向死而生的战斗精神。一名叫甘露的志愿军女军医在日记中写道："亲爱的祖国，我参加志愿军，既做好了牺牲的准备，也做好了凯旋的准备。我相信我会回来的，不是我的人，就是我的魂！"这位女军医入朝后参加的第一次行动，就遇到敌机轰炸师部医院。当医护人员和机关干部冲进隧道抢救伤员时，隧道里一片火海，师后勤部部长和政委为抢救伤员牺牲在隧道，甘露一口气背出了10名伤员，她自己累得昏了过去，经抢救苏醒后，她说的第一句话就是："伤员都救出来了吗？"护士说，"还没有。"她忽地一下爬起来，再次冲进隧道，又救出一个伤员，而她自己头发和衣服全被烧焦。试想，如果没有对党的绝对忠诚，那谁去堵枪眼？谁能保证部队的隐蔽行动？忠诚是谱写抗美援朝胜利凯歌的根本力量。

伟大抗美援朝精神，就是"为了人类和平与正义事业而奋斗的国际主义精神"。抗美援朝精神最鲜明的特点体现在国际主义上。对朝鲜战争这个发生在邻国的战争，中国为什么会倾其全力？首先，中国是从中朝友好关系的角度来看待朝鲜国难的。毛泽东在讨论出兵的政治局会议上针对一些同志提出的不到万不得已，最好不打这一仗的意见，指出："你们说的都有理由。但是别人处于国家危难时刻，我们站在旁边看，不论怎么说，心里也难过。"这段话充分体现了我们党关心兄弟邻国的鲜明立场。中朝两国山水相连，唇齿相依，唇亡则齿寒，户破则堂危，救邻就是自救，援助朝鲜就是保卫中国。其次，中国从保卫世界和平的高度来看待抗美援朝。我们党认为，美国侵略朝鲜的战争，是美国整个亚洲战略的一部分。周恩来在全国政协一届十八次会议上指出："朝鲜问题是一个国际问题，它同国际上的其他问题是不可分割的……只有朝鲜胜利了，和平阵营才不会被打开一个缺口。如果朝鲜这个缺口被打开，则其他方面要相继被打开。东方阵线门户洞开，敌人打进我们的大门来了，怎么还能谈建设？"所以，中央在决策抗美援朝时，既从中国的安全利益出发，也从朝鲜人民的民族解放事业需要考虑，更着眼于世界的和平。

抗美援朝战争过去70年了，但是这场战争锻造的伟大抗美援朝精神却弥足珍贵。新时代弘扬伟大抗美援朝精神，必须以习近平新时代中国特色社会主义思想为指导，坚持党对一切工作的全面领导，以自我革命精神全面推进党的建设新的伟大工程，把党锻造得更加坚强有力，这是我们取得一切胜利的根本保证。必须不断壮大我国综合国力，落后就要挨打，发展才能自强，我们之所以能够取得抗美援朝的胜利，说到底取决于我们有足够实力——战争的正义力、党的正确领导力、国家的向心力、志愿军的战斗力。必须敢于斗争，不畏强敌，对胜利充满信心。"正义必定战胜强权"，这是历史发展的必然规律，"任何一个国家、任何一支军队，不论多么强大，如果站在世界发展潮流的对立面，恃强凌弱、倒行逆施、侵略扩张，必然会碰得头破血流。"必须直面挑战，勇于创新。创新是战争的生命，世界上没有一个战争是可以复制的，制胜的法则在于根据新的作战对象研究新的战术战法。在新时代，不论是实现强军目标、建设世界一流的人民军队，还是改革开放、推动构建人类命运共同体等，都必须坚持不懈推进改革创新，发扬首创精神，破解发展难题和障碍。

——节选自王相坤：《领悟伟大抗美援朝精神的丰富内涵》，《新华日报》，2020 年 10 月 27 日

精神引领

抗美援朝战争锻造形成的伟大抗美援朝精神，是弥足珍贵的精神财富，必将激励中国人民和中华民族克服一切艰难险阻、战胜一切强大敌人。

——2020 年 10 月 19 日，习近平在参观纪念中国人民志愿军抗美援朝出国作战 70 周年主题展览时的讲话

伟大的抗美援朝战争，是保卫和平、反抗侵略的正义之战。中国人民志愿军的力量源泉及其获得胜利的根本原因，是伟大的抗美援朝斗争的正义性。60 年前，中国人民在忍无可忍的情况下，毅然派出志愿军抗美援朝，完全是保卫和平、反抗侵略的正义之举。所以，志愿军将士才会有愈战愈勇的旺盛斗志和高昂士气，才能不断创造出惊天地、泣鬼神的战争奇迹。

伟大的抗美援朝战争，打出了新中国的国威和人民军队军威，创造了以弱胜强的范例。抗美援朝战争的胜利，是在敌我力量悬殊的条件下取得的。美国军队动用了除核武器以外所有新式武器，还动用了其陆军的三分之一、空军的五分之一和海军的大部分兵力投入战争。中国人民志愿军将士则以劣势装备进行殊死搏斗。他们冒着零下 30 多摄氏度的严寒，在白雪皑皑的崇山峻岭中纵横驰骋、前仆后继。无数勇士身负重伤后从血泊中爬起来冲向敌人，甚至用自己的身体挡住敌人的枪口，即使战斗到只剩一人一枪，仍然坚守阵地，顽强地同敌人血战到底。

伟大的抗美援朝战争，弘扬和光大了中国共产党和人民军队的革命精神。

伟大的抗美援朝精神，是中国共产党人和人民军队崇高风范的生动写照，是中华民族传统美德和民族品格的集中展示，是以爱国主义为核心的民族精神的具体体现。这种精神永远是中国人民的宝贵财富。

伟大的抗美援朝战争，是全国各族人民共同谱写的壮丽凯歌。

正是由于全国各族人民的大力支援，才形成了同仇敌忾、战胜一切困难和强大敌人的无穷力量，才赢得了抗美援朝战争的胜利。这再次证明了毛泽东同志揭示的颠扑不破的真理：“战争的伟力之最深厚的根源，存在于

民众之中。”

伟大的抗美援朝战争，进一步锤炼了经过严酷战争洗礼的人民军队。

在抗美援朝战争中，为和平而战、为正义而战的志愿军全体将士，坚持从战争中学习战争，在血与火的洗礼中，迅速改善了装备、提高了技术水平，催生了我军由单一兵种作战过渡到现代诸军兵种联合作战，创造了依靠劣势装备打赢现代战争的一系列新经验、新战术、新战法。

伟大的抗美援朝战争，为世界和平与人类进步事业作出了巨大贡献。

抗美援朝战争的胜利，保卫了朝鲜民主主义人民共和国和刚刚诞生的中华人民共和国的安全，深刻影响和改变了第二次世界大战结束后亚洲乃至世界的政治格局。

——2010 年 10 月 25 日，习近平在纪念中国人民志愿军抗美援朝出国作战 60 周年座谈会上的讲话

伟大抗美援朝精神跨越时空、历久弥新，必须永续传承、世代发扬。

无论时代如何发展，我们都要砥砺不畏强暴、反抗强权的民族风骨。70 年前，帝国主义侵略者将战火烧到了新中国的家门口。中国人民深知，对待侵略者，就得用他们听得懂的语言同他们对话，这就是以战止战、以武止戈，用胜利赢得和平、赢得尊重。中国人民不惹事也不怕事，在任何困难和风险面前，腿肚子不会抖，腰杆子不会弯，中华民族是吓不倒、压不垮的！

无论时代如何发展，我们都要汇聚万众一心、勠力同心的民族力量。在抗美援朝战争中，中国人民在爱国主义旗帜感召下，同仇敌忾、同心协力，让世界见证了蕴含在中国人民之中的磅礴力量，让世界知道了“现在中国人民已经组织起来了，是惹不得的。如果惹翻了，是不好办的！”

无论时代如何发展，我们都要锻造舍生忘死、向死而生的民族血性。在朝鲜战场上，志愿军将士面对强大而凶狠的作战对手，身处恶劣而残酷的战场环境，抛头颅、洒热血，以“钢少气多”力克“钢多气少”，谱写了惊天地、泣鬼神的雄壮史诗。志愿军将士冒着枪林弹雨勇敢冲锋，顶着狂轰滥炸坚守阵地，用胸膛堵枪眼，以身躯作人梯，抱起炸药包、手握爆破筒冲入敌群，忍饥受冻绝不退缩，烈火烧身岿然不动，敢于“空中拼刺刀”。在他们中涌现出杨根思、黄继光、邱少云等 30 多万名英雄功臣和近 6 000 个功臣集体。英雄们说：我们的身后就是祖国，为了祖国人民的和平，我们不能后退一步！这种血性令敌人胆寒，让天地动容！

无论时代如何发展，我们都要激发守正创新、奋勇向前的民族智慧。勇于创新者进，善于创造者胜。志愿军将士面对陌生的战场、陌生的敌人，坚持“你打你的，我打我的，你打原子弹，我打手榴弹”，把灵活机动战略战术发挥得淋漓尽致。面对来自各方面的风险挑战，面对各种阻力压力，中国人民总能逢山开路、遇水架桥，总能展现大智大勇、锐意开拓进取，“杀出一条血路”！

——2020年10月23日，习近平在纪念中国人民志愿军抗美援朝出国作战70周年大会上的讲话

精神光照

案例1. 黄继光奋不顾身堵枪眼，烈士英名万古存

黄继光（1931—1952），生前是中国人民志愿军第15军第135团2营6连通讯员。1952年10月20日，上甘岭战役中，他在多处负伤、弹药用尽的情况下，用自己的胸膛堵住敌人正在喷射火舌的枪眼，壮烈捐躯，用年轻的生命为部队开辟了胜利前进的道路。年仅21岁。被中国人民志愿军领导机关追记特等功，并授予“特级英雄”称号；追授他为中国共产党正式党员；朝鲜民主主义人民共和国最高人民会议常务委员会授予他“朝鲜民主主义人民共和国英雄”称号和金星奖章、一级国旗勋章。黄继光舍身堵枪眼的革命英雄壮举，激励和教育了几代人。他那奋不顾身的大无畏英雄气概为人们所景仰和传颂。

——节选自谢佼：《黄继光：英雄壮举　舍身堵机枪（为了民族复兴·英雄烈士谱）》，《人民日报》，2019年8月12日

案例2. 杨根思与敌同归于尽，英雄气壮山河

杨根思（1922—1950），中国人民解放军全国战斗英雄和中国人民志愿军特级战斗英雄。原名羊庚玺，江苏泰兴人，革命烈士，中国人民志愿军第一位“朝鲜民主主义人民共和国英雄”。历任新四军副班长、班长、副排长、排长，解放军副连长、连长等职。先后参加淮海战役等大小数十次战役战斗，擅长爆破，多次荣立战功，1950年11月29日在朝鲜战场阻击美军南逃任务战斗中牺牲，时年28岁。1953年6月25日，朝鲜民主主义人民共和国最高人民会议常任委员会追授“朝鲜民主主义人民共和国英雄”称号和金星奖章、一级国旗勋章。2009年9月，杨根思被中央宣传部、中央组织部等11个部门评为100位新中国成立以来感动中国人物

之一。

——节选自邱冰清：《杨根思：爆破大王　慷慨赴死（为了民族复兴·英雄烈士谱）》，《人民日报》，2019 年 7 月 11 日

案例 3. 邱少云忍痛火烧、高度忠诚

邱少云（1926—1952），重庆市铜梁县人。中国人民志愿军第 15 军第 29 师第 87 团第 9 连战士。1952 年 10 月 11 日晚，他参加所在的部队潜伏“391”高地下面的草地时，遭到敌人的燃烧弹袭击，邱少云伏在原地，严守纪律，咬紧牙关，双手深深插进泥土中，以惊人的毅力忍受着剧痛，一声不吭、一动不动，直至壮烈牺牲。他用年仅 26 岁的生命铸写了他对祖国和人民赋予的使命的忠诚。1952 年 11 月 6 日，中国人民志愿军为邱少云追记特等功，1953 年 6 月，获得“一级英雄”称号，1953 年 8 月 30 日被追认为中共党员。1953 年 6 月 25 日朝鲜民主主义人民共和国最高人民会议常任委员会授予“朝鲜民主主义人民共和国英雄”称号和金星奖章、一级国旗勋章。

——节选自周闻韬：《邱少云：为了胜利　烈火中永生（为了民族复兴·英雄烈士谱）》，《人民日报》，2019 年 8 月 12 日

案例 4. 永恒的精神符号“冰雕连”

1950 年 11 月下旬，朝鲜战场长津湖战役中，美军南逃沿途被这样的情景震惊：一排排志愿军战士俯卧在摄氏零下 40 度的阵地上，手握钢枪、手榴弹，保持着整齐的战斗队形和战斗姿态，仿佛是跃然而起的“冰雕”群像。

这是中国人民志愿军 20 军 59 师 177 团 6 连、60 师 180 团 2 连、27 军 80 师 242 团 5 连除一名掉队战士和一名通信员，成建制被冻死的壮烈场面。从此，“冰雕连”成为一座精神丰碑、一种文化符号，被载入军史。

是什么力量让“冰雕连”不惧摄氏零下 40 度的严寒？长津湖地区海拔 1000 至 2000 米之间，当年是 50 年不遇的严冬，夜间最低温度达到摄氏零下 40 度。官兵向美军后方穿插行军时，寒冷比敌人的子弹、炮弹更可怕。有的战士脚冻肿了，脱了鞋再也穿不上，干脆光着脚在雪里奔跑；有的战士又冷又饿，只能抓把雪往肚子里咽。

“冰雕连”没向严寒屈服，按时埋伏在美军撤退的必经之路。可是，战斗命令下达后，却没有人站起来冲锋，全部冻死在露天掩体里。当美军军官里兹伯格向这些“冰雕”致敬时，心中疑惑，他们为何宁愿冻死也决不

放弃自己的阵地？里兹伯格没看到、也读不懂177团6连战士宋阿毛身上的一首绝笔诗：我爱亲人和祖国，更爱我的荣誉。我是一名光荣的志愿军战士，冰雪啊！我决不屈服于你，哪怕是冻死，我也要高傲地耸立在我的阵地上。

“抗美援朝，保家卫国”是党和毛主席发出的号召。党领导下的忠诚战士就要为信仰而战，宋阿毛的绝笔诗的本意是不惜用生命捍卫信仰。“冰雕连”官兵心中燃烧着信仰的火炬，身上有源源不断的、斯诺笔下的“东方魔力”，何惧摄氏零下40度的严寒？

——王根成：《三个连队被活活冻死“冰雕连”成文化符号载入军史》，人民网，2014年02月17日

学习资源

1. 纪录片《上甘岭——最长的43天》
2. 电影《上甘岭》
3. 电影《英雄儿女》
4. 纪录片《伟大的抗美援朝》
5. 系列广播专题节目《胜利的回响》
6. 中共党史专题讲座　第八讲：抗美援朝的决策及其影响
7. 电影《长津湖》
8. 电影《水门桥》

阅读推荐

1. “中国人民解放军历史资料丛书”《抗美援朝战争·文献》，解放军出版社。

2.《抗美援朝的伟大胜利和今后的任务》，《毛泽东军事文集》第5卷（1953年9月12日，毛泽东在中央人民政府委员会第二十四次会议上的讲话），1977年，人民出版社。

3. 社论《大力弘扬伟大的抗美援朝精神》，2020年10月23日，《人民日报》。

4.《血战长津湖》，楚舞、凤鸣、陆宏宇，2021年，现代出版社。

实践基地

抗美援朝纪念馆

思考讨论

中国人民在这场严酷的战争中，谱写了气吞山河的英雄壮歌，创造了伟大的抗美援朝精神，积累了宝贵的精神财富。中国人民志愿军将士在冰天雪地里浴血奋战，顽强拼搏，经受住了生命极限的考验，创造出人类战争史上的无数奇迹。请结合实际，谈谈在当前国际国内形势下，青年大学生如何弘扬抗美援朝精神？

第9讲 “两弹一星”精神

精神要义

1999年9月18日，江泽民同志在表彰为研制“两弹一星”作出突出贡献的科技专家大会上发表讲话，将“两弹一星”精神概括为“热爱祖国、无私奉献，自力更生、艰苦奋斗，大力协同、勇于登攀”24个字。

精神渊源

（一）背景来源

二十世纪五六十年代是极不寻常的时期，当时面对严峻的国际形势，为抵制帝国主义的武力威胁和核讹诈，20世纪50年代中期，以毛泽东同志为核心的第一代党中央领导集体，根据当时的国际形势，为了保卫国家安全、维护世界和平，高瞻远瞩，果断地作出了独立自主研制“两弹一星”的战略决策。1956年在周恩来、陈毅、李富春、聂荣臻的主持下，制定了《1956至1967年科学技术发展远景规划纲要》。毛泽东在1958年先后表示，“我们也要搞人造卫星！搞原子弹、氢弹、导弹，我看有十年功夫是完全可能”。

即便当时中国开发上述技术的环境还十分落后和艰苦，但大批优秀的科技工作者，包括许多在国外已经有杰出成就的科学家，以身许国，怀着对新中国的满腔热爱，响应党和国家的召唤，义无反顾地投身到这一神圣而伟大的事业中来。他们和参与“两弹一星”研制工作的广大干部、工人、解放军指战员一起，在当时国家经济、技术基础薄弱和工作条件十分艰苦的情况下，自力更生，发奋图强，依靠自己的力量和苏联的帮助，用较少的投入和较短的时间，突破了核弹、导弹和人造卫星等尖端技术，取得了举世瞩目的辉煌成就。

1964年10月16日，中国研制的第一颗原子弹爆炸成功；1967年6月17日，我国第一颗氢弹空爆试验成功；1970年4月24日，我国第一颗人造地球卫星——东方红一号发射成功。中国在物质技术基础十分薄弱的条件下，在较短的时间内成功地研制出“两弹一星”，创造了非凡的人间奇迹，是中国人民挺直腰杆站起来的重要标志，极大地鼓舞了全党全军全国人民的斗志，增强了民族凝聚力，激发了爱国热情。

（二）内涵解读

1. 热爱祖国、无私奉献的精神

“两弹一星”的研制者高举爱国主义旗帜，怀着强烈的报国之志，自觉把个人理想与祖国命运，把个人志向与民族振兴联系在一起。许多功成名就、才华横溢的科学家放弃国外优厚的条件回到祖国。许多人甘当无名英雄，隐姓埋名，默默奉献，有的甚至献出了宝贵的生命。他们用自己的热血和生命，写就了一部为祖国为人民鞠躬尽瘁、死而后已的壮丽史诗。

2. 自力更生、艰苦奋斗的精神

“两弹一星”的研制者，在极其艰苦的环境中，克服了各种难以想象的艰难险阻，经受住了生命极限的考验。他们运用有限的科研和试验手段，依靠科学，顽强拼搏，发愤图强，锐意创新，突破了一个个技术难关。他们所具有的惊人毅力和勇气，显示了中华民族在自力更生的基础上自立于世界民族之林的坚强决心和能力。

3. 大力协同、勇于登攀的精神

在研制“两弹一星”的过程中，全国有关地区、部门、科研机构、院校和广大科学技术人员、工程技术人员、后勤保障人员和解放军指战员，团结协作，群策群力，求真务实，大胆创新，突破了一系列关键技术，使中国科研能力实现了质的飞跃。他们用自己的业绩，为中华民族几千年的文明创造史书写下了新的光彩夺目的篇章。

“两弹一星”精神，是爱国主义、集体主义、社会主义精神和科学精神的生动体现，是中国人民在20世纪为中华民族创造的新的宝贵精神财富。对于全面建成小康社会，实现中华民族伟大复兴的中国梦具有重大意义。

——节选自中国军事百科全书编审室：《中国大百科全书·军事·两弹一星精神》，中国大百科出版社，2007年

精神引领

如果（20 世纪）60 年代以来中国没有原子弹、氢弹，没有发射卫星，中国就不能叫有重要影响的大国，就没有现在这样的国际地位。这些东西反映一个民族的能力，也是一个民族、一个国家兴旺发达的标志。

——1988 年 10 月，邓小平视察北京正负电子对撞机工程时的讲话

“两弹一星”事业的发展，不仅使我国的国防实力发生了质的飞跃，而且广泛带动了我国科技事业的发展，促进了我国的社会主义建设，造就了一支能吃苦、能攻关、能创新、能协作的科技队伍，极大地增强了全国人民开拓前进、奋发图强的信心和力量。“两弹一星”的伟业，是新中国建设成就的重要象征，是中华民族的荣耀与骄傲，也是人类文明史上的一个勇攀科技高峰的空前壮举。我国在物质技术基础十分薄弱的条件下，成功地研制出“两弹一星”，为我们实现技术发展的跨越创造了宝贵的经验。

——1999 年 9 月 18 日，江泽民在表彰为研制“两弹一星”作出突出贡献的科技专家大会上的讲话

进一步增强使命感和责任感，大力弘扬“两弹一星”精神，爱岗敬业，甘于奉献，严谨细致，团结协作，为推动中国核事业发展、为全面建设小康社会贡献更多智慧和力量。

——2004 年 8 月，胡锦涛在参观“中国核事业 50 年成就展”时的讲话

现在，各主要国家都在抢占未来科学技术制高点，包括国防科技制高点。我们要大力弘扬“两弹一星”精神和“载人航天”精神，自力更生，勇攀高峰。

——2013 年 7 月 17 日，习近平在中国科学院考察时强调

新时代的航天工作者要以老一代航天人为榜样，大力弘扬“两弹一星”精神，敢于战胜一切艰难险阻，勇于攀登航天科技高峰，让中国人探索太空的脚步迈得更稳更远，早日实现建设航天强国的伟大梦想。

——2020 年 4 月 23 日，习近平给参与“东方红一号”任务的老科学家的回信

科学无国界，科学家有祖国。我国科技事业取得的历史性成就，是一

代又一代矢志报国的科学家前赴后继、接续奋斗的结果。从李四光、钱学森、钱三强、邓稼先等一大批老一辈科学家，到陈景润、黄大年、南仁东等一大批新中国成立后成长起来的杰出科学家，都是爱国科学家的典范。希望广大科技工作者不忘初心、牢记使命，秉持国家利益和人民利益至上，继承和发扬老一辈科学家胸怀祖国、服务人民的优秀品质，弘扬“两弹一星”精神，主动肩负起历史重任，把自己的科学追求融入建设社会主义现代化国家的伟大事业中去。

——2020 年 9 月 11 日，习近平在科学家座谈会上的讲话

天和核心舱发射成功，标志着我国空间站建造进入全面实施阶段，为后续任务展开奠定了坚实基础。希望你们大力弘扬“两弹一星”精神和载人航天精神，自立自强、创新超越，夺取空间站建造任务全面胜利，为全面建设社会主义现代化国家作出新的更大的贡献！

——2021 年 4 月 29 日，习近平代表党中央、国务院和中央军委祝贺中国空间站天和核心舱发射任务成功的贺电

建设航天强国要靠一代代人接续奋斗。希望广大航天青年弘扬“两弹一星”精神、载人航天精神，勇于创新突破，在逐梦太空的征途上发出青春的夺目光彩，为我国航天科技实现高水平自立自强再立新功。

——2022 年 5 月 2 日，习近平给中国航天科技集团空间站建造青年团队的回信

我国几代科技工作者通过接续奋斗铸就的“两弹一星”精神、西迁精神、载人航天精神、科学家精神、探月精神、新时代北斗精神等，共同塑造了中国特色创新生态，成为支撑基础研究发展的不竭动力。

——2023 年 2 月 21 日，习近平在二十届中共中央政治局第三次集体学习时强调

精神光照

案例 1. 邓稼先

邓稼先（1924—1986），出生于安徽怀宁县，九三学社社员，中国科学院院士，著名核物理学家，中国核武器研制工作的开拓者和奠基者，为中国核武器、原子武器的研发做出了重要贡献。

邓稼先虽长期担任核试验的领导工作，却本着对工作极端负责任的精神，在最关键、最危险的时候出现在第一线。例如，核武器插雷管、铀球加工等生死系于一发的险要时刻，他都站在操作人员身边，既加强了管理，又给作业者以极大的鼓励。

一次，航投试验时出现降落伞事故，原子弹坠地被摔裂。邓稼先深知危险，却一个人抢上前去把摔破的原子弹碎片拿到手里仔细检验。身为医学教授的妻子知道他“抱”了摔裂的原子弹，在邓稼先回北京时强拉他去检查。结果发现在他的小便中带有放射性物质，肝脏被损，骨髓里也侵入了放射物。随后，邓稼先仍坚持回核试验基地。

在步履艰难之时，他坚持要自己去装雷管，并首次以院长的权威向周围的人下命令：“你们还年轻，你们不能去!”1985 年，邓稼先最后离开罗布泊回到北京，仍想参加会议。医生强迫他住院并通知他已患有癌症。他无力地倒在病床上，面对自己妻子及国防部长张爱萍的安慰，平静地说：“我知道这一天会来的，但没想到它来得这样快。”

在邓稼先去世前不久，组织上为他个人配备了一辆专车。他只是在家人搀扶下，坐进去并转了一小圈，表示已经享受了国家所给的待遇。在他去世 13 年后，1999 年国庆 50 周年前夕，党中央、国务院和中央军委又向邓稼先追授了金质的“两弹一星功勋奖章”。

——节选自付宇：《邓稼先：“抱”着摔裂的原子弹》，《物理教学探讨》，2009 年 18 期

案例 2. 钱三强

钱三强（1913—1992），原名钱秉穹，核物理学家。原籍浙江湖州，生于浙江绍兴，中国原子能科学事业的创始人，中国“两弹一星”元勋，中国科学院院士。

1940 年，钱三强取得了法国国家博士学位，又继续跟随第二代居里夫妇当助手。1946 年，他与同一学科的才女何泽慧结婚。夫妻二人在研究铀核三裂变中取得了突破性成果，被导师约里奥向世界科学界推荐。不少西方国家的报纸刊物刊登了此事，并称赞“中国的居里夫妇发现了原子核新分裂法”。同年，法国科学院还向钱三强颁发了物理学奖。

1948 年夏天，钱三强怀着迎接解放的心情，回到战乱中的祖国。他回国不久就遇到 1949 年 1 月的北平和平解放，他在兴奋中骑着自行车赶到长安街汇入欢庆的人群。随后，北平军管会主任叶剑英派人找到他，希望他随解放区的代表团赴法国出席保卫世界和平大会。

中共中央还在极其困难的情况下拨出 5 万美元，要他帮助订购有关原子

能方面的仪器和资料。看到共产党的领导人在新中国尚未建立时就有这种发展科学事业的远见，钱三强激动得热泪盈眶。从国外归来后，他于开国大典当天还应邀登上了天安门。

从新中国成立起，钱三强便全身心地投入了原子能事业的开创。他在中国科学院担任了近代物理研究所（后改名原子能研究所）的副所长、所长，并于1954年加入了中国共产党。1955年，中央决定发展本国核力量后，他又成为规划的制定人。1958年，他参加了苏联援助的原子反应堆的建设，并汇聚了一大批核科学家（包括他的夫人），他还将邓稼先等优秀人才推荐到研制核武器的队伍中。

1960年，中央决定完全靠自力更生发展原子弹后，已兼任二机部副部长的钱三强担任了技术上的总负责人、总设计师。他像当年第二代居里夫妇培养自己那样，倾注全部心血培养新一代学科带头人，在“两弹一星”的攻坚战中，涌现出一大批杰出的核专家，并在这一领域创造了世界上最快的发展速度。

人们后来不仅称颂钱三强对极为复杂的各个科技领域和人才使用协调有方，也认为他领导的原子能研究所是“满门忠烈”的科技大本营。

晚年的钱三强身体日衰，仍担任了中国科协副主席、中国物理学会理事长、中国核学会名誉理事长等职务。他一直关心中国核事业的发展，强调不仅要服务于军用还要供民用。1992年，他因病去世，终年79岁。国庆50周年前夕，中共中央、国务院、中央军委向钱三强追授了由515克纯金铸成的“两弹一星功勋奖章”，表彰了这位科学泰斗的巨大贡献。

——节选自《“两弹一星”元勋——钱三强》，中华人民共和国国史网，2009年11月19日

案例3. 于敏

于敏（1926—2019），出生于河北省宁河县（今天津市宁河区）芦台镇，核物理学家，国家最高科技奖获得者。

在研制氢弹的过程中，于敏曾三次与死神擦肩而过。

1969年年初，因奔波于北京和大西南之间，也由于沉重的精神压力和过度的劳累，他的胃病日益加重。在首次地下核试验和大型空爆热试验时，他身体虚弱，走路都很困难，上台阶要用手帮着抬腿才能慢慢地上去。热试验前，当于敏被同事们拉着到小山冈上看火球时，已是头冒冷汗，脸色苍白，气喘吁吁。大家见他这样，赶紧让他就地躺下，给他喂水。过了很长时间，在同事们的看护下，他才慢慢地恢复过来。由于操劳过度和心力交瘁，于敏在工作现场几至休克。

直到1971年10月，考虑到于敏的贡献和身体状况，才特许已转移到西南山区备战的妻子孙玉芹回京照顾。一天深夜，于敏感到身体很难受，就喊醒了妻子。妻子见他气喘，赶紧扶他起来。不料于敏突然休克过去，经医生抢救方转危为安。后来许多人想起来都后怕，如果那晚孙玉芹不在身边，也许他后来的一切就都不存在了。

出院后，于敏顾不上身体未完全康复，又奔赴西北。由于连年都处在极度疲劳之中，1973年于敏在返回北京的列车上开始便血，回到北京后被立即送进医院检查。在急诊室输液时，于敏又一次休克在病床上。

——节选自王建柱：《于敏：惊天的事业　沉默的人生》，《北京时报》，2015年1月13日

学习资源

1. 纪录片《“两弹一星”功勋科学家》
2. 系列纪录片《“两弹一星”元勋》
3. 网络慕课“中国红色文化精神”

阅读推荐

1.《国家命运：中国“两弹一星”的秘密历程》，陶纯、陈怀国，2011年，上海文艺出版社。

2.“中国共产党革命精神系列读本”《两弹一星精神》，刘学礼，2020年，中共党史出版社。

3.《“两弹一星”功勋科学家传略》，青海两弹一星干部学院，2024年，中央党校出版集团、国家行政学院出版社。

实践基地

1. 中国科学院与“两弹一星”纪念
2. “两弹一星”干部学院
3. “两弹一星”精神研究院、“两弹一星”精神展览馆

思考讨论

“两弹一星”精神的核心内涵是什么？当代青年大学生应该如何传承和弘扬“两弹一星”精神？

第10讲　雷锋精神

精神要义

雷锋精神体现了中华民族的传统美德，顺应了社会进步的时代潮流，彰显了我们党的先进本色，其精神要义为：热爱党、热爱祖国、热爱社会主义的崇高理想和坚定信念；服务人民、助人为乐的奉献精神；干一行爱一行、专一行精一行的敬业精神；锐意进取、自强不息的创新精神；艰苦奋斗、勤俭节约的创业精神。

精神渊源

（一）背景来源

雷锋精神的提出和弘扬有一个历史的过程。雷锋的感人事迹被报道后，毛泽东、周恩来、刘少奇等老一辈无产阶级革命家先后为雷锋题词，纷纷号召向雷锋学习，激励人们学习雷锋的品德、风格、精神，在全国上下掀起学雷锋的高潮。

1963年2月初，《人民日报》《解放军报》《中国青年报》等报道了雷锋的事迹，同时摘发了雷锋的部分日记，《解放军报》还连续发了题为《像雷锋那样做毛主席的好战士》等三篇社论。毛泽东仔细阅读后，在一次谈话时对时任国务院副总理、中国人民解放军总参谋长的罗瑞卿说："雷锋值得学习啊！向雷锋学习，也包括我自己，我也向雷锋学习。"2月9日，总政治部向全军发出通知，号召全军开展宣传和学习雷锋同志模范事迹活动。

2月15日，团中央也做出决定在全国青年中开展学习雷锋活动。《中国青年》杂志作为团中央的机关刊物，决定出一期学雷锋专辑，把宣传雷锋、学习雷锋的活动搞得更集中、更有深度和声势。为此，他们提出了请毛主席和周总理题词的设想，并向中央和毛泽东写了请示报告。

2月22日，毛泽东题写了"向雷锋同志学习"的著名题词。题完词，毛泽东对林克说："学雷锋不只是学他哪一件好事，也不是学他某一方面的优点，而是要学他的好思想、好作风、好品德。学习雷锋长期一贯地做好事，而不做坏事，学习他一切从人民的利益出发，全心全意为人民服务的精神。”毛泽东在学习雷锋什么的问题上是有自己的深入思考的，号召全国人民学习雷锋精神的实质，即全心全意为人民服务的共产主义信仰。3月5日，毛泽东的这条题词在《人民日报》正式发表。后来，每年的3月5日被确定为“学雷锋日”。

周恩来等其他党和国家领导人也先后为雷锋题词。周恩来题词为：“向雷锋同志学习爱憎分明的阶级立场、言行一致的革命精神、公而忘私的共产主义风格、奋不顾身的无产阶级斗志。”刘少奇题词：“学习雷锋同志平凡而伟大的共产主义精神。”朱德题词：“学习雷锋，做毛主席的好战士。”邓小平题词：“谁愿当一个真正的共产主义者，就应该向雷锋同志的品德和风格学习。”陈云题词：“雷锋同志是中国人民的好儿子，大家向他学习。”

——节选自李平：《雷锋精神的由来与发展》，《人民政协报》，2017年5月11日

（二）内涵解读

1. 热爱党、热爱祖国、热爱社会主义的崇高理想和坚定信念

一个人一旦拥有了崇高理想和坚定信念，便拥有了强大的精神力量，一个国家的共同信仰足以释放无穷能量。雷锋说：“我就是长着一个心眼，我一心向着党，向着社会主义，向着共产主义。”这是雷锋的崇高理想和坚定信念的鲜明表达。雷锋一辈子为党和人民奋斗，没有崇高理想、坚定信念是做不到的。新时代学习雷锋热爱党、热爱祖国、热爱社会主义的崇高理想和坚定信念，就是要做真学、真懂、真信、真用马克思主义的表率，用习近平新时代中国特色社会主义思想筑牢信仰之基、补足精神之钙，淬炼思想、涵养正气、升华境界、指导实践，不断增强道路自信、理论自信、制度自信、文化自信，把共产主义远大理想与中国特色社会主义共同理想统一起来，自觉地把个人的追求和奋斗同党的事业、国家的命运、民族的前途联系起来，为国家的繁荣发展贡献自己的智慧和力量。

2. 服务人民、助人为乐的奉献精神

雷锋一生始终坚持人民利益至上，以服务人民为最大幸福，以帮助他人为最大快乐，这种服务人民、助人为乐的奉献精神是为人民服务人生观的重要体现。雷锋在日记中写道：“人的生命是有限的，可是，为人民服务是无限的，我要把有限的生命，投入到无限的为人民服务之中去。”雷锋正是用一件件平凡的小事成就了不平凡的人生，用矢志不渝的坚守筑起了中

华民族的道德坐标，至今温暖着我们的社会，感动着我们的时代。服务人民、助人为乐是一种公认的崇高品质，它涤荡人们心中的私心杂念和沉渣污垢，培养人的浩然正气，体现了崇高的价值取向和人生追求。新时代学习雷锋服务人民、助人为乐的奉献精神，就是要始终牢记人民是历史的创造者，群众是真正的英雄，任何时候都不能忘记“我是谁、为了谁、依靠谁”，真正把人民放在心中最高位置，真正与人民结合在一起。在秉持以人民为中心的发展思想方面身体力行，与人民风雨同舟、血脉相通、生死与共，服务人民、助人为乐，做一个有益于人民的人。广泛深入开展学雷锋志愿服务，是新时代把学习雷锋的奉献精神转化为具体行动的制度安排和有效途径。习近平总书记指出：“要倡导社会文明新风，带头学雷锋，积极参加志愿服务，主动承担社会责任，热诚关爱他人，多做扶贫济困、扶弱助残的实事好事，以实际行动促进社会进步。”在今年以来的疫情防控中，广大志愿者和志愿服务组织响应党的号召，积极行动、倾情奉献，为取得疫情防控重大战略成果做出重要贡献，充分彰显了扶危济困、共克时艰的民族品格，成为社会主义精神文明建设亮丽的时代风景。

3. 干一行爱一行、专一行精一行的敬业精神

雷锋在多个岗位上奋斗过，先后当过通讯员、拖拉机手、推土机手、汽车兵，但不论做什么工作他总是发扬“螺丝钉精神”，做到干一行热爱一行、干一行精通一行，这种工匠精神和职业品德无论在任何时代都是必要的。他说：“我一定要更好地听从党的教导，党叫我干什么，我就干什么，决不讲价钱。”这是雷锋敬业精神最形象的表达。新时代学习雷锋的敬业精神，就是要学习这种“螺丝钉精神”，把它转化为爱岗敬业的原动力，立足本职、忠于职守、兢兢业业、精益求精，努力以钉子的“挤”劲和“钻”劲，在岗位上脚踏实地为中国特色社会主义事业添砖加瓦。如果 14 亿中国人、9 100 多万党员、400 多万党组织都能弘扬这种“螺丝钉”精神，都能在自己的岗位上做一颗永不生锈的螺丝钉，必将形成无比强大的凝聚力、战斗力，中国特色社会主义事业必将无往不胜。

4. 锐意进取、自强不息的创新精神

无论是在工作中还是在生活中，雷锋总有一种无穷的动力，就是要钻进去、吃透它，通过学习钻研，不断地丰富和提升自己。他说：“我愿做高山岩石之松，不做湖岸河旁之柳。我愿在暴风雨中——艰苦的斗争中锻炼自己，不愿在平平静静的日子里度过自己的一生。”雷锋只有小学文化程度，但是在 22 年的短暂生命中却做出了那么大的成绩，成为全国人民学习

的楷模，靠的就是锐意进取、自强不息的创新精神，积极向上的人生态度和百折不挠、勇往直前的奋进意志。新时代学习雷锋锐意进取、自强不息的创新精神，就是要紧跟时代步伐，自觉致力于经济社会发展各领域创新，就是要坦然面对困难，欣然接受挑战，以顽强的意志、不懈的努力，敢于压倒一切困难而决不被任何困难所压倒的气概，攻坚克难、施展才华，为中国特色社会主义事业做出力所能及的贡献。

5. 艰苦奋斗、勤俭节约的创业精神

在雷锋的身上，鲜明地体现了艰苦奋斗和勤俭节约的中华传统美德和中国共产党的优良传统。他说："我们是国家的主人，应该处处为国家着想，事事要精打细算，不能今朝有酒今朝醉，明日愁来明日忧。我们要发愤图强，自力更生，克服当前存在的暂时困难。""发扬艰苦奋斗，勤俭节约的优良传统，不乱花一分钱，不乱买一寸布，不掉一粒粮，做到省吃俭用，点滴积累，支援国家建设。"艰苦奋斗、勤俭节约作为一种传统美德、时代精神、文明行为，应该成为人们推崇、追求的思想境界和行为方式。新时代学习雷锋艰苦奋斗、勤俭节约的创业精神，就是要本着这种精神来从事新时代中国特色社会主义建设。习近平总书记指出："不论我们国家发展到什么水平，不论人民生活改善到什么地步，艰苦奋斗、勤俭节约的思想永远不能丢。艰苦奋斗、勤俭节约，不仅是我们一路走来、发展壮大的重要保证，也是我们继往开来、再创辉煌的重要保证。"对此，习近平总书记作出重要指示，强调："要进一步加强宣传教育，切实培养节约习惯，在全社会营造浪费可耻、节约为荣的氛围。"艰苦奋斗、勤俭节约的创业精神，是中国特色社会主义事业不断发展壮大的重要法宝，也是实现中华民族伟大复兴征程中不断攻坚克难、勇往直前的锐利武器。

——节选自戴木才：《雷锋精神的丰富内涵》，《光明日报》，2020 年 9 月 16 日

精神引领

新征程上，要深刻把握雷锋精神的时代内涵，更好发挥党员、干部模范带头作用，加强志愿服务保障和支持，不断发展壮大学雷锋志愿服务队伍，让学雷锋在人民群众特别是青少年中蔚然成风，让学雷锋活动融入日常、化作经常，让雷锋精神在新时代绽放更加璀璨的光芒，为全面建设社会主义现代化国家、全面推进中华民族伟大复兴凝聚强大力量。

——2023 年 2 月，习近平对深入开展学雷锋活动作出重要指示

希望广大志愿者、志愿服务组织、志愿服务工作者立足新时代、展现新作为，弘扬奉献、友爱、互助、进步的志愿精神，继续以实际行动书写新时代的雷锋故事。

——2019 年 7 月 23 日，习近平致中国志愿服务联合会第二届会员代表大会的贺信

雷锋是一个时代的楷模，雷锋精神是永恒的。实现中华民族伟大复兴，需要更多时代楷模。我们既要学习雷锋的精神，也要学习雷锋的做法，把崇高理想信念和道德品质追求转化为具体行动，体现在平凡的工作生活中，做出自己应有的贡献，把雷锋精神代代传承下去。

——2018 年 9 月 28 日，习近平在辽宁省抚顺市考察时的讲话

雷锋精神是永恒的，是社会主义核心价值观的生动体现。你们要做雷锋精神的种子，把雷锋精神广播在祖国大地上。

——2014 年 3 月 11 日，习近平出席十二届全国人大二次会议解放军代表团全体会议上的讲话

雷锋精神，人人可学；奉献爱心，处处可为。积小善为大善，善莫大焉。当有人需要帮助时，大家搭把手、出份力，社会将变得更加美好。我国工人阶级应该为全社会学雷锋、树新风作出榜样，让学习雷锋精神在祖国大地蔚然成风。

——2014 年 3 月 4 日，习近平给“郭明义爱心团队”的回信

要倡导社会文明新风，带头学雷锋，积极参加志愿服务，主动承担社会责任，热诚关爱他人，多做扶贫济困、扶弱助残的实事好事，以实际行动促进社会进步。

——2013 年 5 月 4 日，习近平同各界优秀青年代表座谈时的讲话

雷锋、郭明义、罗阳身上所具有的信念的能量、大爱的胸怀、忘我的精神、进取的锐气，正是我们民族精神的最好写照，他们都是我们“民族的脊梁”。

——2013 年 3 月 6 日，习近平在参加十二届全国人大一次会议辽宁代表团审议时强调

雷锋是实践社会主义、共产主义思想道德的楷模，以短暂的一生谱写

了无比壮丽的人生诗篇，树起了一座令人景仰的思想道德丰碑，是全国人民学习的光辉榜样。雷锋精神是中华民族精神的重要内容，哺育和激励了一代又一代人成长。几十年来，在毛泽东、邓小平、江泽民、胡锦涛等中央领导同志亲切关怀和大力倡导下，学雷锋活动在全国各地蓬勃开展，雷锋精神在广大干部群众中广为传扬，涌现出了一大批雷锋式的先进集体和模范人物，产生了广泛而深远的社会影响。雷锋精神体现了中华民族的传统美德，顺应了社会进步的时代潮流，彰显了我们党的先进本色，内涵十分丰富、意蕴十分深刻，是一面永不褪色、永放光芒的旗帜。当前，要大力弘扬雷锋热爱党、热爱祖国、热爱社会主义的崇高理想和坚定信念，弘扬雷锋服务人民、助人为乐的奉献精神，弘扬雷锋干一行爱一行、专一行精一行的敬业精神，弘扬雷锋锐意进取、自强不息的创新精神，弘扬雷锋艰苦奋斗、勤俭节约的创业精神。新形势下深入开展学雷锋活动，大力弘扬雷锋精神，对于激发人们思想道德建设热情，倡导文明新风，匡正道德失范，矫正诚信缺失，提升社会道德水平，引导人们做中华民族传统美德的传承者、社会主义道德规范的实践者、良好社会风尚的创造者；对于弘扬民族精神和时代精神，促进社会主义核心价值体系建设，形成全民族奋发向上的精神力量；对于凝聚干部群众的意志和力量，全面建设小康社会，实现中华民族伟大复兴，具有十分重要的意义。

——2012 年 3 月 2 日，中共中央办公厅印发《关于深入开展学雷锋活动的意见》

当年，毛泽东同志写下“向雷锋同志学习”的题词。从那时起，雷锋这个名字就刻在亿万人民心中。这个仅仅走过 22 年的生命，却穿越数十年社会生活的巨大变迁，影响塑造无数中国人的心灵世界，成为承载一代代人理想信念的精神丰碑。今天，在老一辈革命家为雷锋同志题词 50 周年之际，大力弘扬雷锋精神，继续深化拓展学雷锋活动，必将激发人们向往文明、崇尚进步的道德能量，为实现全面建成小康社会注入强大精神力量。

——2013 年 3 月 3 日，《人民日报》刊登《雷锋，一面永不褪色的旗帜》

精神光照

案例 1. 郭明义——当代雷锋

鞍钢集团矿业公司齐大山铁矿生产技术室采场公路管理业务主管郭明

义，把雷锋作为人生榜样，将走雷锋路作为人生选择，甘当路石，默默奉献，时时处处发挥共产党员先锋模范作用，矢志不渝传承雷锋精神，被党中央、国务院授予“改革先锋”称号，被中央文明委授予“当代雷锋”称号。

1982 年，郭明义从部队复员来到鞍钢集团矿业公司齐大山铁矿工作。37 年，他干一行爱一行，专一行精一行。如今，他把办公地点从机关办公楼移到了露天采场，每天提前两个小时上班，双休日、节假日从不休息，累计义务献工 21 000 多个小时，相当于多干了 7 年的工作量。他谢绝矿里配的道路巡检车，坚持徒步巡检道路，无论漫天飞雪，还是大雨滂沱，每天步行 10 公里以上。

郭明义坚持学习，追求科学，先后考取了大专、本科的文凭。他研制的采场公路建设、维修等一系列新技术、新工艺、新标准，填补了鞍钢采场公路建设的多项技术空白，研制的路料配比新方案，大幅度降低了修路成本，使采场公路维护质量和道路建设效率逐年提高，创效 1.5 亿多元。

郭明义心系群众，为民解难。无论是谁遇到困难，只要他知道了，都会毫不犹豫地伸手相助。他从报纸上看到山东一个生育了五胞胎的家庭生活困难，马上捐款，持续至今。一位农民患严重脑瘤到他家中求助，他当即捐出身上所有的钱，并筹款资助她顺利完成手术，挽救了一个年轻的生命。这样的好事，他做了一件又一件，累计捐款 54 万多元。

郭明义学习雷锋，热心公益，把参加公益活动作为学雷锋的平台。2009 年，他在鞍钢发起成立郭明义爱心团队，如今已遍及全国，掀起了“跟着郭明义学雷锋”的热潮。郭明义常说：“帮助别人，快乐自己；有一分热，发一分光。”他让群众看到了雷锋精神强大的生命力，成为新时代的“活雷锋”。

——节选自《每日一星丨郭明义：续写新时代雷锋故事》，《人民日报》，2020 年 7 月 15 日

案例 2. 庄仕华——新时代的“雷锋医生”

庄仕华，武警新疆总队医院院长，一个平均每天做 20 多台手术的将军院长，一位扎根边疆倾情奉献 39 年的共产党员。他把治病救人的职业当作为民造福的崇高事业，把救死扶伤的手术台当作传承雷锋精神的大舞台，用满腔的赤子情怀，守护着各族群众的健康幸福，架起了党同边疆各族人民群众的“连心桥”。

12 万例手术无一失误、300 多例疑难杂症手术全部成功、137 个奖杯和功勋章，从一名普通卫生员成长为一名将军医生，在每个岗位上，庄仕华

都创造了不平凡的业绩。

在庄仕华的手术记录中，上有102岁的老人，下有1岁多的孩童。每天，他就像上紧发条的钟摆，不知疲倦。他常说，多做一台手术，就能多为一个患者解除痛苦，这是他最想干的事情。

在他的心里，病人永远是第一位的。2009年7月6日，庄仕华被授予武警专业技术少将警衔。授衔仪式一结束，庄仕华就直奔机场飞回乌鲁木齐。8个小时后，他出现在了医院手术室。那一夜，他为15名各族群众成功实施了手术。

担任院长后，不管院务工作多么繁重，庄仕华都坚持每天用3个多小时逐个查一次病房，用4至6个小时给病人做手术。在他的带领下，医院肝胆科从过去一间病房4张床位，发展到80间病房260张床位，成为新疆和武警部队肝胆外科中心，连续20年被评为先进科室，2次荣立集体二等功。

从为病人捐款捐物，到万里巡诊；从冒着生命危险救治特殊病人，到前往处突一线诊治受伤群众。39年来，庄仕华没有收过病人一个红包，而付出却不计其数：为了救助贫困患者，他悄悄垫付手术费，或带头捐款，他和同事累计捐助了80多万元；为了给塔吉克族群众送医送药，他在帕米尔高原被暴风雪围困四天三夜；为了给农牧民看病，他在果子沟险些被泥石流吞噬生命……

庄仕华说："我出生在四川的贫穷山区，从上小学到高中的学费全是政府减免，书本费、生活费是3位老师资助的。入伍后，又是部队送我上了大学。要知恩、感恩、报恩！"

以爱传递爱，爱的影响最深远。30多年来，庄仕华先后帮助560名贫困患者过上幸福生活。接受过庄仕华帮助的人，都被他深深感动。

从2007年开始，庄仕华在院内全面推行"亲情服务"。每间病房安装有电视、电话，配备热水器和微波炉；病人的大小便监测标本，均有护士送检；对重病患者，护士每天都要打热水替他们洗脚，医院把爱心服务的工作延伸到每一个细节。

新疆地广人稀，不少农牧民居住在偏远的乡村。庄仕华每年都要抽出一两个月时间，带着医疗小分队穿戈壁、进大漠、上高原，为偏远乡镇的农牧民送医送药。巡诊路上，庄仕华看到不少民族群众因病致穷，因穷致命。他深知，只有留下不走的"雷锋服务站"，才能为各族群众带来健康的曙光。

——节选自倪光辉：《大爱无言润天山》，《人民日报》，2013年2月26日

案例 3. 孙茂芳—— 一辈子做个好人

“母亲临终前用尽全力跟我说了一句‘要做个好人’。”北京军区总医院原副政委孙茂芳今年 71 岁，始终没忘母亲的嘱咐。他 40 多年如一日，学雷锋，做好事，无微不至赡养照顾了 18 位孤残老人，用自己的行动传递了一位退休军人的情怀操守，诠释了一名共产党员的精神境界。

1970 年，孙茂芳到北京军区总医院工作后，发现医院所在的南门仓社区有许多困难老人和残疾人，便带领医生护士成立了 30 户家庭病房，上门服务。他先后赡养照顾 18 位孤残老人，为其中 8 位老人养老送终。服务时间最长的王炎老太太，他连续照顾 17 年，始终像儿子对待母亲一样耐心。老人临终前立下遗嘱，要把价值上千万元的四合院和十几万元存款赠送给孙茂芳，被他婉言拒绝。他说：“我有责任照顾您一辈子，无权利要您一根草。”

工作中接触到很多病困家庭，促使他继续扶贫帮困。孙茂芳在家里设立了一张“救急床”，先后帮助 200 多位来京看病的外地人解了燃眉之急。河北农民卫福安卖掉房子，带着患糖尿病的 6 岁女儿来京看病，孙茂芳让他们夫妻住在自己家里，省下住宿费为孩子看病，并带头捐款，一周内募集了 3 万多元，使孩子得到救治。

孙茂芳还组织成立了百余个学雷锋小分队。他扛着“学雷锋志愿者”的牌子，到街头、社区、车站做好事。做完好事他还要给受助对象发一张印有雷锋头像和自己姓名、电话的联系卡。“过去学雷锋不留名是美德，现在学雷锋应该‘张扬’，这是时代的需要。”他说，“一个人学雷锋，仅能发挥一滴水的作用，动员全社会学雷锋，才能促进社会风气的转变。”

2012 年至今，他到全国 12 省 25 市开展了雷锋精神万里行活动，行程 8 万公里，作学雷锋报告 280 场，听众 38 万多人。提到这位首都“活雷锋”，全国道德模范厉莉感言，像孙茂芳老人这样“老吾老以及人之老”的好人，值得我们敬重，他敬老爱老的高尚品德和助人为乐的精神，正是我们这个时代需要的精神力量。

——节选自龚亮：《孙茂芳：一辈子做个好人》，《光明日报》，2013 年 9 月 20 日

学习资源

1. 电影《雷锋》1964 版
2. 电影《雷锋在 1959》
3. 电影《离开雷锋的日子》

4. 电影《雷锋的微笑》
5. 纪录片《走进雷锋》
6. 清唱剧《雷锋》
7. 电影《少年雷锋》
8. 电影《青年雷锋》

阅读推荐

1.《永恒的信仰》，刘巍，2023 年，湖南人民出版社。

2.《雷锋文稿》，雷锋、陶克，2023 年，湖南人民出版社。

3.《雷锋日记》，雷锋，2019 年，中国青年出版社。

4.《雷锋精神学习读本》，中共中央宣传部宣传教育局，2013 年，人民出版社、学习出版社。

5.《用雷锋精神引领大学生思想政治教育》，李平，2015 年，中国文史出版社。

实践基地

1. 抚顺雷锋纪念馆
2. 湖南雷锋纪念馆

思考讨论

在个人主义盛行、青年学生思维多元化的今天，如何在青年群体中弘扬雷锋精神？如何让雷锋精神真正落地生根，入脑入心融于行动？

第11讲　大庆精神

精神要义

大庆精神，产生于20世纪60年代初举世闻名的大庆石油会战，主要包括：为国争光、为民族争气的爱国主义精神；独立自主、自力更生的艰苦创业精神；究科学、“三老四严”的科学求实精神；胸怀全局、为国分忧的奉献精神。概括地说就是“爱国、创业、求实、奉献”。

精神渊源

（一）背景来源

大庆石油会战是在困难的时候、困难的地点、困难的条件下进行的。当时，国外敌对势力对我国实行经济封锁和军事威胁，国内连续三年遭受自然灾害，国民经济发生了严重困难，国家迫切需要石油。1960年年初，数万名石油大军从祖国四面八方挺进东北的松嫩平原，头顶青天，脚踏荒原，展开了一场艰苦卓绝的大庆石油会战。会战一开始，天寒地冻，在一望无际的大草原上，人们连吃饭、住房等起码的生存条件都成了问题。特别是在缺乏勘探开发大型油田经验又毫无国际援助的情况下，能不能独立自主地探明大油田，更是一场严峻的考验。面对恶劣的自然环境和财力、物力的严重匮乏，以王进喜为代表的广大石油职工没有被吓倒，通过认真学习《实践论》和《矛盾论》，坚定了攻克一切困难的决心和信心，在极端艰苦的条件下，形成了“有条件要上，没有条件创造条件也要上”的大无畏精神。钻井队搬迁，没有汽车、吊车，就人拉肩扛，把60多吨重的钻机从车站运到几公里外的井场；打井没有水，就破冰取水；施工缺器具，就土法上马，修旧利废；没有房子，就挖“地窝子”，建“干打垒”；粮食短缺，就挖野菜充饥，开荒种地。面对缺乏开发和管理大油田的经验，广大职工把高度的革命精神与严格的科学态度结合起来。在勘探开发中，每口井都取全取准20项资料、72个数据。地质人员对地下的48个油层、698油砂体进行100万次的分析对比。为了弄清原油在铁路运输中的温度变化，确定冬季油库合理的加热温度，技术人员手持温度计，顶着寒风，跟随油罐车行程上万公里。一丝不苟的严格管理，使大庆石油职工形成了“当老实人、说老实话、办老实事”“严格的要求、严密的组织、严肃的态度、严明的纪律”的优良作风。大庆石油职工胸怀全局，坚持把国家利益放在第一位。当时开发大庆油田，国家资金有限。大庆石油职工首先面临的是先建石油城还是先把会战搞上去的问题，在处理国家与个人、生产与生活的关系上，大庆石油职工提出：“先国家后个人”“先生产后生活”，并以“宁肯少活20年，拼命也要拿下大油田”的英雄主义气概，苦战3年就拿下了大庆油田，一举摘掉了长期压在中国人民头上的贫油帽子。

（二）内涵解读

1. 为国争光、为民族争气的爱国主义精神

爱国主义是人们对祖国的一种深厚的情感，是一个民族、一个国家经济发展和社会进步的强大动力。当年，大庆石油会战所洋溢的那种知难而进、不甘落后、决心改变我国石油工业落后面貌的群体意识，以铁人王进喜为代表的英雄模范所表现出来的革命加拼命的英雄主义气概，集中展现了石油职工为国争光、为民族争气的强烈爱国主义情怀。

2. 独立自主、自力更生的艰苦创业精神

创业是一个民族、一个国家、一个企业实现崇高理想和奋斗目标的意志体现。当年，大庆石油职工在十分艰难困苦的条件下，顽强拼搏，干出了前人没有干出的业绩，创出了我国石油发展史上的高速度、高水平。大庆石油会战是一部艰难的创业史，我国石油工业的发展也是一部艰难的创业史。广大石油职工战天斗地，转战南北，以苦为乐，四海为家。

3. 讲究科学、“三老四严”的求实精神

科学求实就是尊重实践，遵循事物发展的客观规律。当年大电石油会战，把革命精神和科学态度紧密结合起来，以《实践论》和《矛盾论》为指导，坚持实践第一的观点，坚持矛盾分析的方法。探索和掌握油田开发的客观规律，大搞科学试验和技术攻关，以科学求实的精神和严细认真的作风攻下一道道难题，创造了世界石油发展史上的一个个奇迹。

4. 胸怀全局、为国分忧的奉献精神

无论是会战时期，还是改革开放以来，石油职工始终不渝地把国家的利益放在第一位，识大体，顾大局，积极为国家做贡献。大庆油田从1976年至2002年，原油年产量5 000万吨以上连续稳产27年。50年来，已累计生产原油20多亿吨，相当于同期全国原油总产量的40%以上；累计上缴利税并承担原油价差1.6万多亿元。2000年以来连年位居我国纳税百强企业之首。

——节选自冯国梅：《大庆精神》，四川省地方志工作办公室，2021年6月26日

精神引领

1964年，毛主席向全国发出“工业学大庆”的号召，并在中国共产党第九次全国代表大会上亲切接见铁人王进喜。毛主席十分关心石油工业的发展，早在“一五”计划开始时，他就专门请来地质部长李四光，询问我国石油资源问题。1956年，毛主席在春节前后的10天时间内，两次听取了石油工业部的工作汇报，他提出，要在全国广泛开展石油勘探。1960年2月中旬，余秋里专程向毛主席汇报1959年9月26日松基3井喷油、大庆油田发现的情况，毛主席对开展石油大会战给予了充分肯定。到1963年底，大庆石油人通过三年的石油会战，结束了中国使用“洋油”的时代，把“贫油”的帽子甩进了太平洋。1964年1月25日，毛主席向全国发出号召：“工业学大庆！”1971年6月20日，《人民日报》发表社论《工业学大庆》。从此，毛主席和党中央树立的大庆红旗一直在我国工业战线高高飘扬。

——1964年1月25日，毛泽东向全国发出号召“工业学大庆！”

邓小平先后三次视察大庆油田，并指示“要把大庆油田建设成美丽的大油田”。邓小平和石油工业有着不解之缘。1958年，他听取了石油工业部的汇报后，指示石油勘探工作要战略东移。大庆油田发现后，他先后三次视察大庆油田。1961年7月23日，邓小平首次视察大庆，对勘探开发工作及职工生活十分关心。1964年7月17日，邓小平第二次视察大庆。1978年9月14日，邓小平第三次视察大庆。视察过程中，他对大庆油田高产稳产十分关心，还详细询问了大庆蔬菜、肉食供应，还有多少人住干打垒等情况，指示说：“大庆贡献大，房子要盖得好一点，要盖楼房。”临行前，还

谆谆告诫大庆的同志："要把大庆油田建设成美丽的油田。"

——1978 年 9 月 14 日，邓小平指示"要把大庆油田建设成美丽的油田"

江泽民十分关心大庆精神的继承和发扬，关心大庆油田的长远发展，先后两次视察大庆油田。1990 年 2 月 25 日至 27 日，江泽民来到大庆油田，先后视察了 23 个基层单位，接见了 400 多名干部和群众，做了一系列重要指示，并挥笔题词："发扬大庆精神，自力更生，艰苦奋斗，为建设有中国特色的社会主义而努力。"1995 年，适逢大庆油田开发建设 35 周年暨年产 5 000 万吨稳产 20 周年庆祝大会胜利召开之际，江泽民同志亲笔为大庆题词："发扬大庆精神，搞好二次创业。"

——1995 年，江泽民题词"发扬大庆精神，搞好二次创业"

1996 年，胡锦涛在接见大庆油田负责同志时指出："大庆的历史功绩不仅在于为国家生产了大量的原油资源，而且还在于为国家造就了一支英雄的工人阶级队伍，培养输送了一批领导骨干和科技骨干；不仅在于创造了巨大的物质财富，而且在别人卡我们脖子、国家十分困难的时候，用石油支撑了共和国的经济大厦。还有很重要的一条，就是在大庆油田的开发建设中培育了大庆精神、铁人精神这一宝贵的精神财富。"

——1996 年，胡锦涛指出"大庆油田为国家、为人民所做的历史贡献，党和人民永远不会忘记"

王进喜以"宁肯少活 20 年，拼命也要拿下大油田"的气概，带领石油工人为我国石油工业发展顽强拼搏，"铁人精神"、"大庆精神"成为激励各族人民意气风发投身社会主义建设的强大精神力量。

——2013 年 4 月 28 日，习近平在同全国劳动模范代表座谈时的讲话

60 年来，几代大庆人艰苦创业、接力奋斗，在亘古荒原上建成我国最大的石油生产基地。大庆油田的卓越贡献已经镌刻在伟大祖国的历史丰碑上，大庆精神、铁人精神已经成为中华民族伟大精神的重要组成部分。

——2019 年 9 月 26 日，习近平致大庆油田发现 60 周年的贺信

大力弘扬东北抗联精神、大庆精神（铁人精神）、北大荒精神，引导党员干部树立正确的政绩观，激发干事创业热情。

——2023 年 9 月 7 日，习近平在新时代推动东北全面振兴座谈会上的讲话

精神光照

案例　大庆油田修井107队：铁人好传人油井好医生

在大庆油田修井大队的58支队伍中，107队是唯一一支专业化应急抢险队伍。传承大庆铁人精神，这支队伍承担着油田区11万口井的“抢救”工作，也承担着“守护”油田周边数十万居民平安的任务，被誉为修井“铁军”。2016年，107队党支部被授予“全国先进基层党组织”称号。

担当：面对生死较量，决不掉链子

“和人一样，油井也会生病，我们的工作就是给生了大病的井做手术，”提起自己的工作，107队队长蒋德山笑道，“要是和医院一样评资质，我们也算是三级甲等啦!”

蒋德山没有说，与医生治病救人不同的，是修井人在“手术”中不仅要忍受苦脏累的工作环境，更需面临一场又一场生死考验。

2010年12月18日，位于黑龙江省通河县乌鸦泡镇的方402井井口漏气并起火，周边百姓的安全受到严重威胁。

队长蒋德山扔下手中为庆祝女儿生日刚买的蛋糕，第一时间向大队飞奔；副队长李力正急着给刚出车祸的弟弟送医药费，在赶往医院的路上，直接调头往单位疾驰；锅炉大班刘东庆，正赶往哈尔滨看望上学的女儿，下了火车，直接换乘了通往抢险现场的汽车。

现场高压的油气将大火直冲入30多米的高空，险情比预想更严峻。80多台消防车正在集中灭火，天上飘着雪花，气温逼近零下30摄氏度。由党员干部组成的8名抢险队员，身着厚重的防火服，腰系保险绳，蹚着没膝深的油水，冲向生死第一线。

操作过程中，一丁点火花便会将整个井场瞬间化为一片火海，不仅会造成井毁人亡的重大伤亡事故，还将引爆周边的3个储油罐，后果不堪设想。沉重的冰盔压得人抬不起头，齐眉高的井口把高压油气无情地喷在每个人的脸上，8名硬汉的眼睛都肿了，就连十几米外拉拽绳子的队员都无法抬头。

经过6个小时的殊死较量，失控近40个小时的方402井被彻底制服。当咆哮的井场归为一片宁静，当8位勇士相互搀扶、蹒跚地走向等待的人群时，在场的人们流下了感动的泪水。

这样的生死较量，在107队建队以来的34年里，已经发生过很多次，其间共修复油、水、气井1 022口，恢复产油33.6万吨。

“不害怕吗?”记者问道。“是107队的人就不能掉链子。”“我们不干，只会让更多人陷入危险。”……一个个朴实的声音掷地有声。

淬炼：连续34年，未发生一起安全事故

无数次把生死置之度外，可107队却从未失手过，连续34年未发生一起安全事故，这也创造了油田历史上的奇迹。

“从规模上看，大庆油田是全国最大的油田，且开发阶段已经到了三次采油阶段，这时的矿情最为复杂，油井出现的问题在世界范围看也是最新的，这给修井队带来了许多难题，”107队党支部书记臧顶柱说，“每一口井的情况也各不相同，井情的复杂常常让经验丰富的老队员都摸不着头绪。”

“也许我们队伍是幸运的，可背后的努力才是一次次抢险胜利的关键，”面对记者的感叹，臧顶柱说，“我们针对不同井型和工况，归纳总结了两大类16种类型的突发事件，制定了11个步骤、62种应急处置程序，每年组织全队员工开展防喷演习和模拟实战演练40多次，练习拆装井口螺丝等精细环节上万次，筑牢了实战基础。”

为了实现提质增效，107队设计研发二层平台机械手，替代了高空人工作业，解放了过去在数九寒天也要站在室外20多米高台上操作的劳动力，把主体施工工序由原来的35个，减少到25个，全队岗位用工由36人减少到28人，运行效率提高7.6%；劳动强度降低了70%，改变了油田30多年的修井施工模式，为专业化推广积累了宝贵经验。

修好井，更要育好人。在油田人的心中，107队是个名副其实的修井人才培养基地，近5年来，修井107队先后为兄弟单位及上级机关输送各类人才57人，其中到海外市场11人，到兄弟队担任队长和支部书记15人，其他骨干力量31人。

传承：队魂在，精神就不会垮

“急难险重苦脏累，干部党员冲在前”，这样的规矩在107队已经传承了许多年。在现任队长蒋德山还是新队员的时候，一次抢险任务中，他要冲上去，被老党员挡了下来，“你啥也不是，往前靠什么，我上！”

蒋德山说，10多年过去了，这句话一直在他心里，在当队长的7年里，蒋德山时刻以这样的标准要求自己，他的担当与勇敢感染了每一个新队员。

“刚开始觉得铁人精神离自己很远。”修井工王瀚说，“可后来我听队长讲的一个个惊心动魄的抢险故事，发现铁人精神是如此的具体可感，团队的氛围感染了我，让我选择坚持。”

1992年出生的姜铭权去年刚刚毕业，作为团队最年轻的一员，他曾有过不小的困惑，“一起毕业的同学在朋友圈里晒大城市的灯光和演唱会，陪伴我的只有冰冷的工地和望不到头的草甸子，是107队温暖了我，这里的人际关系非常淳朴。”想到过往，这个一米八的大男孩红了眼眶，“那次我腿上长了粉瘤，没敢告诉家里，自己去医院做手术，没想到队长和书记当晚就来了，跑前跑后帮我办理住院手续，住院的 10 多天里，每天都有队员来照顾我。”

“现在队里年轻人越来越多，想要和大家一起把工作干好，就得从心理上拉近和年轻人的距离。”为了了解年轻员工，年过五旬的臧顶柱自学了使用微信、微博，寻找共同话题，抓住一切机会和年轻人“套近乎”，很多人把他比作自己的父亲，而臧顶柱对待队员也像对待自己孩子一样真诚。

“荣誉对于我们来说是崭新的起点，只有更努力，才能对得起人民的信任。”臧顶柱说。

——节选自方圆：《铁人好传人　油井好医生》，《人民日报》，2016 年 11 月 1 日

学习资源

1. 专题片《大庆精神》
2. 纪录片《根脉·大庆精神》
3. 纪录片《旗帜》
4. 纪录片《大庆魂》
5. 电影《铁人》

阅读推荐

1.《大庆精神（铁人精神）：镌刻在历史丰碑上的辉煌》，肖铜、马英林，2022 年，国家行政学院出版社。

2.《大庆精神》，傅殿戈著，韩喜平编，2024 年，东北大学出版社。

实践基地

1. 大庆油田历史陈列馆
2. 大庆铁人王进喜纪念馆

思考讨论

新时代新征程，为什么要大力弘扬大庆精神？应当如何继承与弘扬大庆精神？

第12讲　红旗渠精神

精神要义

什么是红旗渠精神？林州市广大干部群众在建设红旗渠的过程中体会到：为了人民，依靠人民，敢想敢干，实事求是，自力更生，艰苦奋斗，团结协作，无私奉献，是红旗渠精神的实质所在。

精神渊源

（一）背景来源

林州是红旗渠精神发祥地，位于河南省西北部，晋、冀、豫三省交界处。“水缺贵如油，十年九不收；豪门逼租债，穷人日夜愁。”一曲旧民谣，勾勒出林州历史上干旱缺水的悲惨图景。受气候、地理、地形和地质条件影响，林州素有“十年九旱”之称。从1436年到1949年的514年间，曾发生旱灾100多年次，绝收30年次，人相食5年次。1942至1943年大旱，林州逃荒外出10 800户，占总户数的14%；饿死1 650人，占总人口的4.3‰。新中国成立初期，全县550个行政村中，远道取水的村就有307个。旱魃为虐造成的饥馑引发了对生命的摧残。

梦想铸铁骨，壮志撼山岳。胸怀梦想的人，总是充满了激情和力量。1960年2月，太行山上的开山炮声，拉开了“十万大军战太行”的序幕。那时正值三年困难时期，是中华人民共和国最困难的时期。全国各地都在勒紧裤腰带度灾荒，林县人民凭着一锤一钎一双手，迎难而上，向大自然开战了！这一战，就是十年。那种铺陈与席卷的豪迈，那种撞击与坚韧的气势，那种攻坚与坚守的勇猛，在漫卷的红旗下，宏大律动！

十年的功力与汗水、十年的艰辛与智慧、十年的心血与砥砺、十年的追梦与收获，孕育形成了“自力更生、艰苦创业、团结协作、无私奉献”的红旗渠精神，深刻诠释了“实干兴邦”的箴言。千年期盼，一朝梦圆。1969年7月，红旗渠工程全部竣工。河南林县人民在县委领导下，用十年时间，在峰峦叠嶂的太行山上逢山凿洞、遇沟架桥，削平 1 250 座山头，凿通 211 个隧道，架设 152 座渡槽，建成了长达 1 500 公里的“人工天河”红旗渠。林县人民把愚公移山的神话永远定格在太行山上，更把中国道路、中国力量和中国精神，镌刻在了这座太行丰碑之上。

这条在悬崖绝壁上“抠”出来的生命渠，是一部由林县儿女谱写的英雄史诗！千里长渠是他们一锤一钎凿出来的，逶迤渠岸是他们一块石头一块石头垒起来的。1966 年，三条干渠通水，评选出特等模范 43 人、甲等模范 229 人、乙等模范 461 人。在奋斗中凸显出来的这个英模群体，以宁折不弯的浩浩正能量激励 10 万修渠大军的每一分子不懈奋斗。81 名修渠民工为实现梦想，血洒红岩，长眠太行。

——红旗渠精神网上展馆

（二）内涵解读

1. 人民利益高于一切，是红旗渠精神的根本立足点

林州市原名林县，历史上长期困扰这里人民群众生产生活的关键问题之一是缺水。可是，历代的反动统治者只顾压迫榨取人民血汗，却不管群众的死活。中国共产党从人民的根本利益出发，想人民之所想，急人民之所急，全心全意为人民办实事。二十世纪五六十年代，林县县委“一班人”深知全县人民虽然在政治上翻了身，但经济上还很贫困，仍在受干旱缺水的煎熬。改变林县山区面貌，让农民脱贫致富，关键是引水进村、引水上山。新中国成立初，全县 918 000 亩耕地，只有 12 000 亩水浇地。全县 550 个村庄，长年远道取水吃的就有 307 村，其中跑 3 公里左右的有 181 个村，5 公里左右的有 94 个村，10 公里左右的有 32 个村，真是吃水贵如油，十年九不收。林县县委“一班人”抱有一个共同的想法，要让全县人民真正过上好日子，必须彻底解决缺水的问题。他们组织群众打旱井、挖山泉，修建英雄渠、抗日渠、淇南渠、淇北渠、天桥断渠、南谷洞水库、弓上水库、要街水库、石门水库等许多中小型水利工程。1957 年中共林县二届二次党代会作出《全党动手，全民动员，苦战五年，重新安排林县河山》的决议。党代表郑重宣誓：“头可断，血可流，不建设好林县不罢休。”林县县委把党代表的誓言刻成纪念章，奖给党员干部和水利模范。这充分表明了林县县委对解决干旱缺水问题的决心。1959 年林县大旱，全县境内水资源不足的矛盾更加突出。县委、县人委的领导成员到邻近的山西平顺县考察“引漳入林”工程，山西省委和平顺县委给予了很大的支持。林县县委于 1960 年 2 月决定开工修建红旗渠，全县各级党组织和广大党员干部懂得，修建红旗渠是全县人民群

众的迫切要求，只要坚定地依靠群众的力量和智慧，再大的困难也能克服。全县各级干部和群众在修渠工地同吃、同住、同劳动、同商量解决难题，真正打成一片，拧成了一股劲。领导一心为人民，赢得万众一条心。全县各级党组织模范执行党的群众路线，全心全意为人民服务，真心诚意依靠人民群众，从而创造出人间奇迹，形成了宝贵的红旗渠精神。

修建红旗渠的条件十分艰苦，没有也不可能靠奖金和物质刺激群众建渠的积极性。广大群众在自我实践、自我教育中懂得了为谁修渠，怎样修渠，宁愿苦干也不苦熬；宁愿眼前吃苦也要换来长久幸福；宁愿自力更生、群策群力也不等靠要，不单纯依赖国家。党组织实实在在的思想政治工作贯穿在修渠的整个过程中，特别是全县各级领导干部身先士卒，发挥了模范带头作用。工地上民工营、连建有党、团组织，广大干部群众学先进，争上游，同甘共苦，没有怨言。事实充分证明，党员干部尤其是各级领导干部只有树立全心全意为人民服务的精神，才能积极主动地领导群众、依靠群众、自力更生、艰苦奋斗地创建社会主义事业。贪图安逸享受的人，只为自己升官发财的人，不求有功但求无过做“安乐官”的人，绝不会去干修红旗渠那样艰苦的事。为了人民的利益和党的事业，共产党人应该不惧艰苦，不畏风险，顽强拼搏，勇于实践，真正把党和人民交办的事情办好。

2. 敢想敢干，实事求是，是红旗渠精神的灵魂

劈开太行山，修建红旗渠，是林县人民从根本上改变干旱缺水的大胆创举。20 世纪 60 年代初，正是国内连续遭受三年严重困难、国外反华势力卡我们脖子的困难时期。林县县委既面临着资金缺乏，物资、粮食紧张和险恶施工条件等困难，又面临着一些压力、指责，甚至受处分的严峻考验。县委“一班人”靠着彻底的唯物主义态度，靠着对党和人民的忠诚，靠着全县干部群众的坚强团结，无私无畏，迎难而上，坚持到胜利。

敢想敢干和实事求是相辅相成，坚定性与灵活性的辩证统一。在修建红旗渠的过程中，林县县委坚持实事求是。在浮夸风、瞎指挥、高征购一度盛行时，林县县委注意从实际出发，在最困难的时候，全县还有一部分储备粮和资金，这是敢于和能够修建红旗渠这样大工程的基础。同时，在红旗渠建设过程中，林县县委还注意灵活决策。比如，最初修建红旗渠的 3 万多民工在 70 多公里的总干渠上全线开工。县委深入工地调查研究，学习毛主席抓主要矛盾和集中精力打歼灭战的思想，实事求是地将全线开工的决策，调整为“集中兵力，分段施工，建成一段，通水一段”，这是决定修建红旗渠最终取得胜利的关键措施。一是先修山西境内的 20 公里，六个月完成任务，缩短了工期，减少了两地矛盾，既节省了劳力，减轻了劳动

强度，又大大鼓舞了群众修渠的积极性。二是在国家三年困难时期，林县红旗渠工程既没有全部停工，也不是撑着硬干，而是实事求是，正视困难，留下数百名技术好战斗力强的民工凿通了“青年洞”等，这对在困难时期建成总干渠起了决定性的作用。三是提前修建原定总干渠第四期工程，提前发挥南谷洞水库的效益，使得全县粮食产量于 1964 年在全省第一个达到纲要指标，这就进一步鼓舞广大人民群众大力推进红旗渠建设。红旗渠的总干渠修了五年时间，于 1965 年 4 月建成通水；三条干渠原定两年完工，结果一年完成。如果不是“文化大革命”的干扰破坏，红旗渠配套支渠于 1967 年就可全面竣工。如果没有无私无畏、敢想敢干的坚定信念，没有实事求是、灵活机动地调整施工决策，要建成红旗渠是不可能的。

3. 自力更生、艰苦奋斗，是红旗渠精神的体现

自力更生，艰苦奋斗既是我们党和中华民族的优良传统，更是共产党人应有的气节，不向别人乞求，立得端，行得正，靠着自己的钢筋铁骨一双手，自立于世界民族之林。共产党人搞社会主义建设，就得辛辛苦苦出力，精打细算花钱。修建红旗渠，林县人民出工按受益面积分配，群众自带工具，自带口粮，不足部分从生产队储备粮中补助。修建红旗渠的石灰自己烧，水泥自己产，每一分钱，一袋水泥，一个钢筋头，一根锤把子都做到了物尽其用，整个工程总投资 6 865 万多元，其中国家资助 1 025 万多元，仅占总投资的 14.94%。干部群众同甘共苦，亲如一家，多快好省，群策群力。所有这些事情，当时林县干部群众都觉得是理应如此的。修建红旗渠十年，没有发生过一宗请客送礼、挥霍浪费的情况；也没有一个干部贪污挪用建渠物资。在建设红旗渠的过程中，涌现出像马有金、路银、任羊成、王师存、李改云、郭秋英、张买江、韩用娣等一大批艰苦奋斗、无私奉献、舍己救人、不怕牺牲的红旗渠建设模范；还涌现出一批坚持真理、实事求是、顶着压力、不计个人得失的好党员、好干部。他们是红旗渠精神的人格化身，林县人民永远不会忘记他们！

4. 红旗渠精神具有强大的凝聚力和感召力

在修建红旗渠的 10 年中，全县参加红旗渠建设的不少于 30 万人。县里各级干部和广大群众在建渠中锻炼了意志，增长了才干。10 年修渠，培养锻炼了 5 万多名石匠，3 000 多名懂技术、会管理、能领导施工的工队长、技术员，这些人后来成为林县 10 万建筑大军的中坚力量。更重要的是，红旗渠精神成为激励林县人民奋发图强建设社会主义新农村的精神动力，是林县各级党组织、广大干部群众紧密团结、干事创业的象征。弘扬红旗渠

精神，首先是各级党组织和广大干部，要真正确立全心全意为人民服务的根本立场和世界观，牢固树立人民群众是创造世界历史动力的唯物史观，一切为了人民，紧紧依靠人民，一刻也不脱离群众。其次，在改造自然、改造社会的斗争中，既要有无私无畏、敢想敢干的雄心壮志，又要有实事求是的科学态度和工作方法；通过实践，认识和掌握客观规律，改造主观世界和客观世界。其三，创业时需要艰苦奋斗精神，条件好了也不能贪图安逸享受，奢侈浪费。艰苦奋斗精神是共产党人和劳动人民的本色。我们党的全部历史就是靠自力更生、艰苦奋斗来谱写，如果丢掉了艰苦奋斗精神，就会腐败变质，亡党亡国。林县干部群众说得好：红旗渠精神有党的宗旨，又有群众路线；有解放思想，又有实事求是；有思想方法，又有工作方法；有物质文明，也有精神文明。改革开放离不开它，党和群众丢不掉它，就是到了共产主义也别忘了它。

——节选自杨贵：《红旗渠精神的思考》，《人民日报》，1998 年 10 月 15 日

精神引领

红旗渠就是纪念碑，记载了林县人不认命、不服输、敢于战天斗地的英雄气概。要用红旗渠精神教育人民特别是广大青少年，社会主义是拼出来、干出来、拿命换来的，不仅过去如此，新时代也是如此。没有老一辈人拼命地干，没有他们付出的鲜血乃至生命，就没有今天的幸福生活，我们要永远铭记他们。

——2022 年 10 月 28 日，习近平在河南安阳考察时的讲话

红旗渠精神同延安精神是一脉相承的，是中华民族不可磨灭的历史记忆，永远震撼人心。年轻一代要继承和发扬吃苦耐劳、自力更生、艰苦奋斗的精神，摒弃骄娇二气，像我们的父辈一样把青春热血镌刻在历史的丰碑上。实现第二个百年奋斗目标也就是一两代人的事，我们正逢其时、不可辜负，要作出我们这一代的贡献。红旗渠精神永在！

——2022 年 10 月 28 日，习近平在河南安阳考察时的讲话

红旗渠精神是我们党的性质和宗旨的集中体现，历久弥新，永远不会过时。

——十一届全国人大四次会议期间，习近平在参加河南省代表团审议《政府工作报告》时指出

林县人民了不起，红旗渠是自力更生、艰苦创业的典范，不仅给后人留下了可以浇灌几十万亩田园的水利工程，更重要的是留下了宝贵的红旗渠精神。这不仅是林州的、河南的精神财富，也是我们国家，民族的精神财富。现在物质条件比过去好多了，但红旗渠精神永远不能丢。

——1996 年 6 月 1 日，江泽民到红旗渠视察时说

当年林州人民在那样困难的情况下，能把红旗渠修起来，真不容易。红旗渠精神在改革开放的年代，仍需要大力弘扬，希望你们利用青年洞、神工铺等景点，办成青少年教育基地，继续发扬红旗渠精神，再创林州辉煌，谱写好林州发展四部曲。

——1995 年 4 月 14 日，胡锦涛参观红旗渠青年洞时说

精神光照

案例 1. 杨贵

杨贵，1928 年 5 月 29 日出生于河南省卫辉市（原汲县）罗圈村一个贫苦农民家庭。1936 年至 1941 年在本村读书，1942 年在中国共产党动员抗日反对内战的号召下，参加了抗日和反对国民党苛捐杂税的斗争，国民党县政府曾多次抄家捉拿他，均未得逞。1943 年加入中国共产党，任罗圈村党支部书记、农民抗日救国会副主席。同年 6 月被选为汲县一区农民抗日救国会副主席。1945 年至 1950 年，先后任汲淇县五区抗日救国联合会主席、区长、淇县二区区长、六区区委书记兼区长、淇县县委委员兼二区区委书记、淇县县委办公室主任等职。在艰苦的战争岁月，他一直在前线坚持对敌斗争，1947 年 7 月 6 日，在指挥三里屯突围战斗中英勇负伤。伤未痊愈，又调淇县前方指挥部工作。1950 年任汤阴县委宣传部部长，1952 年 12 月，任中共安阳地委办公室副主任。1954 年 5 月，调任中共林县县委书记兼林县人民武装部政委，从此在林县一干就是 21 年，杨贵亲切地称林县为第二故乡。

杨贵在林县二十多年如一日，坚持深入基层，调查研究，分析县情，“摸大自然的脾气”，认识到“缺水”是林县贫困诸多矛盾中的主要矛盾，并在县委中形成了共识，他带领县委一班人，始终抓住“水”不放，坚持不懈地领导、决策、组织了林县水利建设事业的一系列攻坚战。1955 年杨贵在下乡调查中，发现了任村乡桑耳庄和河顺乡马家山两个深山区村劈山修渠解决了人畜用水的典型，立即在县委会议上作了介绍，并连续组织全

县乡村干部到那里参观学习，开展讨论，推广他们艰苦创业的先进经验，在全县迅速掀起了大办小型水利的热潮。采桑乡土门村坐落在旱土岗上，地下挖不出水，外边引不来水，他亲自深入这个村蹲点，发动群众家家户户打旱井。实现了 10 亩地一眼井，杨贵称赞它是“旱井世界”，在全县山区进行推广。

在建设红旗渠的过程中，杨贵和县委一班人不但迎难而上，负重前行，做出了一个又一个改变林县历史的重大决策，而且“干”字当头，身先士卒，在工地与民工同吃、同住、同劳动、同克时艰，真正同群众风雨同舟，血肉相连。难能可贵的是，县委一班人带领林县人修渠 10 年，动用了大量的资金和物资，但从没有发生过一宗请客送礼、挥霍浪费的情况，也没有一个干部贪污挪用一丝一毫的钱粮物资。

——林州市人民政府官网

案例 2. 吴祖太

吴祖太（1933—1960），河南省原阳县白庙村人。因家乡灾荒，7 岁随父母到郑州讨饭，靠卖水维持生活。新中国成立后，他考入河南省黄河水利专科学校，毕业后分配到新乡专署水利局工作。

1958 年，吴祖太调林县水利局工作。在南谷洞水库工地负责工程设计和技术指导。

1960 年年初，他参与红旗渠工程设计。为了尽快绘制出红旗渠施工蓝图，确保工程顺利动工，他和其他工程技术人员一起，不畏艰险，爬山越岭，实地勘测，翻阅大量资料，精心设计，每天工作到深夜。在短短的时间内，拿出第一本蓝图——《林县引漳入林灌溉工程初步设计书》。红旗渠要通过山崖河涧，地形地貌十分复杂，他和同事们在工作中解决了许多难题，设计出一些切合实际的建筑物。如青年洞一段，原拟绕山挖明渠，工程量大，施工难度大，经过反复考虑比较，吴祖太改进设计方案，采用凿隧洞，让渠道通过天险绝壁。在总干渠跨越浊河的地方，他昼夜思考，拜访附近山村老人。掌握河道地质基础和水文资料后，和其他工程技术人员研究，科学地设计出“空心坝”，让渠水从坝心通过，河水从坝顶溢流，解决渠水与河水交叉的矛盾。

1960 年 2 月，红旗渠工程动工后，吴祖太担任工程股副股长，负责工程设计，既要依据勘测实况，绘制每项工程设计图纸，还要考虑每个工段施工的安全措施，工作十分忙碌，但他不叫一声苦。他没明没夜地在工地上奔波，总感力不从心，恨不能生出三头六臂。有一天他跑到盘阳村南边的凤凰山工地，发现已经挖了五六天的渠道，竟不是测定的渠线，自己感到非常内疚，及时讲明情况，予以纠正。这件事引起的教训，深深地刻在他的心里。

渠首拦河大坝挖了1米深，被水淹没，吴祖太赶到工地，寻求解决办法，又制定新的方案，解决了施工困难。同年3月，他发现王家庄隧洞有几处裂缝，当即和民工研究防险办法。为保证施工安全，他把原设计的“单孔洞”改为“双孔洞”，这样既能缩小洞顶跨度，又能确保隧洞更加坚固。1960年3月28日下午，他听说王家庄隧洞洞顶裂缝掉土严重，出于对人民群众安危的高度负责，与姚村公社卫生院院长李茂德深入洞内察看险情，不幸洞顶坍塌，夺去他年轻的生命，终年27岁。

吴祖太牺牲噩耗传到县委会，杨贵非常心痛，心情久久不能平静。立即成立治丧委员会，召开追悼大会，悼念这位为红旗渠建设作出巨大贡献的水利工程技术人员。根据吴祖太生前在林县水利建设上所做出的贡献，县委追认他为中国共产党正式党员。

——林州市人民政府官网

案例3. 李茂德

李茂德（1914—1960），林县姚村镇北陵阳村人，曾任姚村公社卫生院院长，1960年2月参加红旗渠工程建设，在姚村公社分指挥部负责医疗安全工作。他经常深入民工住地检查卫生和工地安全生产，并积极参加施工劳动，哪里困难，就往那里去，不管是不是分内工作都抢着干，在王家庄施工时，当地小孩发生了小儿肺炎，并且传染很快，情况紧急，他和当地卫生部门配合，共同研究防治方案，采取措施抑制了病情发展，使一些孩子转危为安。当地群众称他是一位“全心全意为人民服务的好干部”。同年3月28日，他和吴祖太到王家庄隧洞检查施工险情时，因塌方失去生命，终年46岁。

——林州市人民政府官网

学习资源

1. 《国家记忆》（CCTV-4 中文国际频道）：《红旗渠　山河江道》
2. 歌曲《天河》
3. 《百家讲坛》（CCTV-10 科教频道）：《中国精神（第二部）·13 红旗渠精神》
4. 《百家讲坛》（CCTV-10 科教频道）：《林县红旗渠》
5. 电视剧《红旗渠的儿女们》

6. 纪录片《红旗渠的故事》

阅读推荐

1.《红旗渠精神的思考》，杨贵，1998 年 10 月 15 日，《人民日报》。

2.《中国有条红旗渠》，王怀让、张冠华、董林，1998 年，河南大学出版社。

3.《红旗渠精神的时代价值》，王全书，2003 年第 20 期，《求是》。

4.《守望精神家园的太行人——红旗渠精神当代传奇》，2011 年 10 月 16 日，新华社。

5.《红旗渠精神是什么?》，马林青，2015 年 4 月 20 日，《学习时报》。

6.《红旗渠精神永不过时》，郑林华，2016 年 11 月 24 日，《人民政协报》。

实践基地

1. 红旗渠纪念馆

2. 红旗渠风景区

思考讨论

1. 在经济落后、物质技术条件极其匮乏的情况下，红旗渠这样的伟大工程能够胜利完工、造福林县人民依靠的是什么力量?

2. 在 21 世纪的今天，红旗渠精神是否还值得提倡？为什么？

第13讲　塞罕坝精神

精神要义

2017 年 8 月，习近平总书记对河北塞罕坝林场建设者感人事迹作出重要指示指出，55 年来，河北塞罕坝林场的建设者们听从党的召唤，在“黄沙遮天日，飞鸟无栖树”的荒漠沙地上艰苦奋斗、甘于奉献，创造了荒原变林海的人间奇迹，用实际行动诠释了绿水青山就是金山银山的理念，铸就了牢记使命、艰苦创业、绿色发展的塞罕坝精神。

2021 年 8 月 23 日，习近平到塞罕坝机械林场考察时强调：“塞罕坝精神时中国共产党精神谱系的组成部分。全党全国人民要发扬这种精神，把绿色经济和生态文明发展好。”并鼓励他们“再接再厉，二次创业，在新征程上再建功立业”，勉励全党全国人民发扬塞罕坝精神，“把绿色经济和生态文明发展好”。

精神渊源

（一）背景来源

塞罕坝精神是在塞罕坝从茫茫荒漠到塞北“绿色明珠”天翻地覆的历史变迁中孕育形成的，是几代塞罕坝人在党的领导下创造的人间奇迹。

塞罕坝是蒙汉合璧语，意为“美丽的高岭”。它位于河北省最北部的围场满族蒙古族自治县境内，是内蒙古高原和华北平原的过渡地带。历史上，塞罕坝及周边地区曾经是华北地区森林的主要分布区之一，这里树木茂密、水草丰美、鸟兽繁多，区域生态环境复杂多样。辽、金时期，这里曾被辟为帝王避暑游猎之所，清政府曾在此及周边区域设立木兰围场。清朝后期国力衰退，无序的开荒垦殖、日益增多的农牧活动，使这里的森林被采伐殆尽，土地快速沙化，良好生态系统荡然无存。塞罕坝由“林苍苍，树茫茫，风吹草低见牛羊”的皇家围场变成了“天苍苍，野茫茫，风吹沙起好荒凉”的沙地荒原。塞罕坝的东北部边沿，就是距北京直线距离仅 180 公里的浑善达克沙地，北风一刮，遍地流沙。曾有人形象地描述，“浑善达克的沙子进北京就像有人站在屋顶上往院子里扬沙子那么容易”。地处阻挡沙漠南侵特殊地理位置上的塞罕坝，其自然生态系统能否得到修复，成为护卫京津冀地区城市环境和华北地区水源安全的关键环节。

新中国成立后，党和国家高度重视国土绿化工作，塞罕坝成为国家造林育林、风沙治理的重点区域。1962 年，塞罕坝机械林场正式组建成立，满怀激情的林场建设者，从祖国大江南北相继来到荒无人烟、黄沙漫天的塞北高原，扛起植树造林、修复生态的历史重任，拉开了在塞罕坝艰苦创业的序幕。面对恶劣的气候环境、艰苦的生活条件和繁重的工作任务，塞罕坝人坚持“先治坡、后治窝，先生产、后生活”，在实践中不断摸索、积累高寒地区的造林经验，组织开展技术攻关，与自然灾害顽强抗争，走过了从一棵树到一片林的艰辛造林路。到 1978 年，塞罕坝基本实现了造林的初期主要目标。

从 1983 年开始，塞罕坝建设者的主要任务由造林为主转向森林抚育和经营。塞罕坝人没有停下前行的脚步，及时实现从拓荒植绿到护林营林的角色转变，致力于“一次造林，一次成活，一次成林”，坚持“三分造、七分管”，探索建立起严格精细的科学营林体系；在树种结构优化、森林防火、病虫害防治等方面下足功夫，用心血和汗水呵护百万亩林海成长成材。塞罕坝林场的有林地面积由建场之初的 24 万亩增加到现在的 112 万亩，森林覆盖率由 11.4%提高到 80%，林木蓄积量由 33 万立方米增加到 1 012 万立方米，成为世界上最大的集中连片的人工森林。

随着造林面积的扩大和林木的生长，塞罕坝地区生态系统逐步修复完善，其保持水土、防风固沙、水源涵养等生态效益日益显现。在保护生态环境的前提下，塞罕坝人在协调推进森林经营利用和保护培育、确保森林资源释放最大生态红利的同时，实现了从林业一业独大到现在林业与生态旅游等绿色产业并举，由此成功走出了一条生态效益、经济效益和社会效益并重的绿色发展道路，其森林旅游、绿化苗木、风电、碳汇交易等绿色产业收入已超过林场收入的一半。1993 年 5 月，塞罕坝经批准正式成为国家森林公园。如今的塞罕坝已变成“河的源头、云的故乡、花的世界、鸟的乐园”，成为我国推进生态文明建设的一个生动范例。

（二）内涵解读

伟大实践铸就伟大精神，伟大精神推进伟大实践。塞罕坝人在书写绿色传奇的伟大实践中，用心血和汗水凝结出的塞罕坝精神，是成就塞罕坝奇迹的强大精神动力。习近平总书记对塞罕坝精神作出“牢记使命、艰苦创业、绿色发展”的高度概括，深刻揭示了塞罕坝精神的丰富内涵。

1. 牢记使命是塞罕坝精神的根本

为中国人民谋幸福、为中华民族谋复兴，是中国共产党人的初心和使命。在这一初心和使命推进、实现的进程中，不同时空条件下党的不同组织、不同岗位上的共产党人，担负着不同的使命与任务。对于塞罕坝的党组织及人民群众来说，其神圣使命就是党赋予的“为首都阻沙源、为京津涵水源”。面对当时风沙南侵的严峻生态形势、面对人们发出的“老天爷的事情，咱们管得了吗”的无奈质疑，时任林业部国营林场管理总局副局长刘琨同志明确回答：“共产党为老百姓谋福利，就得上管天，下管地，中间还要管空气！”这是中国共产党人勇于承担时代责任的鲜明宣示。上下同欲者胜。几十年来，塞罕坝的建设者们，把党赋予的使命责任化为自身的任务担当，历经风雨而初心不改，纵有千难万险也在所不辞，硬是在浩瀚荒漠沙地上筑起一道牢固的绿色屏障，有效遏制了浑善达克沙地的南侵，涵养了水源，改善了生态环境，向党和人民交出了一份满意的答卷。塞罕坝的发展史，就是一部不负重托、不辱使命的创业史、奋斗史；牢记使命成为塞罕坝人负重前行的精神支柱和力量源泉。

2. 艰苦创业是塞罕坝精神的核心

艰苦奋斗是中国共产党人的政治本色。塞罕坝的建设者始终保持和发扬党的这一优良传统，以自强不息、百折不挠的坚强意志，“功成不必在我”“一张蓝图绘到底”的崇高追求，以及甘于吃苦、乐于奉献的工作态度，不断攻坚克难、开拓前进。在塞罕坝林场建设启动时，国家正处在极为困难的时期。“渴饮沟河水，饥食黑莜面。白天忙作业，夜宿草窝边。劲风扬飞沙，严霜镶被边。雨雪来查铺，鸟兽绕我眠。老天虽无情，也怕铁打汉。满山栽上树，看你变不变”。这首由塞罕坝建设者吟就的打油诗，形象描述了塞罕坝初创时的艰苦生活，反映了他们积极向上的乐观情怀，表达了他们对塞罕坝未来的美好憧憬。在艰苦创业的过程中，塞罕坝的党组织及广大党员，始终是党的艰苦奋斗精神的模范践行者。在抗日战争时期参加工作的老共产党员王尚海，本来已在承德市安家过上安稳生活，当党组织任命他担任塞罕坝第一任林场党委书记时，他立即动员妻子和 5 个孩子，全家来到塞罕坝。共产党员、林业部工程师张启恩在接到担任林场技术副场长的命令后，即带着已在北京生活的妻子和 3 个孩子上坝。在以他们为代表的塞罕坝人的努力奋斗下，经过刻苦攻关，探索出了一套适合高寒地区的育苗造林技术。一个共产党员就是一面旗帜，党的需要就是个人志向。在党的召唤下，一批又一批、一代又一代年轻的建设者们，不断进行着这一绿色青春的接力，在用自己热血与汗水书写奋斗人生故事的同时，也不断接续和印证着中国共产党艰苦奋斗的伟大精神。

3. 绿色发展是塞罕坝精神的鲜明特征

塞罕坝之路是播种绿色之路、捍卫绿色之路、绿色发展之路。塞罕坝人从创业开始就自觉把安身立命的事业前途与绿色发展紧紧联系在一起。他们清楚认识到，要想做“乘凉者”就要先做“种树者”，要做良好生态环境的受益者就要先做良好生态环境的建设者。有了良好生态才能有更好发展，有了良好生态才能有美好未来；他们像爱护眼睛一样保护生态环境，像对待生命一样对待生态环境。有志者事竟成。经过几十年的坚守，塞罕坝终于实现了从荒山造林到生态育林、从提供原木材料到提供生态产品的转变。绿水青山现已成为林场职工与群众脱贫致富、走向全面小康的“金山银山”。习近平总书记指出，“人类发展活动必须尊重自然、顺应自然、保护自然，否则就会受到大自然的报复，这个规律谁也无法抗拒”。只有尊重自然规律，才能有效防止在开发利用自然上走弯路。塞罕坝几百年来由绿变沙、再由沙成绿沧海桑田的演变，为人与自然必须和谐共生提供了正反两个方面的经验与教训。

——节选自吴明红、齐彪：《铸就塞罕坝绿色传奇的精神伟力》，《光明日报》，2021 年 2 月 3 日

精神引领

55 年来，河北塞罕坝林场的建设者们听从党的召唤，在“黄沙遮天日，飞鸟无栖树”的荒漠沙地上艰苦奋斗、甘于奉献，创造了荒原变林海的人间奇迹，用实际行动诠释了绿水青山就是金山银山的理念，铸就了牢记使命、艰苦创业、绿色发展的塞罕坝精神。他们的事迹感人至深，是推进生态文明建设的一个生动范例。

——2017 年 8 月习近平对河北塞罕坝林场建设者感人事迹作出的重要指示

塞罕坝林场建设史是一部可歌可泣的艰苦奋斗史。你们用实际行动铸就了牢记使命、艰苦创业、绿色发展的塞罕坝精神，这对全国生态文明建设具有重要示范意义。抓生态文明建设，既要靠物质，也要靠精神。要传承好塞罕坝精神，深刻理解和落实生态文明理念，再接再厉、二次创业，在实现第二个百年奋斗目标新征程上再建功立业。

——2021 年 8 月 23 日至 24 日，习近平在河北承德考察时的讲话

精神光照

案例 1. 塞罕坝山巅上的守望者

在塞罕坝机械林场造林护林大军中，有 9 个微小却闪光的重要的“点”不能不提，那就是夫妻“望火楼”。因为 24 小时的坚守，因为每隔 15 分钟就要向总部汇报一次监测情况，只有夫妻才能完成这种守候。

孟庆林和董建芹这对近 50 岁的夫妻，在莫里莫“望火楼”已经坚守了整整 13 个年头。海拔 1 731 米，一座只有 4 平方米的“望火楼”内，夫妻俩日复一日地守护着这片“林海”。孟庆林自 2005 年与妻子董建芹来到这座只有 4 平方米的望火楼里负责林区火情监测工作以来，近十年的时间，这里尚未通电，和妻子过着近乎于刀耕火种般的生活，陪伴他们的只有两条狗和一台滋啦啦响的收音机，几乎与世隔绝。做饭要劈柴烧火，饮用水要到几里外的水井去挑，那口井经常断水，常常得积存很多日子才能挑上来一点点儿。

在坝上，即便是在极度寒冷的冬天，极端最低气温降至-43.3℃，老孟和妻子也要雷打不动的以每天每隔 15 分钟一次的频率向林场通报最新情况；即便是在四处透风的塔楼上，墙壁、房顶、窗户挂满了厚厚的冰霜，夫妻俩也必须不停地在窗户上刮出一小片透亮的地方，迅速、准确地报告所辖“林海”的一切动态。“在茫茫林海中，定位和瞭望都非常困难，我们夫妻俩刚来‘望火楼’的时候花了很长时间熟悉这些工作。最开始连准确判断距离都很困难，夜间定位唯一的工具就是望远镜，报告情况依靠的是这些年积累下来的经验。”即使再苦再难，老孟和妻子对于肩上的重任从未打过退堂鼓。

就这样，寒来暑往，一个又一个春夏秋冬，在“望火楼”的工作日记本上，夫妻俩你一页我一页，密密麻麻写满了工作簿。“莫里莫，报正常……”这 6 个字是老孟和妻子每天说的最多的话，同样的话，每天重复不下 50 次。每次的瞭望都要记录在一本《“望火楼”瞭望报告日记》上。多年的锤炼，老孟和妻子一眼就能区别是烟还是雾，也知道四周远近的各个方位是哪座山哪道岭。

面对记者的采访，他们说：“在每年近 10 个月的防火期里，我们夫妻俩每隔 15 分钟就要瞭望一次，一天就要瞭望 96 次，一年要瞭望 28 000 多次……55 年来，共有近 20 对夫妻守过‘望火楼’。我们只是其中的一对，手捧前辈们瞭望的接力棒，坚守着这份责任和重担，才得以实现这 55 年间上百万亩的塞罕坝没有发生过一起森林火灾。”

在老孟夫妻的眼里，几代塞罕坝林场人伏冰卧雪、艰苦奋斗，创造了“沙漠变绿洲、荒原变林海”的绿色奇迹，书写了可歌可泣的创业史，不仅创造了不可替代的巨大绿色财富，而且创造了“忠于使命、艰苦奋斗、科学求实、绿色发展”的塞罕坝精神。是这样的精神支撑着他们继续坚守下去，直到依依不舍地离开4平方米的“望火楼”那一刻为止。

——节选自闫立辉：《塞罕坝山巅上的守望者——塞罕坝机械林场一线建设者风采录之二》，承德市人民政府官网，2017年8月10日

案例2. 塞罕坝精神的生动诠释

为将荒山变林海，为追逐绿色梦想，黄土梁子务林人始终坚定理想信念，追梦不止，以逢山开路、遇河架桥的顽强意志，以坚韧不拔、善作善成的进取意识，筑起了一块植绿山川的绿色丰碑，成为“京津冀水源涵养功能区”的有力生态支撑。从昔日“山是和尚头，雨多洪水流，有山无柴烧，用材更发愁”到如今“无山不绿，有水皆清，四时花香，万壑鸟鸣”，因为忠于使命，他们执着坚守、甘于寂寞；因为追逐梦想，他们乐于奉献、甘于清贫。从成活率几乎为零到“小反坡”技术破解难题，从望火楼18年漫长坚守到变废为宝消除虫害，凛冽的寒风吹不倒他们的身躯，无数的失败挡不住他们前行的脚步。黄土梁子务林人历经一个甲子的风雨兼程，永不言弃，用青春、梦想、甚至生命，换来了浩瀚林海上无言矗立的“千棵松”“万棵树”。

在年均气温不足7度的干旱地区要实现全覆盖性绿化，难度可想而知。在物质和技术几乎一片空白的前提下，黄土梁子务林人开拓创新、敢于担当、引智借脑，与北京林业大学、河北农业大学、山东农科院、河北科技师范学院等科研院校开展技术合作，开启了借助“外脑”绿中淘金新征程，千方百计创新技术手段，实现了一次又一次的超越与跨越。研制森林草原防火阻燃剂有效预防森林火灾，填补了河北省化学防火阻燃剂应用空白；《刺槐断根更新技术》获省级科研成果，解决了刺槐多次平茬后萌蘖低的问题；与山东省农科院联合攻关培育出多种富硒产品，获得了省级科技成果奖。惟创新者进，惟创新者强，惟创新者胜。黄土梁子林场遵循发展规律、利用规律、科学求实、善作善成，为林场永续发展提供不竭动力，谱写出了务林人追逐绿色梦想的凯歌。

在保护经营好现有森林资源的基础上，依靠科技发展林业生态产业，探索出“林木资源+林地资源+森林环境资源”综合利用的生态型产业模式，成为名副其实的“生态共生示范基地”，更为石质山区林场发展探索出绿色发展之路。“绿水青山就是金山银山。”面对时代所赋予的使命，黄土梁子

林场通过绿色发展带动脱贫攻坚，生态文明建设与扶贫开发融合共赢的实践说明，只有将环境优势、生态优势转变成经济优势、发展优势，尊重自然、顺应自然、跨越提升的生态文明新路才会越走越宽。

青山不语，绿色为证，满山青翠和无声壮举，谱写着追逐绿色梦想与“塞罕坝精神”一脉相承的奋斗凯歌。黄土梁子的绿水青山，是一粒生态文明的种子，播洒在紫塞儿女心中，必将为建设生态强市、魅力承德续写更多绿色传奇！

——节选自刘宏韬：《塞罕坝精神的生动诠释》，《承德日报》，2017年8月17日

案例3：近镜头丨“既要靠物质，也要靠精神”

60年前的塞罕坝，除了寒冷，就是风沙，生活环境异常艰苦。王尚海带领着一支369人、平均年龄不足24岁的队伍在茫茫荒原上开始造林。

一开始，林场的造林成活率不足8%，大家的热情劲儿被狠狠泼了冷水。王尚海的倔劲儿却上来了，他骑着马跑遍了林场的山山岭岭，决定带领百余人开展“造林大会战”。

纪念林里的展板上，一张老照片吸引了总书记的目光。照片上，王尚海正蹲在地上同职工一起研究造林技术。

“这就是当年‘造林大会战’的情景吧？”凝视照片，总书记询问。

“对。”林场场长陈智卿指着一张张老照片向总书记介绍：当时造林要一个人插苗，两个人在上面把土踏实，防止苗木失水；老一代塞罕坝人是骑马护林，当时要住马架子，喝水靠化积雪。

“当时这么艰苦的条件下，把林子造起来了！”总书记感慨地说，并问起王尚海同志的有关情况。

“他始终放不下这片林子，1989年去世后，家人遵从遗愿，把他的骨灰撒在了这里，与这里的一草一木永远相伴。”陈智卿介绍。

沿着木栈道，总书记步入林中。在一棵落叶松前，总书记仰头看了看高大的树干，还特地用手丈量了一番：“长得很好，树干很直。”

“森林怎么抚育的”“林子里生物多样性怎样”“有没有上层生物链的动物”……总书记一路走一路问，详细了解林场生态环境的情况。

“我告诉总书记，这里经常出现黑琴鸡、狍子，这些年还发现了狼。总书记听了很高兴，笑着说这个很好。”陈智卿回忆说。

从白发苍苍的老人，到意气风发的青年，守林护林人的队伍越来越壮大。

面对三代林场职工，习近平总书记说：“你们用实际行动铸就了牢记使

命、艰苦创业、绿色发展的塞罕坝精神，这对全国生态文明建设具有重要示范意义。”

——节选自徐锟：《近镜头丨“既要靠物质，也要靠精神”》，新华网，2022年7月8日

案例4：陈彦娴：“六女上坝”以梦为马谱写无悔青春

1964年来到塞罕坝机械林场工作，作为第一代务林人，她见证了塞罕坝的沧桑巨变。

1964年，陈彦娴20岁，正在承德市读高中。当时，全国都在学习上山下乡的知识青年典型邢燕子和侯隽。陈彦娴和同宿舍的甄瑞林、王晚霞、史德荣、李如意、王桂珍几个好姐妹也萌发了响应党的号召下乡锻炼的念头。他们毅然来到塞罕坝，植树造林。

六个女孩上坝后，全部被分到千层板林场，从最基础的工作干起。“原本在我们的设想中，上坝后就可以开上拖拉机或其他机器，神气地进行机械化造林工作了。”陈彦娴没有想到，她们的第一个工作是在苗圃倒大粪。六个女孩不仅要忍耐难闻的气味，还必须跟上大家的节奏，流水作业，转着圈儿地倒，不停走动。一天下来，六个人都累得腰酸腿痛。一些老工人笑着说，这几个女孩刚从学校过来，这些重活根本就干不了。六个女孩不服气，大家商量后决定：别人怎么干，我们就怎么干，不信干不好！此后，不管条件如何恶劣，她们几个始终没有抱怨过什么，坚持努力地克服困难，做到干啥也不比别人差。

“坝上当时条件十分艰苦，房屋不够住，就住仓库、马棚、窝棚、干打垒和泥草房。最难熬的是冬季，气温零下四十多度，嗷嗷叫的白毛风一刮，对面不见人，呼吸都困难。每走一步就要使出全身力气，羊皮袄穿在身上都给冻透了。”六个女孩与男人一样，参与了上山伐树工作。她们在没过膝盖的大雪中伐树，再拿绳子捆好，用肩膀拉着从山上向下滑。在凛冽的“白毛风”中，她们的脸、耳朵都冻得起了泡。“在那种情况下，越是站着越冷，所以大家只能干活，比着干，看谁干得好、干得多。”陈彦娴说，经过上山伐树那一个多月的磨炼，上至林场领导、下到普通职工，都对她们刮目相看，开始佩服这几个来自城市的女孩。

上坝后第一个春节放假后，她们第一次回家。回家前，大家都穿上在塞罕坝要穿的“毡疙瘩”和厚厚的棉袄，戴上厚厚的皮帽子，一路奔波回到承德。“下车的时候，人们还以为是‘外星人’来了，但我们却觉得非常自豪，因为我们已经是塞罕坝人了！”

回忆和讲述在塞罕坝的往事，陈彦娴始终面带笑容。陈彦娴退休后住

在围场县城，家里干净整洁，屋中绿植很多，满眼新绿。“在塞罕坝看惯了满山的大树，所以我一直离不开绿色。”当年的六个女孩相继退休，各奔东西，多年未曾相见，有的较早地离开人世。大约在十年前的一个夏天，“六女”中的甄瑞林、史德荣、王晚霞和陈彦娴四人在承德相聚。大家你一言我一语，仿佛回到了从前。她们谈论最多的还是在塞罕坝的那段岁月，还有塞罕坝的那些树。大家的想法出奇地一致，一点也没有为当初的选择后悔！

今天的塞罕坝已经成长为世界最大的集中连片人工森林，走在万亩林海之间，天蓝风清林绿，前人栽树后人乘凉，这是一种大境界！第一代创业者当年决战在塞罕坝时，也许并未奢望过要享受这片森林。半个世纪过去了，愚公移山的理想犹在，铁杵磨针的气魄不减，没有为中国梦艰苦创业的精神，就没有塞罕坝今天的奇迹。在塞罕坝，新一代人拿起接力棒续写传奇！

——节选自《陈彦娴：“六女上坝”以梦为马谱写无悔青春》，央视网，2017 年 9 月 2 日第 468 期

学习资源

1. 电视剧《最美的青春》
2. 电影《那时风华》
3. 纪录片：《绿水青山塞罕坝》
4. 《云讲堂》（人民网）：百年历程中的伟大精神　塞罕坝精神
5. 《新闻联播》（CCTV-13 新闻频道）：塞罕坝生态文明建设范例启示录：精神绽放——万顷林海　代代相传
6. 共产党员网：精神的追寻——中国共产党人精神谱系　第 25 集：塞罕坝精神
7. 《2017 年度感动中国人物》（CCTV-1 综合频道）塞罕坝林场建设者：绿水青山就是金山银山
8. 《百家讲坛》（CCTV-10 科教频道）：中国精神 · 塞罕坝精神
9. 人民视频：领航丨塞罕坝精神代代传
10. 《国家记忆》（CCTV-4 中文国际）：根脉：塞罕坝精神（上、下）

阅读推荐

1. 《塞罕坝之魂》，封捷然，2021 年，河北出版传媒集团、河北美术出

版社。
2.《中国共产党人精神谱系：塞罕坝精神》，中共承德市委组织部与河北旅游职业学院，2022 年，中国旅游出版社。
3.《塞罕坝精神》，戴建兵、姚志军，2020 年，中共党大出版社。
4.《从“两山”理念感知中国智慧与生态情怀》，楼俊超，2021 年 12 月 10 日，《光明日报》。
5.《绿色奇迹塞罕坝》，刘燕，2024 年，人民日报出版社。
6.《中国塞罕坝》，李春雷，2017 年，河北美术出版社。

实践基地

1. 塞罕坝展览馆
2. 塞罕坝网上展览馆
3. 河北省塞罕坝机械林场

思考讨论

塞罕坝精神与绿色发展理念紧密相连，在当前我国推进碳达峰、碳中和的背景下，塞罕坝的成功经验能为其他地区的生态建设和经济发展提供哪些可借鉴的思路和方法？

第14讲　改革开放精神

精神要义

改革开放精神　是指中国共产党在改革开放实践、探索和发展中国特色社会主义事业这一特定的历史时期中所形成解放思想、实事求是，敢闯敢试、勇于创新，互利合作、命运与共的精神品格。

精神渊源

习近平总书记深刻指出："改革开放铸就的伟大改革开放精神，极大丰富了民族精神内涵，成为当代中国人民最鲜明的精神标识！"改革开放精神产生于改革开放的伟大实践中，形成于中国特色社会主义道路探索中，有着鲜明的时代背景和特定的历史条件。

（一）背景来源

认清国情是认清一切问题的依据。一个国家制定和调整国际战略，离不开对时代特征的认识。二战结束后，人类历史开启了第三次科技革命的浪潮。迅猛的科技革命突出了经济因素在国际关系中的地位，也迅速拉开了世界各国之间的发展差距。而"文化大革命"十年内乱导致我国经济濒临崩溃的边缘，人民温饱都成问题，国家建设百业待兴。邓小平敏锐地捕捉到世界发展的大势，并结合我国社会主义现代化建设的客观实际，对当代中国所面临的国际形势和时代主题有了更为清醒、更加符合实际的认识，纠正了党内对国际矛盾"左"的估计。"一个国家要取得真正的政治独立，必须努力摆脱贫困。而要摆脱贫困，在经济政策和对外政策上都要立足于自己的实际，不要给自己设置障碍，不要孤立于世界之外。"1978 年，中国安排了 13 名副总理一级的干部出访约 20 次，共访问了 50 个国家。同时还有数百名部长、省长、第一书记及其部下出国考察。在 1978 年所有的出国考察中，对中国实行开放政策影响最大的是当时分管经济工作的副总理谷牧所率领的考察团。1978 年 5 月初，谷牧副总理率领一个由众多高级领导组成的庞大的中国政府考察团，开启了对西欧五国的实地考察，这是一次对资本主义发达国家的近距离接触，是新中国经济建设历史的头一次，从意识形态差异的角度看带有破冰意义。建设一个富强的社会主义现代化国家，既是中国共产党人梦寐以求的奋斗目标，也是对中国人民庄严的承诺。“贫穷不是社会主义”，“我们要赶上时代，这是改革要达到的目的”。基于被开除“球籍”的危机感和对现代化的重新认识，邓小平毫不犹豫支持关于真理标准问题大讨论，在全国范围内掀起了一场思想解放运动，为工作重心的转移和实行改革开放奠定了思想基础，给了处于彷徨状态的中国新的发展机遇。

党的十一届三中全会是改革开放的发令枪，这次会议冲破长期“左”的错误的严重束缚，批评“两个凡是”的错误方针，充分肯定必须完整、准确地掌握毛泽东思想的科学体系，高度评价关于真理标准问题的讨论，果断结束“以阶级斗争为纲”，重新确立马克思主义的思想路线、政治路线、组织路线。从此，我国改革开放拉开大幕，实现新中国成立以来党的历史上具有深远意义的伟大转折，开启了改革开放和社会主义现代化的伟大征程。

从开启新时期到跨入新世纪，从站上新起点到进入新时代，改革开放以来，我们党引领人民绘就了一幅波澜壮阔、气势恢宏的历史画卷，谱写了一曲感天动地、气壮山河的奋斗赞歌，改革开放和社会主义现代化建设的伟大成就举世瞩目，我国实现了从生产力相对落后的状况到经济总量跃居世界第二的历史性突破，实现了人民生活从温饱不足到总体小康、奔向全面小康的历史性跨越，推进了中华民族从站起来到富起来的伟大飞跃。党的十一届三中全会是划时代的，实现党和国家工作中心战略转移，开启了改革开放和社会主义现代化建设新时期。党的十八届三中全会也是划时代的，对经济体制、政治体制、文化体制、社会体制、生态文明体制、国防和军队改革和党的建设制度改革作出部署，实现改革由局部探索、破冰突围到系统集成、全面深化的转变，开创了我国改革开放新局面，各领域基础性制度框架基本确立，许多领域实现历史性变革、系统性重塑、整体性重构；实行更加积极主动的开放战略，构建互利共赢、多元平衡、安全高效的开放型经济体系。40 多年来，我们党领导人民创造了人间奇迹，在改革开放中始终引领人们披荆斩棘、砥砺奋斗的是一股无形的精神力量，这种力量就是改革开放精神。

（二）内涵解读

2024 年 7 月，党的二十届三中全会召开，会议明确提出进一步全面深化改革的总目标：继续完善和发展中国特色社会主义制度，推进国家治理体系和治理能力现代化。改革开放到进一步全面深化改革，改革开放的一脉相承集中体现在改革开放精神的传承。从“实践是检验真理的唯一标准”，到“冲破思想观念的障碍、突破利益固化的藩篱”，彰显了解放思想、实事求是的精神品质；从“杀出一条血路”，到“敢于啃硬骨头，敢于涉险滩”，蕴含着敢闯敢试、勇于创新的境界追求；从打开国门搞建设摆脱被开除“球籍”的危险，到“走近世界舞台的中央”，展现了互利合作、命运与共的博大胸怀。

1. 解放思想、实事求是

解放思想、实事求是，是伟大改革开放精神的灵魂。思想是时代之母，求是乃理论之源。改革开放是一场思想领域的伟大革命和社会变革的巨大力量。正是因为党的十一届三中全会前夕的真理标准问题大讨论，掀起了新时期思想解放的潮流，冲破了“两个凡是”的思想禁锢，廓清了困扰和束缚实践发展的思想迷雾，确立了实事求是的马克思主义思想路线、政治路线、组织路线，呈现出实事求是的政治自觉、思想自觉、理论自觉与行动自觉，从而不断推进马克思主义中国化时代化大众化，不断开辟当代马克思主义发展新境界，促进了全党和全国人民思想的高度统一，为改革开放的伟大实践奠定了坚实的思想基础，激发了广大干部群众勇于实践、大胆创新的热情和行动。

2. 敢闯敢试、勇于创新

敢闯敢试、勇于创新，是伟大改革开放精神的核心。创新是改革开放的生命和时代前行的号角。中国改革开放的开启是在强大的内源性社会动力作用下开始的，伟大改革开放精神就是不断突破体制和利益的藩篱，勇敢去试、大胆去闯，使每个参与者都能公平公正地分享到改革开放成果，从而将个人的发展与国家富强、民族复兴有机地融于一体。实施改革开放，没有现成的经验和模式可循，既不能机械套用马克思主义经典作家的设想，也不能简单复制其他国家社会主义的模式，而是要结合中国社会主义初级阶段的实际国情创造性地走出一条全新的中国特色社会主义道路。新时代以来，改革发展面临新形势新挑战，我们党始终沿着正确方向推动改革创新，既不走封闭僵化的老路，也不走改旗易帜的邪路，以前所未有的决心和力度冲破思想观念束缚，突破利益固化藩篱，破除各方面体制机制障碍，开创了我国改革开放全新局面。进一步全面深化改革，既要有道不变、志不改的强大定力，坚持四项基本原则、坚定“四个自信”不动摇，又要有敢创新、勇攻坚的锐气胆魄，顺应实践发展，突出问题导向，在新的起点上推进理论创新、实践创新、制度创新、文化创新以及其他各方面创新，推动改革不断取得新突破。

3. 互利合作、命运与共

互利合作、命运与共，是伟大改革开放精神的关键。在世界多极化、经济全球化、文化多样化、教育国际化、社会信息化深入发展的今天，世界各国安危与共、命运相系，越来越成为你中有我、我中有你的命运共同体。中国的发展离不开世界，世界的繁荣也需要中国。改革开放要求我们更全面地了解西方、借鉴西方、审视西方，向世界学习一切先进理念、技术和管理，借鉴人类文明一切优秀成果；同时也要承担大国的责任，为维护和平和安全发挥更大的作用，为人类发展与进步作出更多的贡献，展示了中华民族的博大胸襟和大国担当。

精神引领

闭关自守只会导致落后。中国要建设社会主义，必须实行对外开放。

一个国家要取得真正的政治独立，必须努力摆脱贫困。而要摆脱贫困，在经济政策和对外政策上都要立足于自己的实际，不要给自己设置障碍，不要孤立于世界之外。根据中国的经验，把自己孤立于世界之外是不利的。

——《邓小平与外国首脑及记者会谈录》，台海出版社 2011 年版

不敢解放思想，不敢放开手脚，结果是丧失时机，犹如逆水行舟，不进则退。

实事求是是马克思主义的精髓，要提倡这个不要提倡本本，我们改革开放的成功不是靠本本，而是靠实践靠实事求是。

——《邓小平文选》第三卷，人民出版社 1993 年版

改革开放 40 年的实践启示我们：方向决定前途，道路决定命运。我们要把命运掌握在自己手中，就要有志不改、道不变的坚定。改革开放 40 年来，我们党全部理论和实践的主题是坚持和发展中国特色社会主义。

——2018 年 12 月 18 日，习近平在庆祝改革开放 40 周年大会上的讲话

推动形成全面开放新格局。开放带来进步，封闭必然落后。中国开放的大门不会关闭，只会越开越大。要以“一带一路”建设为重点，坚持引

进来和走出去并重，遵循共商共建共享原则，加强创新能力开放合作，形成陆海内外联动、东西双向互济的开放格局。

——2017年10月18日，习近平在中国共产党第十九次全国代表大会上的报告

改革开放铸就的伟大改革开放精神，极大丰富了民族精神内涵，成为当代中国人民最鲜明的精神标识！

改革开放是我们党的一次伟大觉醒，正是这个伟大觉醒孕育了我们党从理论到实践的伟大创造。改革开放是中国人民和中华民族发展史上一次伟大革命，正是这个伟大革命推动了中国特色社会主义事业的伟大飞跃！

——2018年12月18日，习近平在庆祝改革开放40周年大会上的讲话

改革开放四十年的实践启示我们：为中国人民谋幸福，为中华民族谋复兴，是中国共产党人的初心和使命，也是改革开放的初心和使命。

——习近平：《论坚持全面深化改革》，中央文献出版社2018年版

当前，很多重大改革已经进入推进落实的关键时期，改革任务越是繁重，越要把稳方向、突出实效、全力攻坚，通过改革有效解决困扰基层的形式主义问题，继续把增强人民群众获得感、幸福感、安全感放到突出位置来抓，坚定不移推动落实重大改革举措。

——2019年3月19日，习近平在十九届中央全面深化改革委员会第七次会议上的讲话

坚持深化改革开放。深入推进改革创新，坚定不移扩大开放，着力破解深层次体制机制障碍，不断彰显中国特色社会主义制度优势，不断增强社会主义现代化建设的动力和活力，把我国制度优势更好转化为国家治理效能。

——2022年10月16日，习近平在中国共产党第二十次全国代表大会上的报告

改革开放是决定当代中国命运的关键一招，也是决定中国式现代化成败的关键一招。

——2023年2月7日，习近平在学习贯彻党的二十大精神研讨班开班式上的讲话

今年是中国改革开放45周年，中国将坚持推进高水平对外开放，以高质量发展全面推进中国式现代化，为各国开放合作提供新机遇。中国愿同各国各方一道，以服务开放推动包容发展，以服务合作促进联动融通，以服务创新培育发展动能，以服务共享创造美好未来，携手推动世界经济走上持续复苏轨道。

——2023年9月2日，习近平向2023年中国国际服务贸易交易会全球服务贸易峰会发表的视频致辞

精神光照

案例1. 一场关于真理标准的大讨论

43年前，正是时任南京大学哲学系教师的胡福明从这里寄出的一篇文章，如春雷惊醒万物一般，引发了一场全国性的思想解放运动。

1976年10月，中央政治局一举粉碎“四人帮”，结束了延续10年的“文化大革命”。举国欢腾，百业待举，党面临着全面拨乱反正的任务。但是，这一进程受到“两个凡是”错误方针的阻碍，党和国家的事业出现徘徊局面。怀着强烈的历史责任感和知识分子的自觉，经历了数次激烈思想斗争后，1977年夏天，胡福明终于下定决心要针对“两个凡是”写一篇文章。当时，胡福明的妻子检查出肿瘤，需要住院做手术。于是他干脆将《马克思恩格斯选集》《列宁选集》和《毛泽东选集》搬到医院里，一边陪护住院的妻子，一边利用晚上闲暇时间在医院的走廊里翻阅经典，并从中找出几十条关于实践的论述，写出了8 000多字的长文，题目是《实践是检验真理的标准》。随后，他把稿子寄给了《光明日报》。

然而稿子寄出后便杳无音信，直到4个月后，胡福明才收到《光明日报》编辑部寄回的清样并附带一封信，告知其“文章会采用，但是需要进一步修改。”就这样，抱着严谨认真的态度，稿子反反复复修改了五六个来回。直至1978年4月，胡福明去北京参加哲学讨论会，又与《光明日报》杨西光、马沛文、王强华及中央党校孙长江、吴江等人反复修改，并决定在文章标题中加入“唯一”二字以增加战斗力，最后由当时的中央党校副校长胡耀邦同志审定。1978年5月10日，该文章在中央党校《理论动态》第60期率先刊发，5月11日，以“本报特约评论员”的名义在《光明日报》头版发表；12日，《人民日报》《解放军报》以及《解放日报》等全文转载。

文章一经发表，巨大的反响和指责几乎同时产生，很多人认为这篇文

章理论上是荒谬的、错误的，政治上的问题很大，它是“砍旗的”，是“丢刀子的”。中央主管思想理论工作的领导人则一再召开会议，点名特约评论员，进行批评指责，一再下禁令，要求“下不为例”。所有参与其中的人都承受着巨大压力。就这样，刚刚开始的真理标准大讨论一下子又被压下去了。而在漩涡中心的胡福明则向好友刘林元说：“老刘，我已经做好坐牢准备。”

关键时刻，邓小平同志站了出来。在1978年6月2日全军政治工作会议上，邓小平明确指出，实事求是，是毛泽东思想的出发点、根本点。态度鲜明地支持真理标准大讨论，尖锐地批评了那种违背实事求是，搞“照抄照搬”的唯心主义和形而上学观点。邓小平同志以巨大的理论勇气和政治魄力，有力地推动了真理标准问题讨论的深入开展。这个讨论发展到1978年的八、九、十月，就形成了大讨论的局面。随后召开的十一届三中全会，对真理标准问题讨论作了高度的评价。这标志着真理标准问题讨论已经取得了成功。

《实践是检验真理的唯一标准》发表后，胡福明的人生也发生改变，1982年，胡福明离开南大，调到江苏省委工作，历任省委宣传部部长、省委党校校长、江苏省政协副主席等职。2018年12月18日，胡福明被授予改革先锋称号，被颁授改革先锋奖章，并获评真理标准大讨论的代表人物。2020年10月18日，胡福明获南京大学哲学系“最高贡献奖”。

回忆那段激情燃烧的岁月，胡福明说：“天下兴亡，匹夫有责，作为一名理论工作者，我有责任明辨是非，我有责任坚持马克思主义的基本理论，这是时代的要求。”

——节选自刘世康、李成慧：《1978年里的一声春雷》，《中国妇女报》，2021年6月4日

案例2. 为吃饱饭签下“生死契约”

1978年以前，小岗村是安徽省凤阳县有名的“三靠村”，吃粮靠返销，用钱靠救济，生产靠贷款。每年秋收结束后，外出要饭成了小岗村最大的“副业”，几乎家家都要外出讨饭。穷则变，变则通。1978年12月的一天，在村头严立华家召开了一次秘密会议，诞生了著名的“红手印托孤书”，18个农民冒着坐牢的危险，立下生死状，和政策对着干，把土地分给农民单干。为什么分田到户还要按手印呢？据生产队长严俊昌介绍，有老人提醒他，如果把土地分到户，这个路是走不通的，而且是“现行反革命”。老人家让他问清楚，如果这条路走不通是不是会怪到干部头上。严俊昌觉得老人说得有道理，就把大家找来，问大家如果分田到户的路走不通，会不会后悔？大家说不后悔。严俊昌又问他们如果走不通，是否怪干部？干部倒霉怎么办？

大家说："如果干部倒霉坐了牢，我们就给干部送牢饭，如果真的杀头枪毙，就把他的小孩养活到 18 岁。"据说，当时也没有纸，就在小孩念书的本子上撕了张纸，大家按了手印，发誓赌咒，任何人不能说，算是大伙互相担保。保证第一要完成国家的，第二要留足集体的，剩下的才是自己的。

按手印分田到户的举动，在中国改革历史上，画下了浓墨重彩的一笔。"大包干"如同星星之火，渐成燎原之势，为全国农村改革提供了范本，以"家庭联产承包责任制"命名的中国农村改革迅速在全国推开，给中国农村带了巨大的变化。小岗村实行"大包干"后的第一年，全队粮食总产量为 13. 3 万斤，是 1955 年到 1970 年粮食产量的总和；人均收入达 400 元，是 1978 年的 18 倍。实行大包干后，小岗村的农民再也没有出去要过饭，不但解决了温饱问题，手里还有了余粮。

——节选自蒋积伟：《改革开放精神》，中央党史出版社，2020 年，第 84 页

案例 3."4 分钱奖金"

1979 年 1 月 31 日，中央批复同意了建立蛇口工业区的请示，蛇口工业区正式成立。1979 年 7 月 8 日，蛇口工业区基础工程正式破土动工。南海之滨，虎崖山下，移山填海，开山炮硝烟腾起，"开山第一炮"如同春雷炸响神州，成为改革开放的启幕乐章。

但施工队的进度十分缓慢。按照合同规定，必须在 1980 年 1 月完成码头 150 米的施工。眼看时间紧迫，工地的进度却让人着急。

从炸山的地方运土到码头，路程也就 300 米，一辆车一天跑 80 趟不成问题，但车队每天只能完成一半进度。蛇口工业区指挥部的人跑去找先后任蛇口工业区管委会委员、总工程师室副主任、总工程师，兼任过工业区内多个部门领导职务的孙绍先说："老孙，你快去看看吧，工人们都不干活。"

孙绍先跑去一看，中午太阳很大，工人们都钻到汽车底下乘凉呢。他赶紧去找招商局集团原常务副董事长袁庚，他想了想，盯着孙绍先问："能不能搞点奖金?"

孙绍先愣了一下，那时还没有打破大锅饭，奖金怎么定也没有参照系数啊。后来经过商量，拉土的距离乘上趟数，定额每人每天 55 车，完成定额后每车奖 2 分钱，超过定额，每车奖 4 分钱。

政策一公布，工人们都从车底下爬出来，发动汽车去运土。最多的人一天跑了 131 车，一天奖金就是 4. 14 元，最多的一个人一个月拿了 400 多快。这超过了工人们一年工资总和了。

蛇口工业区实施“4 分钱”超产奖励制度，拉开了中国分配制度改革序幕。蛇口充分运用中央赋予的自主权，以“敢为天下先”的勇气与智慧，突破计划体制束缚，进行以市场为取向的经济体制改革。从 1979 年到 1984 年，蛇口创造了 24 项“全国第一”，包括第一个实现超产奖励制、第一个实行全国招聘用人制度、第一个改革工资分配制度等。

——节选自《蛇口四分钱奖金的故事　拉开中国分配制度改革序幕》，深圳市档案馆门户网站，2021 年 1 月 5 日

案例 4. “马桶盖”风潮

十多年前，日本的智能马桶盖突然人气大增，成为不少中国人赴日采购清单上的首选，有人甚至一次买两三只带回国。财经作家吴晓波以此为话题发表热文《去日本买只马桶盖》，第一天阅读量就超过 60 万，尽管有大量网友认为此文章贬低了中国制造，但的确戳中了国人的“痛点”，即“低端产品过剩、高端产品生产不了”。不是中国不能生产马桶盖，只是消费者需要更高端的马桶盖。

以习近平同志为核心的党中央审时度势，适时提出推进供给侧结构性改革，从生产端入手，重点促进产能过剩有效化解，促进产业优化重组，降低企业成本，发展战略性新兴产业和现代服务业，增加公共产品和服务供给，提高供给结构对需求变化的适应性和灵活性。简言之，就是去产能、去库存、去杠杆、降成本、补短板。供给侧结构性改革是冲着经济结构去的，有可能伤筋动骨，带来一些筋骨的疼痛。比如，旧的动能减弱，会带来经济增长减速，经济增长减速就会有阵痛；去产能，处置“僵尸企业”，可能带来下岗失业等痛点；去库存，可能带来更多的经济纠纷，调解、化解矛盾的任务就会更重。所以，产生这样那样的“痛”是不可避免的，甚至可能会持续比较长的时间。如不能解放思想，因为眼前的困难和一时之痛，不敢推进改革，将来就会有大痛为此，2016 年 5 月，习近平总书记在中央深改组第二十四次会议上强调，改革有阵痛，但是不改革就是长痛。鲜明地表达了党中央实施供给侧结构性改革的决心，并不断地推动供给侧结构性改革从经济领域向文化、社会等领域延展。如今，中国游客去日本旅行时，马桶盖也不再是购物的第一选择，“马桶盖”风潮已逐渐消逝，我国供给侧结构性改革已经初成效。但是，如果当初依旧沉迷于“中国制造”的光环中，抑或不愿承受改革带来的阵痛，缺少对未来经济走向的忧患意识和预判，就不能创出今天这样一片新天地。

——节选自蒋积伟：《改革开放精神》，中央党史出版社，2020 年，第 72 页

案例 5. “倡议是中国的，机遇是世界的”

“驼铃古道丝绸路，胡马犹闻唐汉风。”自西汉起，就有一条连接中国、中亚、西亚和欧洲的贸易大通道，横穿欧亚大陆。丝绸、瓷器西去，良马、宝石东来，这一通道的开辟，书写下中西交流史的瑰丽篇章。19 世纪末，德国地理学家李希霍芬将这条通道称为“丝绸之路”，并得到广泛认同。2013 年 9 月 7 日，国家主席习近平在哈萨克斯坦纳扎尔巴耶夫大学发表演讲时提出共建“丝绸之路经济带”倡议。同年 10 月，他在印度尼西亚国会演讲时又提出共建“21 世纪海上丝绸之路”。共建“一带一路”，是中国参与全球开放合作、改善全球经济治理体系、促进全球共同发展繁荣、推动构建人类命运共同体的中国方案。

“一带一路”倡议是中国的，机遇是世界的。按照世界银行的数据，当今世界约 60%的经济产出来自距离海岸线不超过 100 公里的沿海地区，一些国家尤其是内陆国家在经济全球化过程中被边缘化，甚至成为“被遗忘的角落”，反过来制约经济全球化进程。中国是一个发展中大国，但我们不回避应尽的国际责任。中国谋求合作共赢，在实现自身发展的同时帮助广大发展中国家谋求共同进步。截至第三届“一带一路”国际合作高峰论坛，中国已与 150 多个国家、30 多个国际组织签署共建“一带一路”合作文件，成立了 20 多个专业领域多边合作平台；一大批标志性项目和惠民生的“小而美”项目落地生根；共商共建共享、开放绿色廉洁、高标准惠民生可持续，成为高质量共建“一带一路”的重要指导原则。“一带一路”合作从亚欧大陆延伸到非洲和拉美，“朋友圈”越来越大的背后，是“一带一路”已经由“倡议”转化成了实际行动。

“中国菌草是我们的‘幸福草’”

菌草技术通过“以草代木”栽培食用菌，解决了“食用菌生产必须靠砍伐树木”的世界难题。20 多年来，中国先后举办了 270 期菌草技术国际培训班，为 106 个国家培训 1 万多名学员，在 16 个国家建立了菌草技术实验示范中心或基地，创造了数十万个绿色就业机会。在斐济，菌草技术被誉为“岛国农业的新希望”；在莱索托，因短时间就有收获，农民称菌草为“致富草”；在卢旺达，有 3 800 多户贫困户因为参与菌草生产，现在每户每年收入增加了 1 至 3 倍。

中老铁路和雅万高铁

中老铁路全长 1035 公里，历时 11 年艰苦建设，挖通 167 座隧道，架设 301 座桥梁，于 2021 年 12 月 3 日开通运营。开建以来，带动当地就业超过 11 万人次，帮助沿线村民修建道路、水渠接近 2 000 公里，为当地百姓带来了大量看得见、摸得着的利益。截至 2023 年 1 月 31 日，中老铁路累计开行旅客列车 20 000 列，发送旅客 1 030 万人次。雅万高铁是东南亚第一条高速铁路，最高设计时速 350 公里，建成通车后雅加达至万隆之间的旅行时间由 3 个多小时缩短至 40 分钟。

蒙内铁路促进肯尼亚经济社会发展

肯尼亚蒙内铁路东起东非第一大港口蒙巴萨，经首都内罗毕，向西北延伸到苏苏瓦站，全长 592 公里，采用中国标准、技术、装备和运营管理，是中肯共建“一带一路”的重要成果之一，被誉为友谊之路、合作共赢之路、繁荣发展之路和生态环保之路。

蒙内铁路是肯尼亚独立以来最大的基础设施建设项目，自 2017 年开通运营以来，对肯尼亚经济社会发展和民生改善产生了积极影响，也大幅降低了东非内陆地区的产品经蒙巴萨港出口的物流成本。截至 2023 年 8 月 31 日，蒙内铁路日均开行 6 列旅客列车，累计发送旅客 1 100 万人次，平均上座率保持在 95%以上；日均开行 17 列货运列车，累计发送货物 2 800 万吨。据肯尼亚政府估计，蒙内铁路对肯尼亚经济增长的贡献率达 2%。在蒙内铁路建设和运营过程中，中国企业注重技术转移，对当地员工进行培训。建设期间，对超过 3 万名肯尼亚员工进行了入职培训，每年选拔当地青年赴中国参加培训和学历教育。自开通运营以来，采取“因人因专业因岗位”的培训方式，已为肯尼亚培养专业技术成熟人员 1152 名。

——节选自《共建“一带一路”：构建人类命运共同体的重大实践》白皮书，国务院新闻办公室，2023 年 10 月

学习资源

1. 纪录片《中国 1978》
2. 纪录片《改革开放 30 年纪实》
3. 电影《历史转折中的邓小平》
4. 电影《情满珠江》
5. 电影《外来妹》
6. 电视剧《大江大河》
7. 电视剧《希望的大地》

阅读推荐

1.《改革开放精神》，蒋积伟，2020 年，中央党史出版社。

2.《改革先锋风采录》，中央庆祝改革开放 40 周年表彰工作领导小组办公室，2019 年，党建读物出版社出版。

3.《力量的源泉：改革开放以来群众的首创精神》，石仲泉，2019年，人民出版社。

4.《新时代全面深化改革的重大成就》，曲青山，《求是》，2024年第15期。

实践基地

1. 深圳改革开放展览馆
2. 小岗村大包干纪念馆

思考讨论

结合实际，谈一谈改革开放精神对青年成长成才的重要意义。

第15讲　抗震救灾精神

精神要义

什么是抗震救灾精神？2008年5月12日，一场突如其来的里氏8.0级大地震，袭击了中国的四川汶川地区。这是新中国历史上破坏性最强、波及范围最广、救灾难度最大的一次地震。地震发生后，中国共产党团结带领全国军民，用世人称道的抗灾救灾的实际行动，奋勇夺取抗震救灾斗争重大胜利，凝聚起抗震救灾精神。这一精神的主要内涵包括：万众一心、众志成城，不畏艰险、百折不挠，以人为本、尊重科学。

精神渊源

（一）背景来源

2008年5月12日，四川汶川发生里氏8.0级特大地震。在党中央、国务院和中央军委领导下，我们开展了历史上救援速度最快、动员范围最广、投入力量最大的抗震救灾斗争，最大限度地挽救了受灾群众生命，最大限度地减低了灾害造成的损失，夺取了抗震救灾斗争的重大胜利，形成了万众一心、众志成城，不畏艰险、百折不挠，以人为本、尊重科学的伟大抗震救灾精神。2013年5月2日，习近平总书记就芦山地震抗震救灾工作作出重要指示时强调："大力弘扬伟大抗震救灾精神，大力发挥各级党组织领导核心和战斗堡垒作用、广大党员先锋模范作用"。

四川汶川特大地震是新中国成立以来破坏性最强、波及范围最广、救灾难度最大的一次地震。面对突如其来的特大地震灾害，全党全军全国各族人民众志成城，迎难而上，顽强奋战。从中央到地方各级党委和政府坚强领导、科学指挥，始终与灾区人民心连心、同呼吸、共命运；灾区各级党委和政府处变不惊、指挥若定，各级干部挺身而出、身先士卒，带领群众化悲痛为力量、从废墟上勇敢站立起来，充分发挥了中流砥柱作用；人民解放军指战员、武警部队官兵、民兵预备役人员和公安民警冲锋在前、勇挑重担，发挥了主力军和突击队作用；全国人民心系灾区、情系灾区，形成了齐心协力抗击灾害的磅礴力量。这场特大地震灾害，既是人世间的一场重大磨难，也是前进中的一场重大考验。抗震救灾斗争重大胜利再一次证明，社会主义中国具有强大发展活力，人民是推动中国社会发展进步的真正动力，人民军队是保卫人民的钢铁长城，中国共产党是中国特色社会主义事业的坚强领导核心。我国社会主义制度的优越性，中华民族的优秀品质，人民军队的政治本色，中国共产党的坚强领导，是我们国家和民族的显著政治优势，我们必须倍加珍惜、永远坚持。

在波澜壮阔的抗震救灾斗争中，我们用理想凝聚力量、用信念铸就坚强、用真情凝结关爱，铸就了伟大抗震救灾精神。面对特大地震灾害，我们万众一心、众志成城，举国上下患难与共，前方后方同心协力，海内海外风雨同舟，凝结成坚如磐石、牢不可破的生命共同体，充分展现了中华民族和衷共济、团结奋斗的民族品格；不畏艰险、百折不挠，重灾面前不低头，生死较量不战栗，千难万险不放弃，顽强挑战体力极限、精神极限、生存极限，哪里灾情危急就向哪里冲去，哪里有生死考验就向哪里挺进，哪里有受灾群众就向哪里集结，充分展现了中华民族自强不息、敢于胜利的民族品格；坚持以人为本、尊重科学，和时间赛跑、同死神抗争，对生命高度关爱、对科学高度尊崇，既充分发挥人的能动精神，又充分发挥科技的重要作用，展现了中华民族关爱生命、崇尚理性的民族品格。伟大抗震救灾精神，集中体现和进一步发展了爱国主义、集体主义、社会主义精神，集中体现和进一步发展了我们党和军队的光荣传统和优良作风，集中体现和进一步发展了中华民族的伟大民族精神和当代中国人民的时代精神，是中国共产党人精神谱系的重要组成部分。

——节选自本报评论员：《大力弘扬伟大抗震救灾精神——论中国共产党人的精神谱系之十七》，《人民日报》，2021 年 9 月 13 日

（二）内涵解读

多难兴邦，实干强国。回望过去，我们历经很多自然灾害，但中国人民从未退缩。正如习近平总书记强调：“中华民族历史上经历过很多磨难，但从来没有被压垮过，而是愈挫愈勇，不断在磨难中成长、从磨难中奋起。”

大力弘扬抗震救灾精神，克服前进道路上的艰难险阻，我们一定能创造出无愧于时代、无愧于历史、无愧于人民的业绩，实现中华民族伟大复兴的中国梦。

1. 万众一心、众志成城的团结精神

“万众一心、众志成城”是中华民族和衷共济、团结奋斗精神的生动体现。中国人民是具有伟大团结精神的人民，“兄弟同心，其利断金”“岂曰无衣，与子同袍”，是千百年来中华民族同甘共苦、生死与共，同舟共济、守望相助的伟大团结精神的生动写照。在漫长的历史进程中，中华民族从改造自然的实践斗争中深刻认识到，在自然面前，尤其是特大自然灾害面前，多么强大的个体力量都显得微弱渺小。只有每个个体团结起来，才能汇聚和激发起战胜各种艰难险阻的磅礴伟力。因此，“万众一心、众志成城”的伟大团结精神，既是一种宝贵的民族品格，也是一种战天斗地的生存智慧，更是一种凝心聚力的强大力量。它支撑中华民族走过几千年风雨磨难，激励中国人民携手战胜巨大灾难、共建美好家园。在汶川特大地震灾害中，从城市到乡村、从部队到厂矿、从机关到基层、从街道到学校，举国上下患难与共，前方后方同心协力，海内海外和衷共济……团结勇敢的中国人民在灾难的废墟之上，用感天动地的人间大爱，凝聚起一方有难、八方支援的钢铁力量，谱写了一曲“万众一心、众志成城”的团结之歌。

“万众一心、众志成城”是集体主义价值原则的充分展现。灾难是人心人性的“透视镜”，也是一个国家和民族所遵循价值原则的“试金石”。团结就是力量。灾难来临的生死关头，自私还是互助，逃跑还是逆行，冷漠还是热血，这一道道选择题的答案，归根结底，取决于个体与集体利益孰先孰后、孰轻孰重的价值排序。中国人民在抗震救灾中涌现的无数感人事例，向世界充分展现了社会主义核心价值观中蕴含的集体主义价值原则。将生的希望留给学生的老师，为抢救遇险同胞而敢于牺牲的将士，亲人遇难仍强忍悲痛、坚守救灾一线的党员干部，为灾区捐款捐物、倾力奉献的各界人士……正是有国才有家的群体意识，集体利益高于个体利益的价值共识，让中国人民将“万众”凝成“一心”，用“众志”铸就“钢铁长城”。

“万众一心、众志成城”是社会主义集中力量办大事制度优势的有力彰显。灾难是一场大考，不同的国家会交出截然不同的答卷，是一盘散沙还是全国一盘棋，是孤军奋战还是八方来援，不同国家制度体系和治理体系的差别，决定了一个国家能否在最短时间内迅速动员、组织和汇聚各方力量。习近平总书记指出，“我们最大的优势是我国社会主义制度能够集中力量办大事。这是我们成就事业的重要法宝”。面对特大灾难，在抗震救灾斗争中，集中力量办大事的制度优势，是中国人民能够团结起来、共抗震灾的关键因素。震灾发生后，党和国家统筹各方，运筹帷幄；人民军队坚决

听党指挥，冒死空降灾区；医护工作者一声令下、第一时间奔赴灾区；新闻工作者挺进第一现场，党员干部冲在灾情最重第一线，志愿者天南地北奔赴灾区，社会各界争先恐后捐款捐物、无偿献血；交通、气象、供水、供电、供气等后方各战线坚守岗位、并肩作战……这些紧张有序、步调一致的行动背后，有着强大的国家制度支撑。从调集人员到支援物资，从收治伤员到安置移民，从建造临时和过渡住所到19个省市对口支援灾后重建，无一不体现了全国一盘棋、集中力量办大事的制度优势。

2. 不畏艰险、百折不挠的民族品格

在同特大地震灾害的斗争中，我们党团结带领全国人民不畏艰险、百折不挠，充分展现了中华民族自强不息、敢于胜利的民族品格。

不畏艰险、百折不挠是中华民族勤劳勇敢、自强不息精神基因的体现。中华民族五千年的历史长河布满荆棘苦难，勤劳勇敢、自强不息的伟大民族精神正是支撑我们历经苦难、创造辉煌的不竭力量。《周易》有云，“天行健，君子以自强不息”，这种自强奋斗精神经过漫长历史的反复检验和深厚积淀，成为渗透在中华民族血脉之中的文化基因和精神传统。当困难和挑战来临时，中国人民选择“不怨天，不尤人”，坚信“胜人者有力，自胜者强”。“生于忧患而死于安乐”“多难兴邦”，更是中国人民辩证看待、勇敢对待苦难的生动写照。正是凭着这种自强不息的精神传承，中国人民面对忧患和灾难不悲观、不气馁，用“穷且益坚，不坠青云之志”“自古男儿当自强”来自励自勉，从而成就了无数战天斗地、人定胜天的人间奇迹。

不畏艰险、百折不挠是中国人民战胜磨难、创造奇迹的强大精神武器。汶川地震对中国人民生命财产安全的毁坏和伤害超乎想象，灾难以极其惨烈的方式挑战着人们的体力极限、精神极限和生存极限。在地震的废墟前，中国人民以超人的顽强意志，创造了无数可歌可泣的生命奇迹。一名被压在废墟里的女孩子在手脚受伤的情况下，一遍遍地哼着乐曲，靠着顽强的“钢琴梦想”激励自己不要入睡，最终战胜了死神。在地震中，吃蚯蚓、嚼青草、喝雨水……无数平凡的中国人用他们的坚强和勇敢，谱写了一曲生生不息的伟大生命赞歌。

不畏艰险、百折不挠是中国人民勇敢屹立于世界民族之林的重要精神支柱。一个伟大的民族之所以伟大，在于她拥有一种历经磨难而信念愈坚、饱尝艰辛而斗志更强的强大精神支柱和伟大民族精神。强震袭来，地动山摇、天崩地裂，天府乐土顿成废墟焦土。同胞罹难，家庭破碎；房屋倒塌，家园被毁；生态毁坏，生产受损；崩塌、滑坡不断，泥石流、堰塞湖危若累卵。面对满目疮痍的山河家园，中国人民用大爱托起生的希望，用大勇鼓起重建家园的信心。泰山压顶不弯腰，生死较量不战栗，千难万险不放弃，哪里灾情危急就向哪里冲锋，哪里有生死考验就向哪里挺进，哪里有受灾群众就向哪里集结，哪怕只有万分之一的希望，也要付出百分之百的努力。中国人民用铁一般的肩膀、钢一般的意志筑起战胜灾难、战胜死神的钢铁长城。救灾难，灾后重建同样难。汶川地震灾区，大多处于交通不便的山区，灾后重建困难重重。但是，在重建家园的战场上，自强不息、百折不挠的强大精神力量，再次让中国人民创造了奇迹。短短几年时间，曾经山河破碎的悲伤之地浴火重生，实现了跨越式发展。

3. 以人为本、尊重科学的时代精神

同特大地震灾害的艰苦搏斗，既需要自觉发扬人文精神的主体力量，也要充分发挥科学技术的重要作用。在抗震救灾斗争的实践中，中国人民坚持以人为本、尊重科学，关爱生命的人文精神与崇尚理性的科学精神交相辉映，极大增强了取得抗击灾难的信心和底气，也为抗震救灾精神注入了新的时代内涵。

以人为本，就是将人民群众的生命安全放在高于一切的位置，以人民至上、生命至上的人文精神汇聚全民族的力量。抗震救灾是一场与死神较量的生死大营救。在抗震救灾的过程中，我们和时间赛跑、同死神抗争，充分体现了我们党全心全意为人民服务的宗旨和初心，也充分彰显了社会主义中国珍爱生命、人民至上的价值准则。灾情发生以来，党和国家组织动员各方力量，始终坚持把抢救人的生命摆在第一位，开展了我国历史上救援速度最快、动员范围最广、投入力量最大的抗震救灾斗争，最大限度地挽救受灾群众生命，最大限度地降低灾害造成的损失，84 017 名群众从废墟中被抢救出来，149 万名被困群众得到解救，430 多万名伤病员得到及时救治，1 万多名重伤员被快速转送全国 20 个省区市 375 家医院，1 510 万名紧急转移安置的受灾群众基本生活得到妥善安排，881 万名灾区困难群众得到救助。这一系列数字背后，是一个个从死神手中抢回的宝贵生命，是一个个在大灾中感受大爱的温暖心灵，更是一个马克思主义政党执政为民、情系苍生的政治宣言和价值追求。强震发生之后，全国人民心系灾区人民，为每一个获救的同胞欢呼雀跃，为每一位遇难的同胞流泪哭泣，“汶川不哭，四川加油”的呐喊响彻大江南北，传递着每一个中国人对同胞的牵挂和祝福，体现出中国人民对生命的关怀和尊重。

尊重科学，就是弘扬相信科学、崇尚理性、勇于创新的时代精神，让科学为人类搏击灾难提供力量。在特大灾害面前，人类该如何应对和抗衡自然的“暴虐”？在抗震救灾斗争中，中国人民以科学理性的态度对待灾难，充分运用现代科学技术的力量最大限度降低损失，最快速度实现灾后重建。党和国家科学调度、全面统筹各方力量，人民子弟兵以高超技术克服空中和复杂地形挑战，医护人员以精湛医术全力救治，采取有效措施确保大灾之后无大疫，救援人员充分运用现代救援技术和工具，全力抢修基础设施，及时处理和化解堰塞湖等次生灾害，切实做好余震监测、气象服务、科技支撑等后勤保障，及时准确公布灾情，消除谣言和恐慌。在灾后重建中，注重科学评估规划，组织实施对口支援，确保灾后重建依法有序，高效运行。无论是及时救援还是灾后重建，党领导全国人民充分发挥科技的重要作用，彰显了中国人民始终与时代发展同步伐、不断进取、勇于创新的时代精神。

新时代的长征路上，依然可能布满风险考验。只要我们始终坚守和自觉弘扬伟大的抗震救灾精神，勤劳勇敢的中国人民就一定能携手战胜各种艰难险阻，从胜利走向新的胜利！

——节选自冯秀军：《不朽的丰碑 砥砺前行的精神力量——深刻理解抗震救灾精神的科学内涵》，《光明日报》，2020 年 12 月 9 日

精神引领

在同地震灾害斗争的过程中，唐山人民铸就了公而忘私、患难与共、百折不挠、勇往直前的抗震精神。这是中华民族精神的重要体现。

——2016 年 7 月，习近平总书记在唐山抗震救灾和新唐山建设 40 周年之际在河北唐山市考察时的讲话

要坚持抗震救灾工作和经济社会发展两手抓、两不误，大力弘扬伟大抗震救灾精神，大力发挥各级党组织领导核心和战斗堡垒作用、广大党员先锋模范作用，引导灾区群众广泛开展自力更生、生产自救活动。

——2013 年 5 月 2 日，习近平就四川芦山地震抗震救灾工作作出重要指示

灾后恢复重建发展取得历史性成就，展现了中国共产党的坚强有力领导和我国社会主义制度的优越性，要在推动产业发展、民生改善等方面继续发力，把人民家园建设得更加美好。

——2018 年 2 月 12 日，习近平在四川汶川县映秀镇考察时的讲话

中国将坚持以人民为中心的发展理念，坚持以防为主、防灾抗灾救灾

相结合，全面提升综合防灾能力，为人民生命财产安全提供坚实保障。

——2018年5月12日，习近平向汶川地震十周年国际研讨会暨第四届大陆地震国际研讨会的致信

精神光照

案例1. 撑起一片天

地震时，身处北川大山深处的陈家坝乡（现陈家坝镇）党委书记赵海清冒着滚滚尘烟冲出来，只见乡政府所在的龙湾村已被夷为平地。此时，心急如焚的他扯着嗓子喊出第一句话："是党员干部的全部站出来!"

一个，两个，三个……五个……十五个……所有活着的党员干部，没有一人临阵脱逃。他们齐心协力，先救起了乡小学校大部分幸存的孩子，又翻山越岭赶到大山另一边的村庄抢救伤员、转移群众。老弱伤残无法行走，又山路难行背不起，他们就把人捆在身上，从山上往下爬，一爬就是十几个小时，从清晨爬到夕阳西沉。

赵海清忘不了那个傍晚，乡派出所警车上的收音机忽然有了信号，他们终于听到了如母亲般的党和政府的声音，听到了救援的"千军万马"向灾区挺进的消息，听到了救灾物资正源源不断向灾区调拨的喜讯……尔后，在场的每一个人都哭了。

谈起救灾经过，赵海清讲了许多一方有难、八方支援的故事，却只字没有提到他的家人，直到有人轻轻问了一句，他的眼圈一下子红了，嘴唇张了张，一声哽咽，泪如雨下。

地震后，赵海清多想赶回去，哪怕给妻儿、给父母伸出一只臂膀。然而，他心里很清楚，危难时刻，陈家坝乡一万多名干部群众更需要一个带头顶事的人，需要大家齐心协力，共渡难关。

赵海清默默地把所有不安、痛苦的猜测统统压在心底，甚至不愿想、不愿打听……直到他从朋友打来的电话里得知妻子重伤住院，儿子和父母全部遇难。

那个晚上，赵海清在月色中悄悄爬上一块岩石，面朝北川的方向跪下，给死去的父母重重地叩了三个头，又双手捧起存有儿子照片的手机，失声痛哭……

像这样的故事，在地震灾区有很多很多；像赵海清这样的党员干部，在灾难来临时有很多很多。

灾难来临，一个个"军令状"，一句句"我先上"，无不彰显着共产党

人的责任与担当。在大地震灾害面前，无数党员干部、无数人民群众舍小家为大家，凝结成坚如磐石、牢不可破的生命共同体，凝聚成团结拼搏的强大力量。

——节选自新华社四川分社：《抗震救灾精神背后的几个瞬间》，《党建》，2024 年第 11 期

案例 2. 惊天一跳

汶川大地震后，群山崩塌，满目疮痍。震中汶川、极重灾区茂县等成为“孤岛”，道路断绝，灾情不明。

从大地开始震动的那一刻起，人民子弟兵就做好了向震中挺进的准备。

2008 年 5 月 14 日，已是大地震后的第三天。此时，救援部队仍无法从地面突破至“孤岛”茂县，但一架飞机已经飞临茂县上空。

这架飞机上搭载的，是一支空降兵部队。这支队伍机动能力强、突击速度快，可以通过机降和伞降的方式迅速向灾区投送兵力。然而，他们此行的目的地——龙门山区，多处是海拔 4 000 米以上的莽莽大山，这里无气象资料、无地面标识、无指挥引导，如果贸然空降，等待战士们的很可能是牺牲。

但是，为了尽快探清灾情、火速展开救援，飞机上的 15 名勇士二话没说，只是整了整装备，便在白茫茫一片云雾中毅然向灾区跳了下去！

“你看，那是什么？”地面上，已受困两天两夜的灾区群众，突然发现了天空中飘荡的朵朵伞花：“是解放军！是解放军来救我们了！”

成功伞降的 15 名空降兵着陆后，迅速与茂县县委、县政府取得联系，于当日 15 时许第一次传出了茂县的灾情。

这是一份拯救了无数生命的关键信息：根据县政府的统计和小分队的了解，目前茂县有 105 000 人受灾，死亡 95 人，伤 836 人，失踪 92 人。伤者中有 56 人是重伤，急需转移治疗。当地两个水电站损毁严重，有决堤的危险，现在当地政府和空降分队正在组织群众转移……

这一跳，打通了“孤岛”与外界的联系，让无数生命看到了曙光！

获取灾情信息后，救援者们争分夺秒制定出一套救援计划，在附近道路完全被毁的情况下昼夜抢工，以最快速度迂回抢出一条新的生命通道，受困群众得以安全转移。

坚强是战胜磨难的利器，勇气是创造奇迹的支撑。面对灾难，广大军民泰山压顶不弯腰，生死较量不战栗，哪里灾情危急就向哪里冲去，哪里有生死考验就向哪里挺进。这种压倒一切困难而不为任何困难所压倒的勇气，是中华民族历经磨难而信念愈坚、饱尝艰辛而斗志更强的重要精神

支柱。

——节选自新华社四川分社：《抗震救灾精神背后的几个瞬间》，《党建》，2024 年第 11 期

案例 3. 百姓应无恙

突如其来的汶川大地震严重破坏了原本稳定的地质结构，留下一个个高悬在人们头顶的堰塞湖，次生灾害不断，危机四伏。

如何才能战胜这持续不断、此起彼伏的灾害链？唯有以人为本、尊重科学。

大地震形成的唐家山堰塞湖是一个超过 2 亿立方米库容的“悬湖”，在下游绵阳等城市上空“悬吊”，成为当地百万群众心中挥之不去的梦魇，大家多么希望堰塞湖的水流得快些、再快些……

危险一触即发之际，水利、地质、地震、气象、武警水电部队等全国顶尖技术力量迅速集结，勇敢地站了出来！

2008 年 6 月 8 日 5 时 30 分，天色还是一片灰蒙，唐家山堰塞湖上便已机声隆隆。武警水电部队的官兵驾驶着 20 多台大型机械，开始了一天的劳作。

这天上午，水利部专家组也派出多位专家赴唐家山堰塞湖进行实地勘测。随后，地质专家们乘坐直升机携带钻探设备飞抵坝顶，在大坝上选好 8 个探测点，对地质结构进行钻探，以进一步确认坝体的地质结构，进一步掌握坝体的地质构造，在已有水文水情观测、降雨观测等的基础上，通过技术设备实时掌握坝体位移情况。

每天三次会商、不眠不休制定抢险方案、高科技设备从八方运抵……这是一次人们盼望已久的安全泄洪，这是一次以群众安危为己任的科学泄洪，这是一次让 130 多万绵阳人民从恐慌、焦虑恢复到平复、理解的“温暖”泄洪。

2008 年 6 月 10 日，被堰塞体阻隔了整整 29 天的洪水被精准释放，以排山倒海之势顺利通过绵阳——悬在下游人民头上的这颗巨型“炸弹”被成功拆除！

目前，我国已组建起国家综合性消防救援队伍，正在从注重灾后救助向注重灾前预防转变，从应对单一灾种向综合减灾转变，从减少灾害损失向减轻灾害风险转变。

人的生命高于一切、重于一切。在抗震救灾过程中，中华儿女和时间赛跑、同死神抗争，这种对生命的高度关爱、对科学的高度尊崇，是中国人民始终与时代发展同步伐的重要推动力量。

艰难困苦，玉汝于成。中华民族历史上经历过许多磨难，但从来没有被压垮过，而是愈挫愈勇，不断在磨难中成长、从磨难中奋起。新时代新征程上，我们要继承和发扬抗震救灾精神，勠力同心、锐意进取，为实现中华民族伟大复兴凝聚起磅礴力量。

——节选自新华社四川分社：《抗震救灾精神背后的几个瞬间》，《党建》，2024 年第 11 期

学习资源

1. 《汶川地震周年祭》音乐会
2. 【中国精神】一方有难 八方支援 | 《抗震救灾精神》动画
3. 《今日影评 · 电影党课》第 19 课：抗震救灾精神
4. 《汶川故事》电视剧
5. 《惊天动地》电影
6. 《直击汶川大地震》纪录片
7. 汶川地震 15 周年微纪录片：《汶川 · 重生》

阅读推荐

1. 《抗震救灾精神》，何云庵、胡子祥，2019 年，中共党史出版社。
2. 《凝聚起民族复兴的力量——论伟大的抗震救灾精神》，任仲平，2008 年，人民日报出版社。
3. 《抗震救灾精神读本》，中共阿坝州委宣传部、四川工人日报社、四川大学新闻传播研究所，2009 年，四川人民出版社。
4. 《中国精神——伟大的抗震救灾精神学习读本》（公众版），四川省精神文明建设办公室，2010 年，天地出版社。

实践基地

1. 唐山抗震纪念馆
2. 5 · 12 汶川特大地震纪念馆
3. 兰州地震博物馆

思考讨论

从中国近现代救灾史（如 1976 年唐山大地震、2008 年汶川地震等）看，“抗震救灾精神”的传承与演变体现了哪些时代特点？中国共产党在其中发挥了怎样的核心作用？

第16讲　青藏铁路精神

精神要义

在党的坚强领导下，几代青藏铁路建设者无私奉献，用智慧和汗水在世界屋脊上筑就了一条连接青海、西藏与内地的高原“天路”，孕育形成了“挑战极限、勇创一流”的青藏铁路精神。

精神渊源

（一）背景来源

公元641年，文成公主入藏，肩负着“和亲”的历史使命，踏上了遥远的西行之路，一路充满艰辛，充满悲壮，随员和牲畜连连死亡，所携物资尽弃路途……历经3年，才从长安走到拉萨。

历史的镜头再转向公元20世纪50年代初。1952年国家护送十世班禅返藏，投入军马4 500匹、骆驼30 000峰、牦牛13 500头。在2 000多公里的行程中，30 000多头牲畜抛尸沿途……

多少年过去，面对刻满死亡的道路，不仅仅是为了生存，一批接一批，人们以荒野中连绵延伸的白骨为路标，义无反顾地走过来。

1950年，新生的中华人民共和国领导人毛泽东以政治家的雄才伟略开始思考如何解决西藏问题，他胸中充盈的是西藏的解放、藏汉民族的和睦、西藏未来的建设发展以及国防巩固等一系列问题。他深知，这些问题的解决都系于能否建成一条把西藏与内地连接起来的通途。深思熟虑的毛泽东以伟人的气魄毅然决然地作出了一个石破天惊的历史决断：要修一条把西藏和内地连接起来的路！他给邓小平和刘伯承的电文中指示：“把修筑道路及进军，作为解放西藏的第一步。”他命令挺进西藏的十八军：“一面进军，一面修路。”

——节选自矫阳、向杰、刘莉：《向西，向西，向西》，《科技日报》，2006年6月30日

1954 年川藏、青藏公路相继建成通车，结束了西藏没有现代公路的历史。但由于公路运输能力有限，满足不了西藏未来发展、民族团结和巩固国防的战略需求，党中央便将修筑青藏铁路提上了议事日程。

青藏铁路一期工程西宁至格尔木段（以下简称西格段），历经坎坷，耗时二十六年完工。1958 年 9 月，青藏铁路开工建设，但由于当时经济困难、技术条件受限、自然环境恶劣以及西藏局势不稳，铁路工程于 1961 年 3 月被迫停工。1973 年，毛泽东会见尼泊尔国王比兰德拉时说："青藏铁路修不通，我睡不着觉。"他坚定地说，青藏铁路要修，要修到拉萨去，要修到中尼边境去。1974 年，青藏铁路工程再次"上马"，六点二万名铁道兵挥师高原。经过长期艰苦卓绝的英勇奋战，西格段铺通，并于 1984 年投入运营。其间，在打通平均海拔三千六百多米、全长四点零一公里的老关角隧道时，有五十余名铁道兵长眠于此。

青藏铁路二期工程格尔木至拉萨段（以下简称格拉段）于 2001 年 6 月开工，2006 年 7 月全线通车。格拉段是最难啃的硬骨头，建设者面临着更严峻的极限挑战。全长一千一百四十二公里的铁路线，海拔四千米以上的有九百六十公里，平均海拔四千四百三十八米，比一期工程高出一千多米。还有一百三十多公里的无人区和五百五十公里的冻土层，最低气温可至零下四十五摄氏度，空气含氧量不足内地的百分之六十。面对极端险恶的自然环境，建设者不畏惧、不退缩，迎难而上。此外，几十年来持续增强的综合国力和科技实力使建设者底气更足、骨气更硬、志气更坚。他们冒严寒、顶风雪、战缺氧，创造了人类铁路修筑史上的中国奇迹。

"那是一条神奇的天路，把人间的温暖送到边疆，从此山不再高路不再漫长，各族儿女欢聚一堂"。青藏铁路的建成彻底结束了西藏不通铁路的历史，直接改变了进出西藏的交通方式，沿途人民迎来了经济发展、民生幸福的崭新时代。

——节选自张利民、何云庵：《青藏铁路精神：挑战极限勇创一流的先锋力量》，《中国教育报》，2023 年 11 月 9 日

（二）内涵解读

人无精神则不立，国无精神则不强。在中国共产党坚强领导下，在青藏铁路建设实践中孕育形成的"挑战极限、勇创一流"的青藏铁路精神，是中国共产党人精神谱系的有机组成部分，铸就了世界屋脊上的精神丰碑。新时代要继续大力弘扬青藏铁路精神，为促进各民族交往交流交融、铸牢中华民族共同体意识，凝聚强国建设、民族复兴的磅礴伟力注入强劲动能。

2006 年 7 月 1 日，在青藏铁路通车庆祝大会上，胡锦涛同志正式提出

了“挑战极限、勇创一流”的青藏铁路精神，并号召全党全国各族人民学习和弘扬。青藏铁路精神诠释了为国家富强、民族复兴、人民幸福而不懈奋斗的精神追求，蕴含着顽强拼搏、自主创新、团结协作、勇创一流的宝贵品格，是广大建设者战胜一个又一个困难挑战、把青藏铁路建设成为世界一流高原铁路的精神支柱。青藏铁路精神“挑战极限、勇创一流”的丰富内涵可以从以下几个方面来把握。

1. 热爱祖国、甘于奉献

“上了青藏线，就是作奉献”“艰苦不怕吃苦，缺氧不缺精神，风暴强意志更强，海拔高追求更高”，句句口号正是青藏铁路建设者在高寒缺氧、风大雪厚的艰苦环境中胸怀祖国、无私奉献的写照。广大建设者长期奋战在青藏高原，始终牢记党和人民的重托，把“以国家需要为最高需要、以人民利益为最高利益”的信念镌刻心中，不惧艰险，迎难而上，抗缺氧、斗严寒、战冻土，以惊人的勇气和毅力战胜了各种难以想象的困难挑战，书写了人类铁路建设史上的光辉篇章。

2. 攻坚克难、顽强拼搏

青藏铁路穿越戈壁荒漠、沼泽湿地和雪山草原，跨越昆仑山、唐古拉山，施工难度之大可想而知。面对恶劣的生存环境，面对技术更复杂、保障更困难、任务更艰巨的考验，广大建设者不畏惧、不退缩，战天斗地、攻坚克难，在夏日飞雪的唐古拉山铺轨建站，在海拔四千多米的风火山上建起我国首个冻土观测站，在坑洼的草地和泥泞的沼泽中徒步前行开展高强度钻孔作业，依靠不懈努力攻克了一道道难关，在世界屋脊上成功架起了一条绵延千里的“天路”。这一壮举彻底结束了素有“生命禁区”之称的青藏高原铁路交通为零的历史，更用事实证明，只要不惧艰险、勇于探索、顽强拼搏，任何困难都无法阻挡我们前进的步伐。

3. 敢于开拓、自主创新

青藏铁路格尔木至拉萨段纵贯青藏高原腹地，全线海拔四千米以上地段长达九百六十多公里，经过多年冻土区五百五十公里，穿越多个国家级自然保护区，工程建设面临“高原冻土、高寒缺氧、生态脆弱”三大世界性技术难题。在缺乏现成经验和先进技术的情况下，广大科研工作者和一线建设者坚持自力更生、自主创新，研发出一系列适应高原恶劣气候环境的关键技术，在青藏铁路冻土工程技术和施工工艺、高原生态环境保护、建设运营管理等方面取得一系列重大突破和成果，闯出了一条科技赋能铁路建设之路，为不断攀登世界科技高峰注入了持久动力。

4. 万众一心、团结协作

在青藏铁路修建过程中，各族干部群众、各部门各单位团结协作、共担重任，形成了一切为铁路、全力保成功、齐心干事业的生动局面。为支援青藏铁路建设，党中央从全国各地调配技术员、工程师、科学家；为保障建设者的生命安全和身体健康，铁道部和青藏铁路建设总指挥部在沿线设立医疗机构一百一十五个，配备医务人员六百多名。从中央到地方，上百个单位、十几万建设大军为青藏铁路建设付出了艰苦卓绝的努力。这一历史性的伟大工程，是系统作战、团队合作、相互配合的伟大胜利，是齐心协力结出的硕果。

5. 敢为人先、勇创一流

把青藏铁路建设成世界一流高原铁路，是党中央提出的要求，也是青藏铁路建设者决心要实现的目标。广大建设者胸怀强烈的民族荣誉感和使命感，本着对人民负责、对历史负责的态度，以敢于超越前人、追求卓越品质、走在世界前列的劲头和勇气拼搏奋斗，把青藏铁路建成了勘察设计一流、施工技术一流、工程质量一流、运营管理一流、设施设备一流、服务水平一流的过硬工程，创造了世界铁路建设史上的一大奇迹。

——节选自董仲磊、高培轩：《青藏铁路精神：世界屋脊上的精神丰碑》，《党建》，2024 年 4 月 1 日

精神引领

全国的交通地图就像一幅画啊，中国的中部、东部、东北地区都是工笔画，西部留白太大了，将来也要补几笔，把美丽中国的交通勾画得更美。

——2021 年 7 月 22 日，习近平在西藏拉林铁路实地考察期间的讲话

广大铁路建设者要发扬“两路”精神和青藏铁路精神，科学施工、安全施工、绿色施工，高质量推进工程建设，为全面建设社会主义现代化国家作出新的贡献。

——2020 年 11 月 8 日，习近平对川藏铁路开工建设作出重要指示

青藏铁路建成通车，是我国社会主义现代化建设取得的又一个伟大成就。这不仅是中国铁路建设史上的伟大壮举，也是世界铁路建设史上的一

大奇迹。这一成功实践再次向世人昭示，勤劳智慧的中国人民有志气、有信心、有能力不断创造非凡的业绩，有志气、有信心、有能力屹立于世界先进民族之林。建成青藏铁路这一壮举将永载共和国的史册。

——2006 年 7 月 1 日，胡锦涛在青藏铁路通车庆祝大会上的讲话

希望具有艰苦奋斗、敢打硬仗的优良传统和作风的铁路建设大军，发扬“开路先锋”精神，团结拼搏、科学施工、加强协作、群策群力，优质高效地建设青藏铁路，为中华民族的伟大复兴作出新的贡献！

——2001 年 6 月 29 日，江泽民在青藏铁路开工之际的贺信

精神光照

案例 1. 付出一切，只为这条神奇的天路

“一条条巨龙翻山越岭，为雪域高原送来安康……”一首曾经红遍大江南北的《天路》，唱出了青藏铁路的雄伟和壮美。然而，谁又能想到，支撑起这雄伟和壮美的是无数铁路人的青春乃至生命。为了修建好、运营好这条神奇的天路，在党的领导下，中国铁路人奋战高原、坚守高原，书写下一个又一个可歌可泣的奋斗故事。

让我跟战友们永远在一起。1974 年 3 月，铁道兵第七师、第十师六万多名指战员奉命进军高原，开展青藏铁路西格段建设大会战。其中，作为重点、难点工程的关角隧道的修建尤为艰难。关角隧道全长四点零一公里，平均海拔三千六百米，需要穿过十条断层带，施工难度非常大，施工设备又十分简陋，打隧道用的是风枪、铁锹、榔头，被炸碎的石块全要靠人工一锹一锹地向外运。施工过程中，建设人员不仅时常因缺氧而昏厥，还随时可能面临塌方的危险。如今，在青海省天峻县烈士陵园内，长眠着五十五位英灵，他们都是修建关角隧道时牺牲的铁道兵战士，最小的十九岁，最大的也只有二十三岁。在如同朝阳一般的年纪，他们将自己的生命永远定格在雪域关角，谱写了青藏铁路建设史上一曲壮美的英雄赞歌。青藏铁路一期工程西格段建成后，许多修建铁路的铁道兵留了下来，继续运营这条铁路，张生林就是其中一位。2003 年，本可以提前退休的张生林放不下亲手丈量过的土地，放不下魂牵梦萦的战友，主动请缨回到关角隧道继续工作，他说：“就是为了那些牺牲的战友，我也要把这条隧道守护好。”他还一再叮嘱子女：“我去世后，就把我的骨灰撒到关角，让我跟战友永远在一起。”

一生就做一件事。青藏铁路沿线地质环境极为复杂，“多年冻土、高寒

缺氧、生态脆弱”三大世界性工程技术难题一度困扰了英雄的筑路人。面对冻土难题，青藏铁路建设总指挥部专家咨询组组长张鲁新凭着“我一生就做一件事，就是解决高原冻土问题”的信念，在寂寞中研究、在痛苦中坚守，数次差点步入“鬼门关”。1976 年 8 月的一天，张鲁新带领两名队员到青藏高原腹地无人区考察，一场暴风雪突如其来，刚刚还晴空万里的高原瞬间被暴风雪搅得天昏地暗，三人彻底迷失了方向。黑暗中，张鲁新和队友手牵手，一面摸索着前进，一面大声呼喊求救。可没过多久，高原上稀薄的空气便让本已体力透支的他们再也喊不出、走不动，只能蜷缩在一处山坳里等待救援。寒风刺骨，雪花飞旋。两天过去，三人的精力消耗殆尽。面对绝境，张鲁新甚至开始盘算遗书怎么写，以托付好贴身携带的冻土资料。迷迷糊糊中，三人忽然听到远处传来焦急的呼喊声，他们想回应，张大嘴巴却发不出一点声响。万般无奈下，张鲁新掏出身上仅剩的三根火柴，将纸烟盒撕成三份依次点燃。然而，点燃一根，火苗瞬间就被风吹灭……过几番内心的挣扎后，张鲁新怀着最后一丝希望，将第三根火柴点燃，霎时间，火苗蹿起，借着黑夜中的一点光亮，终于引起了搜寻同事的注意。团队得救了！生命的危急时刻，张鲁新最为挂念的，是冻土资料的保护；奄奄一息之际，他脑海中萦绕的，只有如何让冻土资料不被风吹散、被雪打湿……此后，经过几十年苦心孤诣的研究，张鲁新写出了《冻土区路基变形检测和裂缝调查数据分析》等八篇技术咨询报告，形成了解决冻土问题的系统方案。科技是国家强盛之基，创新是民族进步之魂。张鲁新的追求又一次诠释了这一真理。

为藏羚羊让路。青藏高原生态环境脆弱，一旦遭到破坏就很难恢复。为此，青藏铁路的建设者和运营者始终把保护生态环境作为建设发展的关键，把珍爱青藏高原上的一山一水、一草一木作为神圣职责。2002 年夏天是青藏高原仅有的五个月有效施工期中的“黄金季节”，但对于在楚玛尔河施工的铁路建设者来说，却面临着一个艰难的选择。因为此时正是藏羚羊大规模迁徙的季节。看着成群等待产仔的藏羚羊徘徊在工地周围，所有人的心都揪了起来。不久，大伙一致决定：撤掉所有机具和设备，拔掉工地上的彩旗，使楚玛尔河再现远古时的寂静。在藏羚羊的整个迁徙期里，建设者们让出了一条宽阔的大道，让这些雪域高原的精灵顺利“转场”。根据野生动物的生活习性和迁徙规律，青藏铁路格拉段共设置野生动物通道二十六处、总长逾五十二公里。位于可可西里无人区的清水河特大桥是其中最为宽阔的一条通道，整座大桥长十一点七公里、有一千三百多个桥孔，可以让藏羚羊的迁徙畅通无阻。如今，桥上是飞驰向前的列车，桥下是成群结队而过的藏羚羊，人与自然和谐共生的画面铺展在雪域高原，成为青藏铁路上一道独特风景线。

——节选自《那是一条神奇的天路——青藏铁路精神背后的故事》，《党建》，2024 年 4 月 9 日

案例 2. “最美铁路人”于本蕃

中秋刚过，青藏高原已变得十分寒冷，降雪也逐渐增多。为了确保线路设备平稳过冬，我不仅要带领车间干部职工加密线路检查频次，还要运用大数据管理分析，对线路设备病害做到心中有数、有的放矢。

“今天，我们要对昆仑山站 2 号、4 号道岔病害曲线进行集中整治。上下路基时要将机具抬稳扶牢，作业时保持间距，防止机具碰撞伤人。”13 时，按照计划“天窗”，我和工友们提前半小时来到海拔 4 765 米的昆仑山站进行准备工作，我按照当天的“天窗”计划，将队伍分成了两组，为每个人安排了具体任务，强调了注意事项。

13 时 25 分，接到防护员通知，昆仑山站的“天窗”命令已下达，共 90 分钟。我立即组织人员打开防护栅栏，带上各类机具上道。在瑟瑟寒风中，仅仅是攀上十几米高的路基，职工们就已经气喘吁吁，每个人的胸脯都在剧烈地起伏。稍事休息，随着我一声令下，大家都投入到紧张有序的工作中。

来到 2 号道岔后面的病害曲线位置，为保证作业的精确性，我指导作业职工使用弦绳进行起道和拨道作业。多年来，针对冻土路基“随季而变”的特点，我与车间、班组技术骨干开展了一系列技术攻关，总结提炼出了悬绳起拨道法和“看、测、析、敲、听、验”六字冻土线路检测法，使车间管内线路 TQI 值由往年的接近 7 下降至 5，线路质量得到大幅提升。同时，这些方法还被推广到了其他高海拔车间，取得了良好效果。这让我收获了满满的成就感，更坚定了我守护好“天路”的信心。

14 时 43 分，捣固作业及拨道作业全部结束，我开始对今日的作业质量进行回检。10 多年来，无论是干工长还是当技术员，落实作业质量回检制度一直是我的信条，只有万无一失的数据才能铺就平安路。作业范围内所有几何尺寸全部核实完后，我才放心地带领队伍撤出股道。

回到车间稍作休整后，我组织职工们开展本月第六次业务知识学习。合上书本，我与大家拉起家常，询问每名职工家中的近况。作为党支部书记，我要定期开展心理疏导，为大家加油打气，用实际行动带领和引导车间职工积极践行“挑战极限、勇创一流”的青藏铁路精神，兑现自己对安全生产的承诺和责任。

——节选自《十二时辰故事 · “最美铁路人”于本蕃：践行青藏铁路精神　守护好冻土线路》，《中国铁路》，2023 年 4 月 23 日

案例 3. 软纸火车票见证青春岁月

对西藏自治区拉萨市教育局工作人员罗追曲平来说，一张张软纸火车票，是青春岁月的见证。

2006 年 7 月，作为最早的一批乘客，还在河北石家庄上大学的罗追曲平第一次乘坐青藏铁路返乡，站台上挤满了欢送人群和媒体记者。罗追曲平回忆，“车只在站台停 5 分钟，但所有人都在车厢外合影留念。”

登上列车，整洁的车厢、西藏特色的装饰，都让罗追曲平激动不已，这辆车原来真的能将他带回西藏的家乡。

激动也来自变化。此前，罗追曲平的返乡路可谓曲折，先从石家庄乘坐火车抵达青海西宁或格尔木，然后再转乘大巴车或者大货车返回拉萨。当时大巴车发车时间不固定，转乘找车过程可能十分漫长。加之西宁到拉萨路途遥远，单程需要二三十个小时。罗追曲平记得，有一次回家，车辆坏在半路，他们在青藏高原无人区滞留了两天两夜。

2006 年 7 月 1 日，世纪工程青藏铁路全线建成通车，结束了西藏没有铁路的历史，成为旅客和货物进出西藏的“大动脉”。罗追曲平的返乡时间从三五天缩短到 40 多个小时，返乡之路的便捷性和舒适性大幅提升。

大学毕业后，罗追曲平和青藏铁路的故事仍在延续。他回到西藏进入教育系统工作，如今经常带着学生外出交流研学，安全、快捷、准时的火车成了他们首选的交通方式。“有时候，我在车上也会跟孩子们讲起我第一次坐火车回拉萨的故事，大家都惊叹于这巨大的变化。”罗追曲平说。

如今，西藏铁路网络覆盖日益完善，拉萨、日喀则、山南、林芝、那曲等地都能通过铁路抵达，复兴号动车组开上雪域高原，出行更加便捷，越来越多的人从铁路网络的完善中受益。

——节选自《纸质火车票中的时光印记》，《人民日报》，2025 年 1 月 14 日

学习资源

1. 纪录片：《天路故事》
2. 舞剧影片：《天路》
3. 电视剧：《激情燃烧的岁月 3》
4. 电影：《青藏线》

阅读推荐

1. 《守望天路——青藏铁路通车运营十周年记》，才凡、张风奇、黄丽

荣，2016 年，中国铁道出版社。

2.《青藏铁路》，徐剑，2023 年，青海人民出版社。

3.《青藏铁路建设者：铸造“天路”的人（中华先锋人物故事汇）》，葛竞，2024 年，接力出版社。

4.《在中国大地上：搭火车旅行记》，保罗·索鲁著，陈媛媛译，2020 年，九州出版社。

实践基地

1. 拉萨铁路地区党员党性党风党纪教育基地
2. 格尔木电务段青藏铁路党员学习教育基地

思考讨论

美国火车旅游家保罗·泰鲁曾说：“有昆仑山脉在，铁路就永远到不了拉萨。”然而，无数建设者排除万难、前赴后继，攻克了“高寒缺氧、多年冻土、生态脆弱”三大世界性难题，建成了全长 1 956 公里、平均海拔超过 4 000 米、从青海西宁通往西藏拉萨的青藏铁路，让“出国容易进藏难”彻底成为历史，铸就了伟大的青藏铁路精神。你认为，青藏铁路精神对新时代的科技创新、生态文明建设等领域有何借鉴意义？

第17讲　女排精神

精神要义

女排精神是什么？习近平总书记在2019年国庆节前夕会见中国女排代表时说："广大人民群众对中国女排的喜爱，不仅是因为你们夺得了冠军，更重要的是你们在赛场上展现了祖国至上、团结协作、顽强拼搏、永不言败的精神面貌。"

精神渊源

（一）背景来源

1972年，国家原体委要求各省运动队恢复正常训练。1976年，袁伟民作为主教练重新组建中国女排，一批已为人母的老队员和一批15岁左右的年轻队员如曹慧英、陈招娣等入队，她们厉兵秣马、时不我待、积极训练、等待机会。1979年，国际奥委会恢复中国的合法席位，征战奥运成为体育健儿的奋斗目标；当年，中国女排战胜"东洋魔女"日本队，首夺亚锦赛冠军。1981年，中国女排在日本举行的世界杯比赛中，以7战全胜战绩首夺世界杯冠军，也是中国女排的第一个世界冠军。从1981年到1986年，中国女排连续在世界"三大赛"中创下世界排球史上第一个"五连冠"，女排队员们为国争光、不畏对手、顽强拼搏的精神口口相传。在改革开放初期，中国女排夺冠的艰辛历程，使得举国上下心潮澎湃、亿万观众热泪盈眶。"向中国女排学习"广为传颂，女排精神鼓舞北大学子喊出"团结起来，振兴中华"，工厂劳动者更是表示"学习女排精神，保证完成和超额完成生产任务"……

比力斗智是竞技运动的精髓，其"力"指的是体育运动中体能、技术、战术等竞技能力的比拼，而"智"指的是意志、勇敢、挑战等精神层面的较量。20世纪70年代初期，中国女排是在极其艰苦的条件下训练，起初训练在大草棚，冬天没有暖气、夏天没有空调，中国女排靠的是训练后玉不凿、不成器的开小灶的方式，教练员和运动员研究技战术所花功夫不亚于带队训练的方式，苦口婆心、举一反三式的思想工作和凝聚队魂，精益求精对训练质量和训练负荷的追求，等等。

伟大出自平凡，平凡造就伟大。中国女排的精神代代传递。袁伟民指导在《我的执教之道》中指出："用琢磨排球、琢磨运动员，成天泡在队伍里的劲头去拿世界冠军、去保世界冠军。"陈忠和指导在2001年中国女排低谷时出任主教练，他执教时的中国女排彰显个人能力均衡、团队协同作战的竞技特征，2004年雅典奥运会中国女排决赛以3比2反超世界强敌俄罗斯女排，时隔20年后再夺奥运冠军，其沉着稳重、聚气聚心的执教风格传承了中国女排顽强拼搏、团结协作的精神品质。著名运动员"铁榔头"郎平两次执掌中国女排帅印，两次将中国女排带出低谷，在2016年里约奥运会上，中国女排将顽强演绎到极致，在四分之一淘汰赛中反败为胜，战胜势不可挡的东道主巴西队，据业内人士介绍，郎平指导经常研究录像、研究对手、研究技战术到凌晨两点，郎平指导全球化视角的国际执教经验，将科学训练、尊重规律的精神注入女排精神之中，培养了一批以朱婷为首的国际顶级运动员，将中国女排再次带上奥运会最高领奖台，创新性延续了中国女排精神。

排球世界杯赛、世界排球锦标赛和奥运会中的排球赛是代表世界最高水平的三个大型排球比赛。1979年年底，在中国恢复国际奥委会席位仅一个月之后，中国女排就夺得了亚锦赛冠军，成为"三大球"中第一个冲出亚洲的项目。

1981年，中国女排以亚洲冠军的身份参加了在日本举行的第三届世界杯排球赛。经过了7轮28场激烈的争夺，11月16日，中国队以7战全胜的成绩首次夺得世界杯赛冠军。袁伟民获"最佳教练奖"，孙晋芳获"最佳运动员奖""最佳二传手奖""优秀运动员奖"，郎平获"优秀运动员奖"。随后，在1982年的秘鲁世锦赛上中国女排再度夺冠。紧接着，在1984年的第二十三届奥运会上，中国女排实现了三连冠的梦想。中国女排并未就此止步，在1985年的第四届世界杯和1986年的第十届世界女排锦标赛上，中国女排连续两次夺冠。于是，从1981年到1986年，中国女排创下的世界排球史上第一个"五连冠"，开创了我国大球翻身的新篇章。

1981年11月，中国女排首次夺得世界冠军后，当时的《人民日报》就曾报道，截至1981年12月4日，中国女排收到贺信、贺电和各种纪念品达3万多件。北京商标一厂、无锡钟表厂等生产单位的职工在信中表示，要"学习女排精神，保证完成和超额完成生产任务。"受"女排精神"鼓舞的北大学子则喊出"团结起来，振兴中华"的时代最强音。

女排夺得三连冠后，各种媒体更是加大了对女排精神的宣传力度。诸如有媒体报道，“某工厂女工看了女排的事迹之后，每天早来晚走，精心操作，班产量天天超额完成计划”；“某煤矿工人看完女排比赛之后，自觉加义务班，日日超产”等。《人民日报》还开辟了“学女排，见行动”的专栏。

更多的中国人则通过女排精神，真实地体会到一种从未有过的自豪感。“学习女排、振兴中华”成为口号，在全社会掀起了一股学习中国女排的热潮。女排精神简而言之，就是拼搏精神。这种精神在当时的中国，被大力提倡，有着深刻的时代背景。社会学家、中国社科院社会学研究所研究员王春光则指出：“改革开放早期阶段，国人猛地意识到与世界的差距，而变得有些失落和彷徨。因此在这一背景下，‘女排精神’广为传颂，其实就是在向国人和全世界庄严宣告中华民族崛起的信心和能力。”

1986 年中国女排实现历史性的“五连冠”后，女排精神开始被人们口口相传。

实际上，女排精神从一开始就超出体育竞技范围，而对各行各业的劳动者起到了激励、感召和促进作用。在此背景下，国务院及国家体委、共青团中央、全国青联、全国学联、全国妇联号召全国人民学习“女排精神”，为民族腾飞和社会主义建设而努力奋斗。

看着女排姑娘们一次一次的飞身鱼跃救球，一次一次带伤参加比赛，这种不抛弃、不放弃的精神，一直延续影响到各个行业。

（二）内涵解读

女排精神，在过去几十年的时间里，激励了一代又一代人，也给我们留下了一个时代的拼搏印记。40 年来，中国女排历经起伏，10 次荣膺世界排球“三大赛”冠军，影响力早已超越体育本身。

2019 年 9 月 30 日，习近平总书记在会见刚刚获得 2019 年女排世界杯冠军的女排队员代表时指出：“广大人民群众对中国女排的喜爱，不仅是因为你们夺得了冠军，更重要的是你们在赛场上展现了祖国至上、团结协作、顽强拼搏、永不言败的精神面貌。女排精神代表着一个时代的精神，喊出了为中华崛起而拼搏的时代最强音。”

1. 祖国至上

中国女排建队之初，训练场上就贴着“为国争光”四个大字。这是中国女排的初心和使命。

对祖国发自内心的热爱、为国争光的自豪与幸福，激励着中国女排姑娘创造了世界大赛“五连冠”的辉煌，也创造了今天“三大赛”十冠的壮举。几代女排将士将爱国情怀、祖国至上精神融入自己的血液之中，并不断发扬光大，增添新的内涵。

正如郎平所说：“只要穿上带有‘中国’二字的球衣，就是代表祖国出征。每一次比赛，我们的目标都是升国旗、奏国歌。”

女排将士们祖国至上的理念不仅是她们在赛场上顽强拼搏的动力，也极大地激发了全国各族人民的爱国之情，鼓舞人们为国争光，为祖国建设贡献力量。

2. 团结协作

一场比赛，需要主攻、副攻、二传、自由人等密切合作，大家凝心聚力，做到心往一处想、劲往一处使，才能形成强大的合力，释放出巨大的能量。

在中国女排，信任无时不在、无处不有，不管是一帆风顺之时，还是背水一战之际，高度的信任深深地植根于这个团队成员的心中。

在胶着的赛场上，中国女排教练、队员间的一个动作、一个眼神，就能领悟到对方的意图，这种心领神会就是团结协作形成的默契。

中国女排自建队以来，始终坚持和发扬集体主义精神，无论是教练员、运动员，还是工作人员，每个人都为了集体的荣誉拼搏、奋斗。

3. 顽强拼搏

她们一次次倒地、翻滚，咬牙克服腰酸腿疼，伤病缠身，默默承受挫折痛苦，用前女排主教练袁伟民的话说——“中国女排流血不流泪”。

她们面对强手不畏惧，遇到困难不退缩。

“有时候明知道不会赢，也竭尽全力。你一路即使摇摇晃晃，但仍然坚持站起来抖抖身上的尘土，眼中充满坚定。”这是郎平在接受记者采访时对女排精神的又一种诠释。

女排姑娘们无论遇到什么样的对手，面临什么样的严峻场面，总是一拼到底，勇往直前。2014 年雅典奥运会决赛中对阵俄罗斯队的惊天逆转，2016 年里约热内卢上从绝处杀出一条生路，无不体现了顽强拼搏的强者风范。

4. 永不言败

告别 20 世纪 80 年代的辉煌，随着郎平、梁艳等名将相继退役，以及古巴、巴西等排球强国的崛起，中国女排的成绩在 20 世纪 90 年代出现下滑，陷入了长达 20 年的低谷。

卧薪尝胆，进入新千年。中国女排在主教练陈忠和的带领下夺得世界杯和雅典奥运会冠军。

雅典奥运会后，冯坤、赵蕊蕊、周苏红等一代名将相继退役，中国女排再次陷入新老交替、成绩下滑的断档期。

沉寂了近十年，危局之中，“铁榔头”郎平重执教鞭，大胆启用新人，苦练基本功、苦练团队配合。

2014 年，世锦赛亚军；2015 年，世界杯冠军；2016 年，里约奥运会冠军；2019 年，世界杯冠军。

在绝望中找寻希望，在希望中抓住光明，“永不言败”正是中国女排最让国人振奋的地方。

从 1981 年女排获得第一个世界冠军到现在，已经整整过去了 40 年，中国社会和中国人都经历了许多变化，然而总有一些不变的东西留了下来，这种顽强拼搏、不屈不挠、为国争光的女排精神已经融入中国人的血液，成为我们民族精神的一部分，扎根在中国人的心中。

——节选自《百年党史中的伟大精神 · 女排精神》，福建纪检监察公众号，2021 年 7 月 30 日

精神引领

中国女排全体运动员、教练员：

在 2019 年女排世界杯比赛中，你们以十一连胜的骄人成绩夺得了冠军，成功卫冕，为祖国和人民赢得了荣誉。你们在比赛中不畏强手、敢打敢拼，打出了风格、赛出了水平，充分展现了团结协作、顽强拼搏的女排精神。我向你们表示热烈的祝贺和诚挚的问候！

今年是新中国成立 70 周年，新中国取得的举世瞩目的伟大成就是全党全国各族人民团结一心、艰苦奋斗干出来的。希望你们继续保持昂扬斗志，不骄不躁，再创佳绩。

——2019 年 9 月 29 日，习近平致中国女排夺得 2019 年女排世界杯冠军的贺电

在第十三届女排世界杯比赛中，你们以十一连胜的骄人成绩夺得了冠军，成功卫冕，为祖国和人民赢得了荣誉。你们不畏强手、敢打敢拼，打出了风格、赛出了水平。在提前一轮锁定冠军的情况下，你们在最后一场比赛中没有丝毫懈怠，尊重对手，尊重自己，坚持打好每一个球，很好诠

释了奥林匹克精神和中华体育精神。中国女排夺得了第五个女排世界杯冠军，第十次荣膺世界排球“三大赛”冠军，激发了全国人民的爱国热情，增强了全国人民的民族自信心和自豪感。

本届女排世界杯期间，全国人民都在关注你们，每一场比赛都有亿万人民为你们加油。38 年前，中国女排首夺世界冠军时，举国上下心潮澎湃，亿万观众热泪盈眶。中国女排“五连冠”，万人空巷看女排。广大人民群众对中国女排的喜爱，不仅是因为你们夺得了冠军，更重要的是你们在赛场上展现了祖国至上、团结协作、顽强拼搏、永不言败的精神面貌。女排精神代表着一个时代的精神，喊出了为中华崛起而拼搏的时代最强音。平凡孕育着伟大。你们天天坚持训练，咬牙克服伤病，默默承受挫折，特别在低谷时仍有一批人默默工作、不计回报。正是因为有这么一批人，才有了中国女排今天的成绩。

全面建设社会主义现代化强国，需要在各方面都强起来。实现体育强国目标，要大力弘扬新时代的女排精神，把体育健身同人民健康结合起来，把弘扬中华体育精神同坚定文化自信结合起来，坚持举国体制和市场机制相结合，不忘初心，持之以恒，努力开创新时代我国体育事业新局面。希望中国女排继续加油、再接再厉，期待你们在东京奥运会取得优异成绩。

——2019 年 9 月 30 日，习近平专门邀请刚刚获得 2019 年女排世界杯冠军的中国女排队员、教练员代表，参加庆祝中华人民共和国成立 70 周年招待会，并在会前亲切会见女排代表，同大家合影留念。

2019 年女排世界杯，中国女排连克强手，以十一连胜夺取冠军，升国旗、奏国歌，女排姑娘们做到了！

1981 年，在第三届女排世界杯上中国女排获得第一个世界冠军近 40 年来，中国女排在世界杯、世锦赛、奥运会三大赛事中屡创佳绩形成了团结协作、顽强拼搏的女排精神。

——习近平 2020 年新年贺词

精神光照

案例 1. 钟南山：“女排精神对我们鼓舞很大。”

在日前举办的一次视频连线节目中，钟南山院士与前中国女排队长惠若琪进行了连线对话。钟南山表示，女排精神给予国人的鼓舞很大。

在连线对话中，钟南山表示，自己对惠若琪很熟悉，在 20 世纪 80 年代、90年代他一直关注中国女排的比赛，“女排精神对我们的鼓舞很大”。

惠若琪对钟南山的运动经历很感兴趣，并询问钟南山是如何进行体育锻炼，并把体育锻炼变成一种生活方式的。钟南山表示，他年轻的时候喜欢竞技体育，并在1959年全运会400米栏比赛中打破了全国纪录，但并未获得冠军。钟南山也表示，他在参加工作后，随着年纪的增长，就很少参加竞技体育活动了。

钟南山告诉惠若琪，他在年轻的时候喜欢跑步、打球，年纪大了还是坚持跑步、快行、健身，但体育运动要根据实际情况，例如在新冠肺炎疫情期间，就可以在室内跑步、骑自行车、健身。钟南山说：“体育运动应该像吃饭睡觉那样成为生活中必需的一个部分，这就是为什么我到现在这个年龄还能坚持那么大量的工作，和身体是有很大关系的。”

——节选自苏畅：《钟南山：“女排精神对我们鼓舞很大”》，《中国体育报》，2020年4月18日

女排姑娘们的拼搏故事，如同一面镜子，映照出每个人内心深处对成功的渴望与对挑战的勇气。她们的故事激发了国人对自我潜力的探索，鼓励人们勇于追求梦想，突破自我极限。

几年前的华为，已然是全球通信行业的领头羊，智能手机市场的佼佼者。然而，一场突如其来的技术封锁，如同晴天霹雳，让华为瞬间陷入了前所未有的困境。芯片供应受限、海外市场受阻、舆论压力来袭……这一系列的重拳打击，让华为的每一步都走得异常艰难。

但华为没有选择屈服，也没有被困难击倒。相反，它选择了迎难而上，用实际行动诠释了永不言败。在内部，华为加大研发投入，加速技术创新，力求在关键技术上实现自主可控；在外部，华为积极寻求合作，拓展多元化供应链，努力恢复和扩大市场份额。经过一年的艰难调整，华为在2020年上半年交出了一份还算不错的成绩单。尽管面临重重困难，但华为依然实现了收入的稳步增长，利润率也有所提升。

然而，真正的考验还在后头。接下来的两年，华为面临着更加严峻的挑战。由于外部环境的不确定性加剧，以及全球科技产业的深刻变革，华为的业务发展遭遇了前所未有的阻力。但正是在这样的逆境中，华为展现出了惊人的韧性和强大的适应能力。2021年上半年，虽然收入有所下滑，但华为通过优化产品结构、提升运营效率等措施，成功稳住了阵脚。到了2022年上半年，虽然收入依然未能恢复到巅峰状态，但利润率却实现了显著提升。这标志着华为在逆境中找到了新的增长点和发展方向。时间来到2024年上半年，华为终于迎来了全面崛起的时刻。根据最新公布的数据显

示，华为实现销售收入 4175 亿元，同比增长 34.3%；净利润为 551 亿元，同比增长 18.2%。

在这四年里，华为经历了太多的风风雨雨和艰难险阻。但正是这些经历让华为变得更加坚韧和强大。如今的华为已经不再是那个单纯依靠硬件销售的企业了而是一个集研发、制造、销售于一体的综合性科技企业。在 5G、云计算、人工智能等前沿领域华为都取得了显著的成果和突破。

华为的成功离不开一批批优秀科技人才和创新团队的合作，华为在逆境中崛起、在困难中前行、在落后中奋进、在创新中突破正是女排精神的延续。

学习资源

1. 纪录片《星耀征途 中国女排里约夺冠记》
2. 纪录片《女排姑娘》
3. 2016 女排决赛：中国 VS 塞尔维亚全场
4. 《新闻联播》（CCTV-1 综合频道）：习近平总书记会见中国女排代表
5. 纪录片《女排姑娘》
6. 《共同关注》（CCTV-13 新闻频道）：《电影〈夺冠〉首映 再现中国女排精神》
7. 电视专题片《温暖有光放映队》第九期：《寻访福建漳州 领略女排精神》

阅读推荐

1. 《新时代中国女排精神的传承与创新》，柳鸣毅，2019 年 10 月 28 日，《中国体育报》。
2. 《中国女排：一种精神的成长史》，孔宁，2020 年，北京日报出版社。
3. 《新时代的女排精神》《新时代党员干部学习关键词（2020 版）》，本书编写组，2020 年，党建读物出版社。
4. 漫画新中国史：女排精神（学习强国）。
5. 《女排》，行知，2021 年，江苏凤凰文艺出版社。

实践基地

1. 郴州体育训练基地

2. 漳州体育训练基地

3. 宁波北仑训练基地

4. 中国女排腾飞馆

思考讨论

习近平总书记专门邀请获得2019年女排世界杯冠军的中国女排队员、教练员代表，参加庆祝中华人民共和国成立70周年招待会，并强调："女排精神代表着一个时代的精神，喊出了为中华崛起而拼搏的时代最强音。""实现体育强国目标要大力弘扬新时代的女团精神，努力开创新时代我国体育事业最新局面。"对此，你怎么看？

第18讲　脱贫攻坚精神

精神要义

2021年2月25日上午，习近平总书记在全国脱贫攻坚总结表彰大会上发表重要讲话时提出脱贫攻坚精神，并指出，脱贫攻坚伟大斗争，锻造形成了“上下同心、尽锐出战、精准务实、开拓创新、攻坚克难、不负人民”的脱贫攻坚精神。

精神渊源

（一）背景来源

党的十八大召开，作出全面建成小康社会战略部署，脱贫攻坚是实现第一个百年奋斗目标的底线任务和标志性指标。

现代史上，阜平的名字曾牵动无数人的目光——包括阜平在内的晋察冀边区被称为“新中国的雏形”，为中国抗战和中国革命的胜利作出重要贡献。然而就是这个革命老区却有着自然条件恶劣、资源条件匮乏的特点，阜平群众也常年与贫困抗争。

农民唐宗秀保留了一张摄于2012年的照片：村里一片黄土色，房子是20世纪50年代的土坯房。她形容“它黑你也黑，说不上谁最黑”，下雨时“外头大下，屋里小下”。

2012年12月29日至30日，习近平总书记顶风冒雪来到阜平县骆驼湾村和顾家台村，进村入户看真贫，在这里向全党全国发出脱贫攻坚的动员令。

2013年11月3日，正在湖南考察的习近平总书记来到十八洞村。“发展是甩掉贫困帽子的总办法，贫困地区要从实际出发，因地制宜，把种什么、养什么、从哪里增收想明白，帮助乡亲们寻找脱贫致富的好路子。”正是在这里，习近平总书记首次提出“精准扶贫”概念。

2019年4月15日，习近平总书记一路奔波来到重庆石柱土家族自治县华溪村。华溪村祖祖辈辈在山脚下的“巴掌田”耕作，建档立卡贫困户 85 户、302 人，当时还有 8 户、19 人没有脱贫。“这次我专程来看望乡亲们，就是想实地了解‘两不愁三保障’是不是真落地，还有哪些问题。”习近平总书记笑着补充了一句，“这次到重庆来，就抽查你们一个点。”在第二天召开的解决“两不愁三保障”突出问题座谈会上，习近平总书记指出，总的看，“两不愁”基本解决了，“三保障”还存在不少薄弱环节。

“我们要立下愚公移山志，咬定目标、苦干实干，坚决打赢脱贫攻坚战，确保到 2020 年所有贫困地区和贫困人口一道迈入全面小康社会。”习近平总书记代表全党作出庄严承诺。8 年多来，习近平总书记顶风雪、冒酷寒、踏泥泞，翻山越岭、跋山涉水，走遍全国 14 个集中连片特困地区，先后调研指导 20 多个贫困村。

脱贫攻坚是啃硬骨头的决战，更带来深刻的社会变革。这是改变中国发展面貌的深刻变革——曾让习近平总书记感到揪心的四川凉山“悬崖村”村民终于走下 2 000 多级钢梯，彻底翻越了“贫困大山”；云南怒江、澜沧江上 36 座溜索改为桥梁，当地人“过江靠溜索”的历史一去不复返；宁夏固原市黄河水调蓄工程建成通水，曾经“苦瘠甲于天下”的西海固地区逐步告别水资源短缺……一个个跨越，沧海桑田。从华北平原到西南边陲，从大别山区到秦巴腹地，从土家苗寨到雪域高原，过去的贫困县、贫困村房子新了，出行便了，环境美了，人气旺了。

8 年来，贫困地区基本生活条件明显改善。全国具备条件的建制村全部通硬化路，村村建有卫生室，10. 8 万所义务教育薄弱学校办学条件得到改善，960 多万贫困人口通过易地搬迁走出困境，用电难、通信难等问题得到历史性解决。

8 年来，贫困地区经济社会发展明显加快。“十三五”时期，贫困地区生产总值保持较快增长，特色产业、乡村旅游蓬勃发展，更多绿水青山成为真正的金山银山；建档立卡贫困人口人均纯收入从 2015 年的 2 982 元增加到 2020 年的 10 740 元，年均增幅 29. 2%。

（二）内涵解读

1. 上下同心

习近平总书记亲自部署、亲自指挥、亲自推动，党中央做好顶层设计，加强脱贫效果监管，各省（区、市）把党中央大政方针转化为实施方案、促进工作落地，各市县从当地实际出发，推动脱贫攻坚各项政策措施落地生根。在定点扶贫中，中央和国家机关各部门、民主党派、人民团体、国有企业和人民军队等都积极行动。全社会各行各业都充分发挥自身优势，民营企业、社会组织和公民个人都热情参与。上下同心、举国一致，汇聚起攻坚克难的磅礴力量。

2. 尽锐出战

我们党集中精锐力量投向脱贫攻坚主战场，全国累计选派 25.5 万个驻村工作队、300 多万名第一书记和驻村干部，同近 200 万名乡镇干部和数百万村干部一道奋战在扶贫一线，鲜红的党旗始终在脱贫攻坚主战场上高高飘扬。在扶贫一线的党员干部不负党和人民的期望，倾力奉献、苦干实干，充分发挥先锋模范作用，共同打赢脱贫攻坚战。

3. 精准务实

脱贫攻坚，贵在精准，重在精准。在党中央的坚强领导下，各级党委政府坚持实事求是，从实际出发，因地制宜、精准施策，实打实地提升了扶贫资金、方式、成效的精准度。2014 年，扶贫系统在全国范围开展贫困识别。建档立卡使我国贫困数据第一次实现了到村到户到人，扶贫开发进入“滴灌式”精准扶贫新阶段，确保了扶贫资源真正用在扶贫对象上、真正用在贫困地区。

4. 开拓创新

2013 年，习近平总书记首次提出精准扶贫重要方略，创新了扶贫工作机制，为完成消除绝对贫困的艰巨任务指明了方向和路径。在脱贫攻坚战中，具体的创新举措更是不胜枚举。比如，在“苦瘠甲天下”的宁夏西海固，扶贫工作者因地施策、因户施策，种植艾草、芦笋等经济作物，移民易地搬迁扶贫、旅游扶贫等多措并举，如今的西海固牛壮羊肥、产业兴旺。

5. 攻坚克难

习近平总书记指出，“无论是雪域高原、戈壁沙漠，还是悬崖绝壁、大石山区，脱贫攻坚的阳光照耀到了每一个角落”。我们党带领人民披荆斩棘、栉风沐雨，发扬钉钉子精神，敢于啃硬骨头，攻克了一个又一个贫中之贫、坚中之坚。党的十八大以来，平均每年 1 000 多万人脱贫，全部实现“两不愁三保障”。

6. 不负人民

我们党团结带领人民进行革命、建设、改革，根本目的就是为了让人民过上好日子。脱贫攻坚是一项历史性工程，是我们党对人民作出的庄严承诺。党的十八大以来，以习近平同志为核心的党中央坚持人民至上，坚持以人民为中心的发展思想，通过艰苦努力使农村贫困人口全部脱贫、脱贫地区经济社会发展大踏步赶上来。脱贫攻坚战取得全面胜利，兑现了我们党对人民作出的庄严承诺。

精神引领

今天，我们隆重召开大会，庄严宣告，经过全党全国各族人民共同努力，在迎来中国共产党成立一百周年的重要时刻，我国脱贫攻坚战取得了全面胜利，现行标准下 9 899 万农村贫困人口全部脱贫，832 个贫困县全部摘帽，12.8 万个贫困村全部出列，区域性整体贫困得到解决，完成了消除绝对贫困的艰巨任务，创造了又一个彪炳史册的人间奇迹！这是中国人民的伟大光荣，是中国共产党的伟大光荣，是中华民族的伟大光荣！

——2021 年 2 月 25 日，习近平在全国脱贫攻坚总结表彰大会上的讲话

伟大事业孕育伟大精神，伟大精神引领伟大事业。脱贫攻坚伟大斗争，锻造形成了“上下同心、尽锐出战、精准务实、开拓创新、攻坚克难、不负人民”的脱贫攻坚精神。脱贫攻坚精神，是中国共产党性质宗旨、中国人民意志品质、中华民族精神的生动写照，是爱国主义、集体主义、社会主义思想的集中体现，是中国精神、中国价值、中国力量的充分彰显，赓续传承了伟大民族精神和时代精神。全党全国全社会都要大力弘扬脱贫攻坚精神，团结一心，英勇奋斗，坚决战胜前进道路上的一切困难和风险，不断夺取坚持和发展中国特色社会主义新的更大的胜利！

——2021 年 2 月 25 日，习近平在全国脱贫攻坚总结表彰大会上的讲话

我们推动全社会践行社会主义核心价值观，传承中华民族守望相助、和衷共济、扶贫济困的传统美德，引导社会各界关爱贫困群众、关心减贫事业、投身脱贫行动。我们完善社会动员机制，搭建社会参与平台，创新社会帮扶方式，形成了人人愿为、人人可为、人人能为的社会帮扶格局。

——2021 年 2 月 25 日，习近平在全国脱贫攻坚总结表彰大会上的讲话

我们在扶贫脱贫方面取得的成就和经验，为全球减贫事业贡献了中国智慧和中国方案，彰显了中国共产党领导和我国社会主义制度的政治优势，赢得了国际社会高度评价，很多国家和国际组织表示希望分享中国减贫经

验。在发展中国家中，只有中国实现了快速发展和大规模减贫同步，贫困人口共享改革发展成果，这是一个了不起的人间奇迹。

——2019 年 4 月 16 日，习近平在解决“两不愁三保障”突出问题座谈会上的讲话

精神光照

案例 1. 黄文秀：主动请缨一线，为扶贫献出生命

2021 年 2 月 25 日，全国脱贫攻坚总结表彰大会在北京人民大会堂隆重召开。当会上宣读全国脱贫攻坚楷模名单，“黄文秀”的名字响起时，镜头转向了一位头发斑白的老人——黄文秀的父亲黄忠杰。替女儿戴着大红花的黄忠杰红了眼眶、悄悄抹泪，这一幕让亿万观众动容。

脱贫攻坚战取得了决定性胜利，而黄文秀却没有等到这一天。这位正值芳华的壮族姑娘，长眠在广西壮族自治区百色市百福园公墓。

黄文秀是百色市田阳县人，生前在百色市委宣传部工作，是乐业县新化镇百坭村第一书记。2019 年 6 月 16 日，黄文秀回家看望刚做完肝癌手术不久的父亲。那段时间，百坭村连降暴雨，由于惦记村里的防汛抗洪工作，黄文秀冒雨连夜返回工作岗位。途中，黄文秀遭遇山洪，不幸牺牲，年仅 30 岁，将生命永远定格在扶贫路上。

2016 年，从北京师范大学硕士研究生毕业后，黄文秀本来有许多选择，但她毅然决定回到百色。黄文秀的父母身体不好，家境贫寒，她是在国家助学政策帮助下完成学业的。“我是从广西贫困山区出来的，我想回去建设家乡，把希望带给更多父老乡亲。”这是她内心的选择。

百色集革命老区、民族地区、边境地区、大石山区、贫困地区、水库移民区于一体，山多地少，水资源缺乏，基础设施条件落后，是广西脱贫攻坚主战场之一。2018 年，黄文秀主动请缨，去脱贫攻坚一线工作，到离百色市 200 多公里的百坭村任第一书记。

扶贫工作异常辛苦，但从没人听黄文秀叫过苦。她白天走村串户遍访贫困户，帮助他们分析致贫原因，晚上与村“两委”研究对策，制定工作方案。通过走访调研，黄文秀找准了百坭村发展产业的路子，带领群众因地制宜发展砂糖橘、八角、杉木等产业，增强他们的脱贫“造血”功能。

“过去我们靠天吃饭，种养也是小打小闹。文秀书记来后，引进了农业技术，找准了销路，大家的信心足了。”村民班统茂在黄文秀手把手指导下，种植 20 多亩砂糖橘，很快就脱了贫。

驻村期间，黄文秀总是在奔波。2019 年 3 月，驻百坭村满一周年时，她的汽车里程表恰好增加 25 000 公里。那一天，她写下感言：“我心中的长征，驻村一周年愉快。”

作为第一书记，黄文秀始终牢记，扶贫开发贵在精准，重在精准，成败之举在于精准。她帮助村民发展电商，砂糖橘等土特产远销全国各地；申请通屯路灯项目，在村里走夜路不再需要手电筒；遍访全村 195 户建档立卡贫困户，清晰地标注每一户的致贫原因……

金黄的砂糖橘挂满枝头，扶贫的硕果惠及家家户户。2018 年 3 月，百坭村贫困发生率为 22.88%，经过努力，当年村里的 103 户贫困户中，有 88 户顺利脱贫，贫困发生率降至 2.71%，村集体经济项目增收翻倍。

黄文秀把一颗火热的心，奉献给了百坭村。她生前的电脑桌面，是一张洪水淹没玉米地的照片；她经常拿出自己的工资，帮助村里的孤寡老人和留守儿童，为村里的贫困学生争取各项补助；在生命的最后时刻，她还在询问灾情，特别叮嘱要关注几个重点村屯，立即组织群众防灾救灾……

黄文秀在入党申请书中写道：“只有把个人的追求融入党的理想之中，理想才会更远大。一个人要活得有意义，生存得有价值，就不能光为自己而活，要用自己的力量为国家、为民族、为社会作出贡献。”这份庄严承诺，黄文秀始终践行，直至生命最后一刻。

——节选自文静：《黄文秀：用生命诠释最美青春》，《中国共产党新闻网》，2021 年 7 月 19 日

案例 2. 毛相林：绝壁开路，带头“拔穷根”

1997 年，38 岁的下庄村党支部书记兼村委会主任毛相林，作出惊人决定——修公路。

下庄村位于重庆市巫山县竹贤乡，被四面千米高山绝壁合围，犹如坐在一口井中，修路难如登天。当时唯一的出村路，是一条“108 道拐”的古道，去县城一来一回至少 4 天。住在“井底”的近 400 名下庄村民，近一半人一辈子没走出过大山。贫穷闭塞成为下庄人难以摆脱的宿命。

“咱不能一直当穷汉，就算再难，我也要带头冲一冲。”毛相林在村民大会上给大家鼓劲：“山凿一尺宽一尺，路修一丈长一丈。这辈人修不出路来，下辈人接着修，抠也要抠出一条路来。”那年冬天，改变下庄人命运的这条路开工了。全村青壮年带着工具和干粮上山，吃住在山洞，睡觉就在腰间拴根绳子，另一头在老树根上打个结，以防夜里翻身掉下悬崖。为了早日修通公路，毛相林在山上住了 3 个月没回家。

修路远比想象的难。四周陡峭岩壁，很难找到落脚之地，胆子大的腰

系长绳站在箩筐里，吊在几百米高的悬崖边钻炮眼，先炸出一小块立足之地，再用锄头、钢钎和大锤，一块一块把石头凿下来。村民杨亨双回忆，有一次钻炮眼，他站在悬崖边，腿抖得凶，头顶还不时掉碎石。就在那时，毛相林说，你们都别动，我先下去探探底，一个人系上绳子下去了。工地上，遇到危险情况，毛相林总是第一个上，最重的活总是他带头干。

26 岁的村民沈庆富，在修路时被一块巨石砸中，滚下几百米深的山谷。安葬沈庆富没多久，专门从外地回乡修路的 36 岁村民黄会元，也被滚落的石头砸中。村民自发前来，为黄会元送行。看着黄会元悲痛欲绝的家人，毛相林无比愧疚，他声音颤抖着问大家："如果再修下去，可能还要死人。今天大家表个态，这路到底修还是不修？""修！"有人大声吼道。回应的人，正是黄会元的父亲黄益坤。"我儿子死得光荣。路必须修下去，人不能白死。"老人说。在场所有人举起了手。毛相林忍住泪水，立下誓言：就算我们这代人穷 10 年、苦 10 年，也要把路修下去，让下一代人过上好日子。此后，又有 4 名村民为修路献出了生命。但为早日走出大山、拔掉穷根，下庄人没有退缩。

2004 年，在毛相林带领下，下庄村人用了整整 7 年时间，终于在绝壁上凿出了一条 8 公里长、2 米宽的机耕道。这是他们走出大山的路，这是他们走出贫困的路——下庄人祖祖辈辈的梦想终于变成了现实！

虽然出山公路通了，但在当时，大多数下庄村民还生活在贫困线下。毛相林"趁热打铁"，带领村民种植柑橘，力争尽快脱贫。不曾想，村里的 500 亩柑橘生虫，几乎绝收。毛相林召开村民大会，当众检讨："发展产业不能靠蛮干，做事不怕失败，关键是要从失败中找到原因。"村民们又一次支持他。大家说，当年修路那么苦都过来了，现在这点困难算什么？县里派来了柑橘栽种技术专家，手把手培训村民。几年后，村里柑橘产业"起死回生"。

2015 年，下庄村整村脱贫；到 2019 年底，全村累计 64 户 269 人稳定脱贫，贫困发生率降为 0.29%，人均收入达 1.2 万元。

——节选自梁秋坪、吕腾龙：《敢向绝壁要"天路"——记当代"愚公"毛相林》，新华网，2020 年 11 月 17 日

案例 3. 张桂梅：扎根边疆，用教育为女孩们筑梦

心有所信，方能行远。共产党员为党的事业而奋斗，不惜流血牺牲，靠的就是一种信念，为的就是一种理想。"燃灯校长"张桂梅，就是这样的人，让华坪女子高中的师生们远方有灯、脚下有路、眼里有光，让理想信念迸发出改天换地的强大力量，为山区女孩追梦人生铺起了一条光明大道。

华坪县地处金沙江腹地，山区面积占97%，2/3以上的大山在海拔1 500米以上，散居着傈僳族、纳西族、彝族等民族。走出大山、改变命运、过上好日子，是山里人世世代代的梦想、心心念念的追求。

山里人穷，穷在意识落后、文化落后。与教育和贫困打了半辈子交道，张桂梅最懂山里孩子的渴望，最懂这片山。1996年8月，张桂梅到华坪县中心学校任教，“女生比例很低”、“很多女孩读着读着不见了”的现象，引起她的极大不安。通过不断的家访她发现，在家务农、外出打工或早早嫁人，是大多数当地女孩的共同命运。面对山区教育的“锥心之痛”，张桂梅认为，“女孩的教育问题解决不好，就会陷入贫困女孩—贫困母亲—贫困下一代的恶性循环，所以救一个就是救三代!”水激则石鸣，人激则志宏。“我把那些姑娘一个个往回捞，哪怕我自己出钱，也一定让她们读书!”在那片贫瘠的土地上，张桂梅孜孜不倦地播种教育脱贫、创造美好新生活的希望，并将这一希望撒向云岭山乡。

山区女孩完成基本义务教育后无法继续求学，怎么办？张桂梅决定筹建一所免费女子高中，让每个山区孩子都能接受公平而有质量的教育。对于办学之初的艰难，张桂梅记忆犹新：资金短缺、招生困难、条件简陋，没有围墙、宿舍、厕所，也没有保安。为此，她拖着病体四处筹集经费，有人怀疑，认为她是“骗子”，想着自己的委屈，她也曾放声大哭过……但为了山区孩子，她都选择默默承受，继续奔走不断呼吁，决心毫不动摇。功夫不负有心人。2008年9月1日，通过张桂梅的不懈努力，在各级党委政府以及社会各界爱心人士的关心支持下，全国第一所全免费的女子高中终于建成并正式开学！只要是女孩，只要还想上学，女高都向她们敞开怀抱。张桂梅下定决心：“家长们既然信任我们，把孩子送到女子高中来，那我们一定教好孩子，给她们未来。”

推进普及高中阶段教育，从“有学上”到“上好学”，女高创造了一个又一个的奇迹。山里孩子学习基础差，要想出成绩，不严、不狠、不拼，怎么行？为此，张桂梅制定了一整套严格的工作制度。在张桂梅看来，她的“狠”能帮助孩子们突破成长的坚冰，培养吃苦耐劳精神，让学生经得起风吹雨打。她注重因材施教，探索民族山区学生教育规律，总结出“三点三路教学法”：钻研教材时抛开细枝末节，舍弃贪多求全，突出解决好授课的重点、难点和特点；编写教案、开展教学时，弄清作者的思路，设计自己的教路，指引学生的学路。山里的女孩，一样能考上好大学。建校10多年来，在没有入校门槛的情况下，高考本科上线率最高达到99%，综合上线率一直保持100%，帮助1 804名贫困山区女孩圆了大学梦。她们，曾经是贫困生、辍学生、落榜生，如今考入了浙江大学、厦门大学等知名学府，继续读研、读博，在各自的工作岗位上闪闪发光。

——节选自中共云南省委：《“我没倒下，有种精神支撑着我”——记“燃灯校长”张桂梅》，《求是》，2021 年 3 月 1 日

案例 4. 白晶莹：刺绣脱贫，开拓一条新路

“中国纺织非遗推广大使”“全国脱贫攻坚楷模”“全国三八红旗手”“全国特色劳务品牌形象代言人”“非遗传承创新功勋模范人物”……虽有众多荣誉傍身，但白晶莹还是最喜欢被绣工们称为“白大姐”“白老师”“白姨”。

多年来，白晶莹把刺绣产业发展与非遗传承、脱贫攻坚、乡村振兴和民族团结深度融合，将“指尖艺术”转化成为“指尖经济”，让 2 万余名各族绣工捧上金饭碗，过上了更加美好的新生活。

白晶莹出生于一个传统的蒙古族家庭，母亲和姥姥都是远近闻名的刺绣高手。“小时候穿的衣服和鞋子上都是绣花，就连家里的被子、门帘、窗帘上的小花也都是妈妈绣的，每天晚上我都陪着妈妈在煤油灯下做手工活儿。”白晶莹说，这是从小练就的技艺，是儿时的回忆，更是扎根于心的情怀。

2016 年，科右中旗从精准扶贫出发，把蒙古族刺绣作为特色产业扶贫的重头戏。白晶莹主动挑担，成为“科右中旗蒙古族刺绣扶贫计划”的推动者。回忆起第一堂培训课，现场的每个细节、每张面孔，白晶莹都清晰记得。原本可容纳 100 多人的教室，一下子来了 300 多人。他们有的坐在窗台上，有的蹲在地上，都嚷着要听“白老师”讲课。从起初上课时的心不在焉、说走就走，到后来的下课后围着白老师问：“绣一朵花真的就能挣到 20 块钱吗？”“能，一定能！只要我们一起坚持！”白晶莹坚定的语气让绣工们对巧手致富这件事动心了，也上心了。

白晶莹所培训的群体，除科右中旗各族群众外，还涵盖了科右前旗、赤峰、通辽、延吉等盟内外各族群众，中华民族一家亲，被她真正落到了实处。

“我们当中有各个民族的绣工，大家学在一起、工作在一起，收入越来越高，生活也越来越好了，现在年收入 10 万元不成问题。”曹峰笑着说。过去，曹峰从事瓦匠活儿，妻子下岗在家。2017 年，他不幸患双侧股骨头坏死疾病，丧失重体力劳动能力。就在一筹莫展时，曹峰接触到了蒙古族刺绣，怀着试试看的态度夫妻二人开始参加白晶莹组织的培训班。在白晶莹的细心传授下，他们很快掌握了刺绣技能，并从简单的小花绣起，逐渐承接大订单，生活越来越好。

“作为非遗，蒙古族刺绣要想走出去，打开国内外市场，还需不断提升产品的创新力和竞争力。”为了不让绣娘们失望，白晶莹想方设法把这些绣品推向市场，探索出集产品研发、生产、销售于一体的蒙古族刺绣产业市场运营机制。在产品研发上，白晶莹通过“请进来+走出去”的方式，积极推动蒙绣与中国四大名绣加强交流合作，研发出500多种独具民族特色又符合现代审美的时尚旅游产品和家居产品。同时，借助美术家、书法家等艺术家团队，开展富有民族特色的精品样图创作。

如今，在白晶莹的带领下，各族绣工们已将中华民族共同体意识潜移默化地嵌入了心中，携手共“绣”“中华儿女一家亲，同心共筑中国梦”的秀美画卷。

案例5. 稻虾养殖赋能乡村振兴

2024年1月18日，新华网“赋能乡村振兴季·2024启航盛典暨第二届全国乡村振兴高峰论坛”在京举办。会议公布2023年全国乡村振兴优秀案例榜单，永修县人民政府提报的“稻虾养殖赋能乡村振兴”案例荣获“2023年全国乡村振兴优秀案例”。

永修县地处江西省北部、鄱阳湖西岸，属九江市管辖，县名取自“泮临修水，永蒙其利”。有宜农耕地55万亩，宜渔水面67万亩，宜牧草地22万亩，是全国商品粮基地、全国重点渔业县，“永修香米”更被列入中国农业品牌目录。

自2015年起，永修县实施稻虾养殖模式，经过近几年的发展，从刚开始的几百亩，发展到了21万亩，养殖总产量达到3万吨，综合产值达15亿元，在成功获批省级水产健康养殖和生态养殖示范区的基础上，被授予“中国生态小龙虾之乡”和“中国小龙虾全产业链发展示范县”的称号。

稻虾综合种养的特色产业为本地带来了致富的好“钱”景。永修县采取稻虾综合种养模式，单季水稻产量稳定在500公斤以上，亩产小龙虾120公斤以上，亩均收入达到3 500元以上。同时，在小龙虾养殖、加工、冷储运输、销售、餐饮等环节还吸纳了大量城乡居民、脱贫户、退捕渔民就业。

——节选自《2023全国乡村振兴案例征集选编永修县壮大稻虾产业发展、赋能乡村产业振兴》，新华网，2024年2月23日

学习资源

1. 纪录片《2020我们的脱贫故事》
2. 中央宣传部指导中央广播电视总台摄制的脱贫攻坚政论专题片《摆

脱贫困》

3. 专题片《我们走在大路上》第十八集《脱贫攻坚》

4. 电影《秀美人生》

5. 电视剧《大山的女儿》

6. 电视剧《山花烂漫时》

7. 电影《开山人》

阅读推荐

1.《习近平的扶贫故事》，2020 年 05 月 20 日，新华社。

2.《习近平的乡土情》，2024 年 12 月 17 日，新华社。

3.《习近平关于全面建成小康社会论述摘编》，2016 年，中央文献出版社。

4.《习近平扶贫论述摘编》，2018 年，中共文献出版社。

5.《习近平关于“三农”工作论述摘编》，2019 年，中央文献出版社。

实践基地

1. 安徽省金寨县花石乡大湾村

2. 中福建省寿宁县下党乡

3. 江西省瑞金市叶坪乡

思考讨论

为什么说我国脱贫攻坚战取得全面胜利，是中国人民的伟大光荣，是中国共产党的伟大光荣，是中华民族的伟大光荣？

第19讲　科学家精神

精神要义

科学家精神就是：大力弘扬胸怀祖国、服务人民的爱国精神；大力弘扬勇攀高峰、敢为人先的创新精神；大力弘扬追求真理、严谨治学的求实精神；大力弘扬淡泊名利、潜心研究的奉献精神；大力弘扬集智攻关、团结协作的协同精神；大力弘扬甘为人梯、奖掖后学的育人精神。

精神渊源

（一）背景来源

2019年5月，中共中央办公厅、国务院办公厅印发《关于进一步弘扬科学家精神加强作风和学风建设的意见》，要求大力弘扬胸怀祖国、服务人民的爱国精神，勇攀高峰、敢为人先的创新精神，追求真理、严谨治学的求实精神，淡泊名利、潜心研究的奉献精神，集智攻关、团结协作的协同精神，甘为人梯、奖掖后学的育人精神。这六个方面，构成了科学家精神的主要内涵，是我国科技工作者在长期科学实践中积累的宝贵精神财富。大力弘扬科学家精神，在全社会形成尊重知识、崇尚创新、尊重人才、热爱科学、献身科学的浓厚氛围，必将进一步鼓舞和激励广大科技工作者争做重大科研成果的创造者、建设科技强国的奉献者、崇高思想品格的践行者、良好社会风尚的引领者，不断向科学技术广度和深度进军。

——节选自人民日报评论员：《大力弘扬科学家精神——论学习贯彻习近平总书记在科学家座谈会上重要讲话》，《人民日报》，2020年9月15日

2020年9月11日，中共中央总书记、国家主席、中央军委主席习近平在北京主持召开科学家座谈会并发表重要讲话，强调要大力弘扬科学家精神，并重点阐述了爱国精神和创新精神。总书记指出："科学成就离不开精

神支撑。科学家精神是科技工作者在长期科学实践中积累的宝贵精神财富。新中国成立以来，广大科技工作者在祖国大地上树立起一座座科技创新的丰碑，也铸就了独特的精神气质。”“科学无国界，科学家有祖国。我国科技事业取得的历史性成就，是一代又一代矢志报国的科学家前赴后继、接续奋斗的结果。从李四光、钱学森、钱三强、邓稼先等一大批老一辈科学家，到陈景润、黄大年、南仁东等一大批新中国成立后成长起来的杰出科学家，都是爱国科学家的典范。希望广大科技工作者不忘初心、牢记使命，秉持国家利益和人民利益至上，继承和发扬老一辈科学家胸怀祖国、服务人民的优秀品质，弘扬‘两弹一星’精神，主动肩负起历史重任，把自己的科学追求融入建设社会主义现代化国家的伟大事业中去。”

2021 年 5 月 28 日，习近平总书记在中国科学院第二十次院士大会、中国工程院第十五次院士大会和中国科学技术协会第十次全国代表大会上再次强调要“弘扬科学家精神”，指出：“科学家精神是科技工作者在长期科学实践中积累的宝贵精神财富。新中国成立以来，广大科技工作者在祖国大地上树立起一座座科技创新的丰碑，也铸就了独特的精神气质。”总书记强调，实践证明，“我国广大科技工作者是大有作为的”。广大科技工作者要传承弘扬科学家精神，以与时俱进的精神、革故鼎新的勇气、坚忍不拔的定力，面向世界科技前沿、面向经济主战场、面向国家重大需求、面向人民生命健康，把握大势、抢占先机，直面问题、迎难而上，勤于创造、勇于奋斗，乘风破浪、开拓进取，肩负起时代赋予的重任，在新的伟大征程上书写新的奋斗史诗。

（二）内涵解读

1. 大力弘扬胸怀祖国、服务人民的爱国精神

继承和发扬老一代科学家艰苦奋斗、科学报国的优秀品质，弘扬“两弹一星”精神，坚持国家利益和人民利益至上，以支撑服务社会主义现代化强国建设为己任，着力攻克事关国家安全、经济发展、生态保护、民生改善的基础前沿难题和核心关键技术。

2. 大力弘扬勇攀高峰、敢为人先的创新精神

坚定敢为天下先的自信和勇气，面向世界科技前沿，面向国民经济主战场，面向国家重大战略需求，抢占科技竞争和未来发展制高点。敢于提出新理论、开辟新领域、探寻新路径，不畏挫折、敢于试错，在独创独有上下功夫，在解决受制于人的重大瓶颈问题上强化担当作为。

3. 大力弘扬追求真理、严谨治学的求实精神

把热爱科学、探求真理作为毕生追求，始终保持对科学的好奇心。坚持解放思想、独立思辨、理性质疑，大胆假设、认真求证，不迷信学术权威。坚持立德为先、诚信为本，在践行社会主义核心价值观、引领社会良好风尚中率先垂范。

4. 大力弘扬淡泊名利、潜心研究的奉献精神

静心笃志、心无旁骛、力戒浮躁，甘坐“冷板凳”，肯下“数十年磨一剑”的苦功夫。反对盲目追逐热点，不随意变换研究方向，坚决摒弃拜金主义。从事基础研究，要瞄准世界一流，敢于在世界舞台上与同行对话；从事应用研究，要突出解决实际问题，力争实现关键核心技术自主可控。

5. 大力弘扬集智攻关、团结协作的协同精神

强化跨界融合思维，倡导团队精神，建立协同攻关、跨界协作机制。坚持全球视野，加强国际合作，秉持互利共赢理念，为推动科技进步、构建人类命运共同体贡献中国智慧。

6. 大力弘扬甘为人梯、奖掖后学的育人精神

坚决破除论资排辈的陈旧观念，打破各种利益纽带和裙带关系，善于发现培养青年科技人才，敢于放手、支持其在重大科研任务中“挑大梁”，甘做致力提携后学的“铺路石”和领路人。

——2019 年 5 月，中共中央办公厅 国务院办公厅印发《关于进一步弘扬科学家精神加强作风和学风建设的意见》

精神引领

一片冰心在报国——胸怀祖国、服务人民的爱国精神

希望广大科技工作者不忘初心、牢记使命，秉持国家利益和人民利益至上，继承和发扬老一辈科学家胸怀祖国、服务人民的优秀品质，弘扬“两弹一星”精神，主动肩负起历史重任，把自己的科学追求融入建设社会主义现代化国家的伟大事业中去。

创新敢为天下先——勇攀高峰、敢为人先的创新精神

广大科技工作者要树立敢于创造的雄心壮志，敢于提出新理论、开辟新领域、探索新路径，在独创独有上下功夫。

不为名利遮望眼——淡泊名利、潜心研究的奉献精神

要鼓励科技工作者专注于自己的科研事业，勤奋钻研，不慕虚荣，不计名利。

——2020 年 9 月 11 日，习近平在科学家座谈会上的讲话

具有强烈的爱国情怀，是对我国科技人员第一位的要求。科学没有国界，科学家有祖国。

——2013 年 7 月 17 日，习近平在中国科学院考察工作时的讲话

我国广大科技工作者要有强烈的创新信心和决心，既不妄自菲薄，也不妄自尊大，勇于攻坚克难、追求卓越、赢得胜利，积极抢占科技竞争和未来发展制高点。

要创新人才评价机制，建立健全以创新能力、质量、贡献为导向的科技人才评价体系，形成并实施有利于科技人才潜心研究和创新的评价制度。

集智攻关无不成——集智攻关、团结协作的协同精神

广大工程科技工作者既要有工匠精神，又要有团结精神，围绕国家重大战略需求，瞄准经济建设和事关国家安全的重大工程科技问题，紧贴新时代社会民生现实需求和军民融合需求，加快自主创新成果转化应用，在前瞻性、战略性领域打好主动仗。

要注重个人评价和团队评价相结合，尊重和认可团队所有参与者的实际贡献。

甘为育人“铺路石”——甘为人梯、奖掖后学的育人精神

希望广大院士善养浩然正气，培育和践行社会主义核心价值观，坚守院士称号学术性、荣誉性的本质，传播真理、传播真知，崇德向善、见贤思齐，言为士则、行为世范，提携后学、甘当人梯，在全社会树立良好道德风尚。

——2018 年 5 月 28 日，习近平在中国科学院第十九次院士大会、中国

工程院第十四次院士大会上的讲话

千淘万漉只为真——追求真理、严谨治学的求实精神

我们要激励更多科学大家、领军人才、青年才俊和创新团队勇立潮头、锐意进取，以实干创造新业绩，在推进伟大事业中实现人生价值，不断为实现中华民族伟大复兴的中国梦奠定更为坚实的基础、做出新的更大的贡献。

——2019 年 2 月 20 日，习近平在会见探月工程嫦娥四号任务参研参试人员代表时的讲话

科学研究既要追求知识和真理，也要服务于经济社会发展和广大人民群众。广大科技工作者要把论文写在祖国的大地上，把科技成果应用在实现现代化的伟大事业中。

——2016 年 5 月 30 日，习近平在全国科技创新大会、两院院士大会、中国科协第九次全国代表大会上的讲话

我们要着力完善人才发展机制，最大限度支持和鼓励科技人员创新创造。要不拘一格、慧眼识才，放手使用优秀青年人才，为他们奋勇创新、脱颖而出提供舞台。

——2014 年 1 月 6 日，习近平在会见探月工程嫦娥三号任务参研参试人员代表时的讲话

全面建设社会主义现代化国家，必须坚持科技为先，发挥科技创新的关键和中坚作用。广大科技工作者要以南仁东等杰出科学家为榜样，大力弘扬科学家精神，勇攀世界科技高峰，在一些领域实现并跑领跑，为加快建设科技强国、实现科技自立自强作出新的更大贡献。

——2021 年 2 月 3 日至 5 日，春节前夕习近平赴贵州看望慰问各族干部群众时强调

在中华民族伟大复兴的征程上，一代又一代科学家心系祖国和人民，不畏艰难，无私奉献，为科学技术进步、人民生活改善、中华民族发展作出了重大贡献。新时代更需要继承发扬以国家民族命运为己任的爱国主义精神，更需要继续发扬以爱国主义为底色的科学家精神。广大院士要不忘初心、牢记使命，响应党的号召，听从祖国召唤，保持深厚的家国情怀和强烈的社会责任感，为党、为祖国、为人民鞠躬尽瘁、不懈奋斗！

——2021 年 5 月 28 日，习近平在中国科学院第二十次院士大会、中国工程院第十五次院士大会、中国科协第十次全国代表大会上的讲话

广大人才要继承和发扬老一辈科学家胸怀祖国、服务人民的优秀品质，心怀“国之大者”，为国分忧、为国解难、为国尽责。

——2021 年 9 月 27 日至 28 日，习近平在中央人才工作会议上强调

要持续营造尊重劳动、尊重知识、尊重人才、尊重创造的社会氛围，大力弘扬科学家精神，激励广大科研人员志存高远、爱国奉献、矢志创新。

——2024 年 6 月 24 日，习近平在全国科技大会、国家科学技术奖励大会、两院院士大会上的讲话

精神光照

案例 1. 航天事业的先驱——钱学森

钱学森（1911—2009），生于上海，祖籍浙江省杭州市临安。世界著名科学家，空气动力学家，中国载人航天奠基人，“中国科制之父”和“火箭之王”。他的丰功伟绩让世人瞩目。作为科学家，钱学森感动了整个中国。这不仅仅是因他成就斐然、贡献卓越，更是因为他的博大胸襟和爱国情愫。“在他心里，国为重，家为轻，科学最重，名利最轻。5 年归国路，10 年两弹成。开创祖国航天，他是先行人，披荆斩棘，把智慧锻造成阶梯，留给后来的攀登者。他是知识的宝藏，是科学的旗帜，是中华民族知识分子的典范。”这是 2007 年“感动中国人物”组委会给予他的颁奖词，也是他一生的真实写照。

有人说，如果没有钱学森当年的回国，就不可能有中国航天事业的今天。回国后，从受命组建中国第一个火箭、导弹研究所，到主持完成“喷气和火箭技术的建立”规划；从参与近程导弹、中近程导弹和中国第一颗人造地球卫星的研制，到直接领导用中近程导弹运载原子弹“两弹结合”试验、参与制定中国第一个星际航空发展规划……钱学森见证了我国航天事业发展的历史。

“为中国人争气”，这是钱学森的追求。为国争光，则是钱学森的信念。当年，陈赓将军问钱学森，“中国人能不能搞导弹？”钱学森说：“外国人能干的，中国人为什么不能干？难道中国人比外国人矮一截？”当饭都吃不饱的中国宣布“要搞人造卫星”时，被西方讥笑为“妄想一步登天”。但是横

空出世的“两弹一星”，打出了中国人的精气神，打出了新中国的国威。一位老科学家说：“在新中国科学界，钱学森的作用是无与伦比的，如果没有他，新中国的科技事业特别是国防科技事业的发展会延迟若干年。”

提及自己的贡献，他总是谦逊地说：“我个人仅仅是沧海一粟，真正伟大的是人民和我们的国家。”钱学森一贯反对别人称他“导弹之父”或“航天之父”，总以诚恳的态度告诉大家，像“两弹一星”这样的大科学工程，不是哪一两个人能干成功的，“一切成就归于党，归于集体”。美国准备授予钱学森院士称号，被他拒绝。他说：“如果中国人民说我钱学森为国家，为民族做了点事，那就是最高的奖赏。”

——节选自共青团中央：《创造劳动奋斗·青春励志故事·钱学森》，中国青年网，2012 年 2 月 8 日

案例 2. 地质科学的奠基者——李四光

李四光（1889—1971），原名李仲揆，湖北黄冈人，地质学家、教育家、音乐家、社会活动家，中国地质力学的创立者、中国现代地球科学和地质工作的主要领导人和奠基人之一，新中国成立后第一批杰出的科学家和为新中国发展做出卓越贡献的元勋。

14 岁那年，李四光独自到武昌高等小学堂求学，求知若渴的他每次考试都名列前茅，学习未满两年便被送到日本学造船机械。辛亥革命爆发后，他曾先后担任过湖北军政府理财部参议和实业部部长。正当他准备大干一番事业之时，辛亥革命失败了。于是，他发愤专心于科学技术研究，远赴英国伯明翰大学深造，立志走“科学救国”之路。

敢于质疑、求真务实是李四光一生恪守的信条。身为后辈，他敢于质疑权威。德国地学科学家李希霍芬曾先后来中国做过 7 次地质调查，并著有《中国》三卷，书中对中国东部第四纪冰川作用的遗迹只字未提。当时，许多中外地学学家也都默认中国东部并无第四纪冰川作用可言，只有李四光对此存疑。19 世纪 20 年代至 30 年代，他在大同盆地、太行山麓及庐山等地考察发现了大量冰川证据，确认中国存在第四纪冰川。

然而，瑞典地质学家安特生、苏格兰地质学家巴尔博、法国地质学家德日进等著名地质学家却质疑李四光关于庐山第四纪冰川的论断。为了使自己的理论更具说服力，李四光逐渐将目光投向庐山之外，进一步扩大了冰川研究的地域范围，对安徽中部、九华山、天目山等长江下游区域进行考察。

1936 年，李四光又到黄山研究，写了《安徽黄山之第四纪冰川现象》的论文。德国地质学教授费斯曼看罢黄山归来，赞叹道：“这是一个翻天覆

地的发现。”这是李四光的冰川理论研究第一次得到外国科学家的公开承认。可是，李四光觉得这远远不够，他干脆把家搬到庐山上，又在庐山脚下建了一个冰川陈列馆，更深入细致地进行冰川研究。全面抗战爆发前，李四光完成《冰期之庐山》，文中除描述新发现的季候泥与羊背石之外，还专门写了一章“冰债物释疑”，对非冰川论者提出的不同观点进行分析与反驳。

保持批判精神是李四光在学术上的坚守。新中国成立初期是中苏地质科学交流最火热的阶段，彼时，中国地质工作还很薄弱。苏联先后派了400多名地质专家援华，在空白领域，中国基本全盘引用苏联的地质工作模式和方法、规范。李四光自学了俄语，对苏联地质学家的理论、观点他坚持批判地吸收，反对不顾中国地质情况生搬硬套外国的做法。一些苏联专家和李四光一起参加野外考察或听了李四光的报告后，赞成李四光的见解，甚至改变了此前的学术观点。

李四光不怕质疑他人也不怕被他人质疑。作为老师，他鼓励学生挑战权威。他曾说：“在追寻科学真理的路上，没有老师，更没有对与不对，只有实事求是！”当自己提出的理论受到学生质疑时，李四光没有生气反而批评自己的学生，认为他不该因为害怕亮出不同意见而在发文时用了笔名。

有外国学者断言中国是一个贫油国家，李四光却并不相信。“不相信”的背后，是他对真理的孜孜以求——1928年，他基于十多年的地质力学研究，对“中国贫油”的论调提出挑战。他根据新华夏构造体系的特点，分析了中国的地质条件，断定中国陆地一定有石油，并向中央大胆建议，实施“中国石油地质工作战略东移”，一场大规模的石油普查勘探工作随即展开。

1954年，他在石油管理总局作了《从大地构造看我国石油勘探远景》的报告，指出三个可能性最大的含油区，并提出首先把柴达木盆地、四川盆地、华北平原、东北平原等地区作为普查找油的目标。1959年国庆前夕，石油部和地质部先后在松基三井和扶27井获得工业油流，李四光的科学预见得到了证实，也宣告了“中国贫油论”的彻底破灭。

爱国奉献、勇于担当是李四光一生的写照。在国家建设急需能源的时候，李四光让滚滚石油冒了出来。在第三届全国人民代表大会上，周恩来总理在做政府工作报告时指出：“第一个五年计划建设起来的大庆油田，是根据我国地质专家独创的石油地质理论进行勘探而发现的。”出席会议的李四光听完不禁潸然泪下。在国家核工业急需铀的时候，李四光又提出了“把对构造规律的研究与辐射测量结合起来”的思路，根据这一思路，到“二五”计划末期，我国已发现一系列铀矿床，为此后原子弹和氢弹的研制成功奠定了基础。

——节选自代小佩：《李四光和他的“不相信”》，《科技日报》，2018年11月30日

案例3. 中国天眼的发起者——南仁东

南仁东（1945—2017），吉林辽源人，中国天文学家、中国科学院国家天文台研究员，曾任FAST工程首席科学家兼总工程师，主要研究领域为射电天体物理和射电天文技术与方法，负责国家重大科技基础设施500米口径球面射电望远镜（FAST）的科学技术工作。获评“中国天眼”的主要发起者和奠基人。

“探索宇宙起源、天地起源和生命起源，它实际提供了一个极端物理条件的太空实验室。”南仁东生前心心念念的“它”，正是被誉为“中国天眼”的500米口径球面射电望远镜。当时罹患癌症的他，惦记的仍是望远镜早出成果，以“回馈国家，回馈公众”。

南仁东当年是吉林省高考理科状元，考入清华大学无线电系，毕业后在吉林通化无线电厂工作，后考取中科院研究生，从此奋战在天文领域。他“一辈子干成一件事”——擦亮探索和追问宇宙的“天眼”。由于他最早结缘无线电，他把一辈子献给了无线电，而且是最高深莫测的无线电——宇宙天体的射电信号。

射电，一如真理在自由空间里传播，只有善捕捉善分析的人，才能揭示其秘密。

从推动中国参与建造新一代射电望远镜，到力主中国自主建造最大最灵敏的射电望远镜，南仁东毅然放弃国外优厚的科研条件和薪水，回国主持望远镜预研究。从选址、论证到设计、建设，身为首席科学家兼总工程师的南仁东，事事亲力亲为，一干就是22年。

2016年9月25日，“中国天眼”落成启用。带病工作的南仁东重返贵州大窝凼，见证“天眼”的“开眼”，指导“天眼”的调试，叮嘱扎根深山的年轻天文工作者“要沉下心，不能急功近利”。

“天眼”的科学目标是南仁东编订的，工程关键技术研究及试验离不开他的指导。外人送他天才的“帽子”，他却跟同事说：“你以为我是天生什么都懂吗？其实我每天都在学。”

2017年9月15日，72岁的南仁东永远闭上了眼睛。2018年10月15日，天上多了一颗“南仁东星”。

——节选自齐健：《南仁东：为“中国天眼”而生》，新华网，2019年1月4日

案例 4. 王振义：潜心研究，服务人民

他奠定了诱导分化理论的临床基础，确立了治疗急性早幼粒细胞白血病的“上海方案”；他无私公开治疗方案，只为使更多患者受益；他年逾耄耋仍奋战在医学救治一线，为青年医生指点迷津。人生百岁之际，这位集大成于一身的医学泰斗却认为自己一生只完成了一件事：就是对病人负责。他就是中国工程院院士、国家最高科学技术奖获得者、瑞金医院终身教授——王振义。攻克最凶险白血病“第一人”。

王振义说，从穿上白大褂第一天起，他就真心喜欢这个职业，喜欢为病人解决问题后的成就感。1948 年，王振义自震旦大学医学系毕业，以第一名的成绩留任广慈医院（现上海交通大学医学院附属瑞金医院）。1952 年，王振义开始在著名内科专家邝安堃的指导下从事血液学研究。1959 年，王振义第一次以医生的身份“遭遇”白血病。然而，曾立志“攻克白血病”的他，败了。“作为一名医生，最痛苦的就是看到病人被病痛折磨却没有办法。”王振义坦言，自己曾多次被这种无助感淹没。但王振义的人生字典里，没有“放弃”二字。除了问诊、查房，他就泡在图书馆、档案室翻阅资料。面对试验一次次失败，他只轻描淡写地说：“失败了就再继续。”经历数年苦心探索，王振义终于迎来突破：全反式维甲酸可以在体外将急性早幼粒细胞白血病细胞诱导分化为正常细胞。

1986 年的一天，一名身患急性早幼粒细胞白血病的小女孩生命垂危。王振义通过仔细研判，建议她服用尚处于试验阶段的全反式维甲酸。面对他人的劝阻，王振义说：“我相信科学，我有信心！”7 天后，奇迹发生了，女孩的症状明显好转，一个月后完全缓解。王振义的心结解开了。那一年，他陆续采用全反式维甲酸治疗的 23 例患者病情完全缓解。他将相关成果写成论文发表，立即在世界范围引起轰动。王振义的求索并未就此止步。他和学生陈竺、陈赛娟等一起，创造性地提出“全反式维甲酸联合三氧化二砷”的治疗方法，让这种最凶险的白血病五年生存率从 10%提高到 97%以上，成为第一个可被治愈的白血病。

随着全反式维甲酸的治疗方案逐渐得到各国医学界的验证，这位来自东方的医者成为了全世界的焦点。然而，此时的王振义一心只顾着一件事：如何让全世界所有的患者都能尽快用上这种药。“钱或者名誉的问题，我不会去想，我只想病人能好。”他说。

王振义的书桌上，珍藏着一份“震旦大学医学院毕业生的宣誓词”，一张普通 A4 纸上，有两句话被他手动加黑：“余于病者当悉心诊治，不因贫富而歧视，并当尽瘁科学，随其进化而深造，以期造福于人群”“余于正当诊金之外，绝不接受不义之财”。

——节选自袁全《国家勋章和国家荣誉称号获得者王振义：我一生只完成了一件事，就是对病人负责》，新华网，2024年09月14日

学习资源

1. 电视剧《五星红旗迎风飘扬》
2. 电视剧《国家命运》
3. 纪录片《中国航天之父钱学森》
4. 电影《钱学森》
5. 电视剧《黄大年》
6. 《新闻联播》（CCTV-1综合频道）：《增强创新活力 弘扬科学家精神——习近平总书记在科学家座谈会上重要讲话引起热烈反响》
7. 《中国精神·科学家精神》，中国网，2019年12月13日
8. 《新闻直播间》（CCTV-13新闻频道）：《〈科学家精神·爱国篇〉在京首发》
9. 《百家讲坛》（CCTV-10科教频道）：《党史故事100讲·两弹一星扬眉吐气》
10. 网易公开课（西安电子科技大学公开课）：科学家的精神与方法

阅读推荐

1. 中共中央办公厅、国务院办公厅印发《关于进一步弘扬科学家精神加强作风和学风建设的意见》，2019年。
2. 《科学家精神·爱国篇》，科学家精神丛书编写组，2020年，科学技术文献出版社。

实践基地

1. 中国科学家博物馆
2. 钱学森图书馆
3. 李四光纪念馆
4. “两弹一星”纪念馆

思考讨论

“航天之父”钱学森说：“我的事业在中国，我的成就在中国，我的归宿在中国。”结合这句话，谈谈如何弘扬科学家的爱国主义精神。

第20讲　丝路精神

精神要义

2017年5月14日，习近平总书记在“一带一路”国际合作高峰论坛开幕式上的演讲中指出了丝路精神的深刻内涵：“古丝绸之路绵亘万里，延续千年，积淀了以和平合作、开放包容、互学互鉴、互利共赢为核心的丝路精神。”

精神渊源

（一）背景来源

古丝绸之路绵亘万里，延续千年，不仅是一条通商易货之路，也是一条文明交流之路，为人类社会发展进步作出了重大贡献。两千多年前，中国汉代使者张骞两次出使西域，开辟了一条横贯东西、连接欧亚的“陆上丝绸之路”。而从中国广州、泉州、杭州、扬州等沿海城市出发，经过南洋，到达阿拉伯海，远至非洲东海岸的海洋通道则被称为“海上丝绸之路”。十五世纪初，明代郑和七次远洋航海，极大促进了海上丝绸之路的发展。古丝绸之路见证了陆上“使者相望于道，商旅不绝于途”的盛况，也见证了海上“舶交海中，不知其数”的繁华。千百年来，古丝绸之路跨越不同国度和肤色人民的聚集地，促进了亚欧大陆各国互联互通，推动了东西方文明交流互鉴，创造了地区大发展大繁荣。

昔日，古丝绸之路开启东西方交流的大时代，架起中国与世界交往的桥梁。如今，从历史深处走来的“一带一路”，继承和发扬丝路精神，致力于促进国家间互联互通、交流合作，为全球化发展进程掀开新的一页。

党的十八大以来，习近平总书记亲自擘画、部署和推动共建“一带一路”倡议的实施，并且高度概括、凝练与升华了丝路精神的内涵，2013年9月在上海合作组织成员国元首理事会第十三次会议上的重要讲话中强调，“我们有责任把丝绸之路精神传承下去，发扬光大”；2014年6月在中阿合作论坛第六届部长级会议开幕式上的重要讲话中指出，“千百年来，丝绸之路承载的和平合作、开放包容、互学互鉴、互利共赢精神薪火相传”；2017年5月在“一带一路”国际合作高峰论坛开幕式上的演讲中指出，丝路精神是“人类文明的宝贵遗产”；2019年8月在敦煌研究院座谈时的重要讲话中强调，“我提出共建‘一带一路’，加强文明对话，倡导‘和平合作、开放包容、互学互鉴、互利共赢’的丝路精神，就是在新的历史条件下加强同世界各国的合作交流、促进各国文明对话和文化交流的重要举措”；2023年10月在第三届“一带一路”国际合作高峰论坛开幕式上的主旨演讲中强调，丝路精神是“共建‘一带一路’最重要的力量源泉”。

——邢丽菊、杨惠迪：《丝路精神：人类文明的宝贵遗产》，《党建》2024年第12期

（二）内涵解读

1. 丝路精神的历史内涵

——和平合作。公元前140多年的中国汉代，一支从长安出发的和平使团，开始打通东方通往西方的道路，完成了“凿空之旅”，这就是著名的张骞出使西域。中国唐宋元时期，陆上和海上丝绸之路同步发展，中国、意大利、摩洛哥的旅行家杜环、马可·波罗、伊本·白图泰都在陆上和海上丝绸之路留下了历史印记。15世纪初的明代，中国著名航海家郑和七次远洋航海，留下千古佳话。这些开拓事业之所以名垂青史，是因为使用的不是战马和长矛，而是驼队和善意；依靠的不是坚船和利炮，而是宝船和友谊。一代又一代“丝路人”架起了东西方合作的纽带、和平的桥梁。

——开放包容。古丝绸之路跨越尼罗河流域、底格里斯河和幼发拉底河流域、印度河和恒河流域、黄河和长江流域，跨越埃及文明、巴比伦文明、印度文明、中华文明的发祥地，跨越佛教、基督教、伊斯兰教信众的汇集地，跨越不同国度和肤色人民的聚居地。不同文明、宗教、种族求同存异、开放包容，并肩书写相互尊重的壮丽诗篇，携手绘就共同发展的美好画卷。酒泉、敦煌、吐鲁番、喀什、撒马尔罕、巴格达、君士坦丁堡等古城，宁波、泉州、广州、北海、科伦坡、吉达、亚历山大等地的古港，就是记载这段历史的“活化石”。历史告诉我们：文明在开放中发展，民族在融合中共存。

——互学互鉴。古丝绸之路不仅是一条通商易货之道，更是一条知识交流之路。沿着古丝绸之路，中国将丝绸、瓷器、漆器、铁器传到西方，也为中国带来了胡椒、亚麻、香料、葡萄、石榴。沿着古丝绸之路，佛教、

伊斯兰教及阿拉伯的天文、历法、医药传入中国，中国的四大发明、养蚕技术也由此传向世界。更为重要的是，商品和知识交流带来了观念创新。比如，佛教源自印度，在中国发扬光大，在东南亚得到传承。儒家文化起源中国，受到欧洲莱布尼茨、伏尔泰等思想家的推崇。这是交流的魅力、互鉴的成果。

——互利共赢。古丝绸之路见证了陆上“使者相望于道，商旅不绝于途”的盛况，也见证了海上“舶交海中，不知其数”的繁华。在这条大动脉上，资金、技术、人员等生产要素自由流动，商品、资源、成果等实现共享。阿拉木图、撒马尔罕、长安等重镇和苏尔港、广州等良港兴旺发达，罗马、安息、贵霜等古国欣欣向荣，中国汉唐迎来盛世。古丝绸之路创造了地区大发展大繁荣。

——2017 年 5 月 14 日，习近平在“一带一路”国际合作高峰论坛开幕式上的演讲

2. 丝路精神的时代内涵

共建“一带一路”继承丝路精神这一宝贵遗产，顺应和平、发展、合作、共赢的时代潮流，赋予丝路精神新的时代内涵。

（1）和平合作是丝路精神的核心要义

正是因为坚持和平合作，我们笃定“和平发展、合作共赢才是人间正道”，努力以对话弥合分歧、以谈判化解争端，在相互尊重、平等互利基础上，积极发展同各国友好合作关系。

（2）开放包容是丝路精神的显著特征

正是因为坚持开放包容，我们强调“一带·路”是大家携手前进的阳光大道，不是某一方的私家小路”，推进同各国、各地区发展战略和互联互通规划对接，加强政策、规则、标准融通，

（3）互学互鉴是丝路精神的重要内核

正是因为坚持互学互鉴，我们倡导“文明因交流而多彩，文明因互鉴而丰富”，以文明交流超越文明隔阂、文明互鉴超越文明冲突、文明共存超越文明优越，推动各国相互理解、相互尊重、相互信任。

（4）互利共赢是丝路精神的根本目标

正是因为坚持互利共赢，我们秉持“共建‘一带一路’追求的是发展，崇尚的是共赢，传递的是希望”，启动了大批务实合作、造福民众的项目，构建起全方位、复合型的互联互通伙伴关系，开创了共同发展的新前景。

——《丝路精神：共建“一带一路”最重要的力量源泉》，人民网，2023 年 10 月 20 日

精神引领

弘扬丝路精神，就是要促进文明互鉴。人类文明没有高低优劣之分，因为平等交流而变得丰富多彩，正所谓“五色交辉，相得益彰；八音合奏，终和且平”。我们应该一道努力，倡导文明宽容，防止极端势力和思想在不同文明之间制造断层线。

弘扬丝路精神，就是要尊重道路选择。“履不必同，期于适足；治不必同，期于利民。”一个国家发展道路合不合适，只有这个国家的人民才最有发言权。正像我们不能要求所有花朵都变成紫罗兰这一种花，我们也不能要求有着不同文化传统、历史遭遇、现实国情的国家都采用同一种发展模式。

弘扬丝路精神，就是要坚持合作共赢。中国追求的是共同发展。我们既要让自己过得好，也要让别人过得好。

弘扬丝路精神，就是要倡导对话和平。中国将以建设性姿态参与地区事务，主持公道、伸张正义，推动通过对话找到各方关切的最大公约数，为妥善解决地区热点问题提供更多公共产品。

——习主席的“丝路新语”，《人民日报》，2014 年 07 月 02 日 05 版

在新的历史条件下，我们提出“一带一路”倡议，就是要继承和发扬丝绸之路精神，把我国发展同沿线国家发展结合起来，把中国梦同沿线各国人民的梦想结合起来，赋予古代丝绸之路以全新的时代内涵。

——2016 年 4 月 29 日，中共中央政治局第三十一次集体学习

中国发扬丝路精神，提出共建“一带一路”倡议，得到有关国家和国际社会广泛认同和热情参与，取得了主硕成果。我们愿同各方继续共同努力，本着共商共建共享原则，将“一带一路”建设成为和平之路、繁荣之路、开放之路、创新之路文明之路，让丝路精神发扬光大。

——2018 年 8 月 28 日，习近平致 2018 年“一带一路”知识产权高级别会议的贺信

中国愿同各国一道，以中国—亚欧博览会为平台，弘扬和平合作、开放包容互学互鉴、互利共赢的丝路精神，坚持高标准、可持续、惠民生，不断拓展亚欧合作领域，提高亚欧合作水平，促进共同发展繁荣。

——2022 年 9 月 19 日，习近平致第七届中国—亚欧博览会的贺信

中国和中亚国家山水相连，友谊深厚，命运与共。2013 年，我在中亚国家提出共建“丝绸之路经济带”倡议。10 年来，中国中亚关系不断迈上新台阶，各领域合作驶入快车道，给双方人民带来福祉。

中国同中亚国家的友好关系需要一代又一代有志、有为青年传承和发扬。你们是中国中亚关系的见证者、受益者，更是建设者和传播者。希望你们积极投身中国同中亚国家友好事业，弘扬丝路精神，讲好中国故事、中亚故事，当好友谊使者和合作桥梁，为构建更加紧密的中国—中亚命运共同体作出自己的贡献。

——2023 年 5 月 15 日，习近平复信中国石油大学（北京）的中亚留学生

我们深刻认识到，和平合作、开放包容、互学互鉴、互利共赢的丝路精神，是共建“一带一路”最重要的力量源泉。我曾经讲过，古丝绸之路之所以名垂青史，靠的不是战马和长矛，而是驼队和善意；不是坚船和利炮，而是宝船和友谊。共建“一带一路”注重的是众人拾柴火焰高、互帮互助走得远，崇尚的是自己过得好、也让别人过得好，践行的是互联互通、互利互惠，谋求的是共同发展、合作共赢。不搞意识形态对立，不搞地缘政治博弈，也不搞集团政治对抗，反对单边制裁，反对经济胁迫，也反对“脱钩断链”。

——2023 年 10 月 18 日，习近平在第三届“一带一路”国际合作高峰论坛开幕式上的主旨演讲

精神光照

案例 1. 中老铁路

一轨相通，互利两国

中老铁路是高质量共建“一带一路”的标志工程，它北起中国云南昆明，南至老挝首都万象，是第一条全线采用中国标准、使用中国设备并与中国铁路网直接联通的国际铁路。2021 年 12 月 3 日，中老铁路正式开通运营，昆明至万象间每日开行跨境货物列车，万象至磨丁、昆明至磨憨间开行点对点动车组旅客列车。

铁路拉近了昆明到万象的距离。自中老铁路开通以来，货畅其流、人享其行，“黄金大通道”的效益日渐凸显。国内 25 个省区市相继开行中老铁路跨境货物列车，货物运输覆盖老挝、泰国、缅甸等东南亚国家和地区，货物品类由 10 多种扩展至 2 000 多种。据统计，开行一个多月就运送 28 个

国家和地区的出入境人员超 2 万人次。开通运营 18 个月后，累计发送旅客逾 1 640 万人次，运送货物逾 2 100 万吨。这条稳定高效的“黄金运输通道”正创造越来越多的发展红利。

正如老挝一位歌手创作的歌曲《腾飞于中老铁路》中所唱到的：“如一家人般相亲相爱，中老铁路一轨相通。”中老铁路让老挝“变陆锁国为陆联国”的梦想照进现实，也为区域发展拉足动力。云南铁路部门持续打造“澜湄快线”货运品牌，探索培育“中老铁路+中欧班列”“中老铁路+西部陆海新通道班列”等铁路国际联运新模式，加强与海关部门沟通协商，积极推行快速通关和转关模式，压缩货物通关时间。从事泰国水果进出口贸易 20 多年的杨泰集团公司总裁杨军说：“中老铁路运行时间短，稳定性高，铁路运输既保障了榴莲品质，又有效降低了经营成本。”老挝副总理兼外长沙伦赛 · 贡马西表示，老中铁路对助推老挝发展功不可没，是共建“一带一路”合作的成功典范。

并肩奋战，浇筑生态之路

中老铁路建设坚持以基础设施“硬联通”为重要方向，以规则标准“软联通”为重要支撑，以两国人民“心连通”为重要基础。在建设过程中，中老双方建设者克服了地质复杂、环境敏感、疫情阻碍等困难和挑战，历经 5 年多的艰苦奋战，终于建成了这条跨越山河连接友谊的交通大动脉。

穿林不扰象，架桥避民居。中老铁路在设计建设之初，就把绿色发展理念融入建设运营全过程，用“科学、创新”的设计理念守护着自然环境。

为了做好沿线环境保护工作，保护生物多样性，铁路对沿线 6 处自然文化保护区域进行绕避，不占用老挝国家级保护林。为了实现“人象和谐共生”，相关部门调研了亚洲象的分布和迁移通道，制定了一系列相关措施：绕避大象的主要活动区域，延长隧道、以桥代路。为减少列车通过亚洲象保护区时惊扰到亚洲象，在路基两侧、桥梁两侧设置声屏障，部分施工作业在地下进行，最大限度避免对大象迁移和活动的影响。此外，还采取专门设置迁移通道和防护栅栏、智慧安防摄像头、巡防岗亭、不种植亚洲象喜食的植物等诸多防护措施，构建真正意义上的“人象和谐共生”绿色生态之路。

中老铁路沿线是世界上旅游资源最丰富、生态文化保存最原始、世界遗产最集中的区域之一。铁路的开通，不仅连接两国，满足了中老两国民众乘坐铁路跨境出行和观光旅游的美好愿望，也成为展示沿线旅游文化风貌的全新窗口。中老铁路共设 43 个车站，国内段设 11 个客运车站，每座车站都充分融合了地域文化元素、纹饰，使地域历史文化与现代文明相适应、相协调。在墨江站，以“哈尼风情、紫米之乡”为设计理念，候车大厅装饰有哈尼族最为喜爱的白鹇鸟图案；普洱站则以“茶马古道，云滇驿站”为设计理念，采用普洱茶深褐色系，将民族图案融入建筑细节纹理，被誉为“一座透着茶香的车站”；野象谷站则以“热带雨林，自然野象谷”为设计理念，展现独特风情；西双版纳站的屋顶犹如展翅孔雀翩翩起舞，体现了“雀舞彩云，灵动版纳”的设计理念；磨憨站是中老铁路中方边境口岸站，采用一体化设计和跨境互联技术，具备快速通关功能。

是“友谊线”，也是“生命线”

作为中老两国共同建设的重大基础设施合作项目，中老铁路是民心工程、友谊工程，还是示范工程。中老铁路开通后，老中铁路公司免费开设培训班，从中国国内邀请铁路专家传授机车驾驶、车辆检修、调度等知识，先后举办 4 期培训班，累计培训老挝籍学员 1 000 余名。其中 700 余名老挝籍员工已参与到中老铁路运营及维保工作中，成为老挝第一代铁路技术人才。目前，老中铁路公司老挝籍员工占比已接近 60%。

根据铁路运输管理实际需要，积极秉承惠民生理念，中老铁路加大当地员工聘用力度，着力帮助解决民众就业难题。据不完全统计，中老铁路开通以来，在货运装卸、物流、安保、保洁等方面已累计招聘使用当地员工 3 500 多人，带动了物流、城市交通、商贸、旅游等行业发展，间接增加就业岗位 10 万余个。

据老挝北部乌多姆赛省孟阿站工作人员玉达介绍：孟阿车站虽小，却是当地居民联通外界的窗口。中老铁路开行后，原先从孟安到孟赛往返时间由过去的两天缩减到一天，费用也减少一半以上。对于一个县城的居民来说，这无疑是巨大的改变。交通的改善使他们有更多的机会接触山外的世界。每逢寒暑假，村里越来越多的家长选择把孩子送到不远处的孟赛学习中文，希望孩子掌握一门新的语言，将来找到一份好工作。

中老铁路让世界看到“一带一路”建设设施联通的发展之利。共建“一带一路”有力促进了相关国家经济增长，不断提升国际贸易合作水平，在古老丝绸之路的黄金通道上，必将描画出更美丽的风景。

——节选自《丝路故事 | 中老铁路：一轨通 天下利》，中国网，2023 年 10 月 18 日

案例 2. 开放包容：“汉语桥”搭建“连心桥”

“厦门亲像一首歌，咱来唱歌给全世界听，让全世界来听见厦门的声音……”在厦门鼓浪屿钢琴码头，尼日利亚女孩宋真真身着汉服，操着略显生涩的闽南口音，正面朝大海，轻声歌唱。

宋真真是尼日利亚纳姆迪·阿齐克韦大学孔子学院三年级学生，到厦

门大学学习中文还不到1年时间，正在为参加“用英语讲中国故事”大赛作准备。从2022年2月开始学习汉语，如今宋真真已经能用汉语进行日常交流：“我每天4点起床学习汉语，那时候环境安静，是复习的好时间。”宋真真有点自豪地说，“因为中文，我成了全家的骄傲！”

到福州参加“用英语讲中国故事”大赛省赛时，宋真真专程参观了福建农林大学菌草与生态学院。她说：“《山海情》是一部我常看常新的电视剧，里面提到的菌草，也正在我的国家推广。回国后，我一定帮助弟弟妹妹学习好汉语，让我家的生活变得更好。”不久前，在“中国日”文化节上，宋真真用毛笔写下一副对联：“汉语桥是友谊桥，中国草是幸福草。”她的愿望，就是为尼中友好贡献一份力量。

像宋真真一样，热爱汉语的尼日利亚青年还有许许多多。曾在纳姆迪·阿齐克韦大学孔子学院任教的邓军说：“学院每天上午授课4小时，下午是开放交流时间。很多当地学生都会围着我交流提问，练习汉语口语，热情非常高涨。在尼日利亚期间，我也不断找机会学习当地语言、了解当地文化。现在回想起来，这真是一段奇妙的‘旅程’！”

文明因交流而多彩，文明因互鉴而丰富。秉持开放包容理念，学习彼此的语言，了解彼此的文化，将有助于促进不同国家、不同民族间人民相知相亲，也将为构建人类命运共同体贡献力量。

——节选自吴天：《驼铃叮咚，帆影乘风——丝路精神背后的故事》，《党建》，2024年第12期

案例3. 互学互鉴：文保合作擦亮“丝路明珠”

阿普杜拉是乌兹别克斯坦花剌子模州历史文化遗迹修复项目工作组的司机，正载着中国文物修复专家行驶在乌尔根奇市街头。为寻找修复希瓦古城的砖材，工作组几乎跑遍了当地所有材料市场，却仍一无所获。几经犹豫，阿普杜拉鼓起勇气说出了自己的想法：“也许可以选用市场上常见的现代砖，反正与老砖只有尺寸上的不同。”

中方文物修复专家听后，婉拒了他的好意：“使用现代工艺材料当然能大大加快工程进度，但这就好像为老人装上一张孩童的脸……我们坚持用传统材料修复，就是希望保留建筑原有的风貌，让游客和子孙后代都能原汁原味感受文化遗产的魅力。”

坐落于乌兹别克斯坦西南部的希瓦古城，是一座古丝绸之路上的历史名城，见证了东西方通商交流的盛景。然而，因年久失修，希瓦古城部分古建筑不同程度受损，“明珠”一度蒙尘。2014年，中乌双方共同决定在希瓦古城开展历史文化遗迹保护修复合作。

此后，在“原材料、原工艺、原形制、原做法”工作原则的指导下，中乌两国文物保护工作者齐心协力、互学互鉴——中方工作组毫无保留地贡献出嘉峪关城楼修复方案，帮助乌方用传统工艺和传统材料加固古城建筑、修复开裂砖块；乌方工作组深入民居收购旧砖，从零开始培训工匠学习老砖修补技术；两国工作组还邀请当地文物保护专家担任技术顾问，吸纳传统匠人加入修复队伍……得益于两国专家与工匠的匠心巧思和不懈努力，希瓦古城恢复了原有风貌，光彩重现。

希瓦古城修复项目是中乌两国秉持互学互鉴精神，齐心协力、凝聚共识、共同续写的文明佳话。全方位扩大人文交流，架设不同文明间互学互鉴的桥梁，既能让和而不同、美美与共的理念代代传承，也将为共建“一带一路”提供持久不息的精神动力。

——节选自吴天：《驼铃叮咚，帆影乘风——丝路精神背后的故事》，《党建》，2024 年第 12 期

案例 4：鲁班工坊

过去几年，一个个以中国古代杰出工匠鲁班命名的“鲁班工坊”，镶嵌在中国与世界同向同行的足印上。鲁班工坊，主要是帮助“一带一路”共建国家培养熟悉中国技术、了解中国工艺的技术技能人才，很多人把它叫做“一带一路”上的“技术驿站”。

9 月底，北京首都国际机场迎来了 30 多位来自泰国的学生。接下来一年，这些学生将进入天津渤海职业技术学院，学习中国的职业教育课程。

让泰国学生到中国，接受中国的职业教育，是共建“一带一路”倡议提出后，天津渤海职业技术学院和泰国大城技术学院首先开始的合作，以中国古代著名工匠“鲁班”命名。合作伊始，泰国学校就提出了非常明确的专业需求。随着泰国产业结构的不断调整，他们急需大量的互联网、自动化等专业技术人才。

泰国大城技术学院老师 萨达瓦·梭塞：自动化等系统在中国用得越来越多，可以说是高度契合泰国社会需求。最终，大城技术学院选择在中泰鲁班工坊开设物联网、机电一体化、计算机数控以及新能源四个专业。

泰国学生：我觉得难，但是我喜欢。

天津渤海职业技术学院人工智能学院院长 徐霁堂：因为鲁班工坊，突出的是一个“工”，工科的话主要动手会多一些。

而远在 3 000 多公里外，在他们的家乡泰国，更早接触中国职业教育的泰国老师们也已经开始按照中国课程体系标准教授四个合作专业的课程。更多的泰国学生不用来到中国，也可以学到同样的技能。

鲁班工坊泰国学生 萨鲁·那瓦拉努：我选择来鲁班工坊学习，在这里能学到中文及中国文化技术，学习过程中我收获了很多。

7 年来，泰国大城技术学院已经有几百名学生选择了鲁班工坊课程，他们在泰国本土和东南亚的职业技能大赛中获得了不少奖项，毕业生们也都纷纷升入本科学习或是找到了心仪的工作，尤其是泰国的中资企业成了最吸引他们的就业去向之一。

泰国大城技术学院副校长玛悠丽·思拉布：“一带一路”倡议为我们带来了发展，泰国学生在两个合作项目下收获知识，获得丰富的实战经验，共同进行文化的交流。

今天中国已在亚非欧三大洲 20 多个“一带一路”共建国家合作建设一批鲁班工坊。根据当地的发展需求，开设工业机器人、新能源、物联网等 70 多个专业，为相关国家培养了数以万计的技术技能人才，帮助更多年轻人实现就业。

——节选自《“一带一路”·十年丨鲁班工坊：“一带一路”上的技术驿站》，光明网，2023 年 10 月 17 日

案例 5：一带一路上的“小而美”项目

从千年前的古丝绸之路，到共建“一带一路”倡议，文明交流融合让世界文明百花园更加姹紫嫣红。自 2013 年共建“一带一路”倡议提出以来，取得了重大成就，一批令世人瞩目、展现中国基建实力的“硬核”项目落地开花。在“大基建”以“中国速度”改变共建国家面貌的同时，农业合作、教育培训、水利和卫生健康等领域的一批“小而美”民生项目亦稳步开展，改善了共建国家民众的生产生活。

2023 年 11 月共建“一带一路”十年扬帆再起航之际，中国发布《坚定不移推进共建“一带一路”高质量发展走深走实的愿景与行动——共建“一带一路”未来十年发展展望》，倡议各方稳步提升共建“一带一路”合作的规模和效益，将“小而美”项目作为合作优先事项，多搞投资小、见效快、经济社会环境效益好的项目，形成更多接地气、聚人心的合作成果。

当前，共建“一带一路”已经进入高质量发展新阶段，统筹“大基建”与“小而美”，结合“大写意”与“工笔画”。人们可以看到埃及新行政首都引人注目的 385.8 米的“非洲第一高楼”标志塔等重大工程正在扎实推进，菌草、鲁班工坊、水井、“光明行”等“小而美”的民生项目也在持续发展，遍地开花。

一株“幸福草”造福千万家。中国菌草已在 100 多个国家落地生根，在脱贫、治沙、畜牧等领域释放巨大潜力，成为造福世界的“幸福草”。在

卢旺达，自菌草技术引入以来，当地菌草产业发展迅速，不仅为市场提供了丰富的食用菌产品，还创造了大量就业机会，有力推动了当地经济发展。类似的成功案例在斐济、巴布亚新几内亚、中非共和国等国也屡见不鲜。这些国家采用菌草技术后，不仅提高了农业生产能力，还改善了当地生态环境。

授人以鱼，更要授人以渔。鲁班工坊搭建起“一带一路”上共同发展的“技术驿站”，成为中外职业教育合作的耀眼名片。从 2016 年首个海外鲁班工坊在泰国设立，到中非合作论坛框架下在非洲多国设立鲁班工坊，再到中亚地区鲁班工坊的陆续开设，已有 30 余个鲁班工坊在海外落地生根，学历教育累计培养学生近万人，实施职业培训超过 3. 1 万人次。

问渠那得清如许，为有源头活水来。10 多年来，中国钻井技术让幸福水源源不断喷涌而出，不仅服务民众生活，也为农业生产提供保障。从西奈半岛到明亚省撒哈拉沙漠深处，从马特鲁省的锡瓦绿洲到阿斯旺考姆翁布沙漠，由中埃员工组成的水井施工队克服各种困难，帮助埃及累计钻探沙漠水井 540 余口。在井水滋润下，荒芜的沙漠逐步变为良田。

非洲西部的塞内加尔毗邻撒哈拉沙漠，其中部和东部地区多为半沙漠地带，旱季气温高达 45 摄氏度。2017 年 3 月，中方提供融资实施的乡村打井工程在塞内加尔启动，已解决塞内加尔诸多人口的吃水用水问题。

传递爱心，送去光明，“光明行”义诊让共建“一带一路”国家眼疾患者重见光明，在共建国家广受欢迎，架起国际友谊“民心桥”。据不完全统计，2024 年以来，中国医疗队先后为蒙古国、塔吉克斯坦、乌兹别克斯坦、斯里兰卡等多个国家的白内障患者成功实施近千例白内障复明手术。

这些“小而美”项目与每个人的个体命运紧密相连，多数项目往往能够在较短时间内完成，具有很强的可复制性，而且效果上“看得见、摸得着”，能够迅速提升当地民众获得感、幸福感，受到共建国家民众一致欢迎。它们与重大标志性工程一起推动共建“一带一路”国际感召力、影响力、凝聚力不断增强。

一株株菌草、一个个工坊、一口口水井、一次次手术铺就了共建“一带一路”通民心、达民意、惠民生的阳光大道，是中国推进高质量共建“一带一路”走深走实的具体实践，也是中国推动构建人类命运共同体的生动写照。

——节选自《“一带一路”上的“小而美”》，《瞭望》，2025 年第 3 期

学习资源

1. 共建“一带一路”十周年大型纪录片《通向繁荣之路》（CCTV-1

综合频道）

2. 大型100集微纪录片《从长安到罗马》（CCTV-10科教高清频道）

3. 大型纪录片《共同的建造》（CCTV-2财经高清频道）

4.《这就是中国》第十五期：“一带一路”的机遇与未来

阅读推荐

1.《共建“一带一路”：构建人类命运共同体的重大实践》，中华人民共和国国务院新闻办公，2023年10月，人民出版社。

2.《习近平谈“一带一路”（2023年版）》，中共中央党史和文献研究院，2023年12月，中央文献出版社。

3.《习近平谈治国理政（第三卷）》，2020年6月，外文出版社。

实践基地

1. 丝绸之路博物馆

2. 泉州海外交通史博物馆

3. 广东海上丝绸之路博物馆

思考讨论

1. 开放包容是丝路精神的重要内涵之一。请结合你所了解的“一带一路”沿线国家的文化交流活动，谈谈开放包容在文化多样性中的意义。你认为在全球化背景下，如何更好地实现文化的开放包容？

2. 共建“一带一路”倡议源于中国，但机会和成果属于世界。中国日益走近世界舞台中央，新时代青年是“平视世界的一代”，是“一带一路”倡议的见证者、受益者，也是参与者、建设者。请结合专业，谈谈青年大学生如何弘扬丝路精神，同世界各国青年一道，为推动构建人类命运共同体、建设更加美好的世界贡献智慧和力量？